◇ 21世纪高职高专规划教材·市场营销系列

连锁企业门店运营与管理

（修订本）

曹泽洲　主编
李逾男　庞德义　副主编

清华大学出版社
北京交通大学出版社
·北京·

内 容 简 介

连锁经营的三大特点就是专业化分工、标准化运作和简单化管理。连锁企业门店营运与管理就是一个专业化、标准化的管理过程。本书主要从门店开发与设计、商品管理、收银管理、客户服务等几大模块展开，具体涉及商圈的调查，企业形象策划，门店店面设计，卖场布局，商品结构、采购、陈列、盘点、价格、促销，进货与存货管理，收银服务管理，门店防损原因及对策，生鲜防损，客户投诉管理等内容。

本书的特色主要在于系统性、实用性、可操作性、时效性等方面。本书力争做到知识全面系统、结构完整、理念新颖、目标具有针对性。

本书既可作为高职高专院校、成人高等院校市场营销、工商管理、连锁经营管理等专业的教材，也可作为连锁商业企业有关人员的培训、自学用书，亦可作为有关研究人士的参考读物。

本书封面贴有清华大学出版社防伪标签，无标签者不得销售。
版权所有，侵权必究。侵权举报电话：010-62782989　13501256678　13801310933

图书在版编目（CIP）数据

连锁企业门店运营与管理/曹泽洲主编. —北京：清华大学出版社；北京交通大学出版社，2008.1（2019.2重印）
（21世纪高职高专规划教材·市场营销系列）
ISBN 978-7-81123-175-5

Ⅰ. 连… Ⅱ. 曹… Ⅲ. ①连锁商店-商业经营-高等学校：技术学校-教材　②连锁商店-商业管理-高等学校：技术学校-教材　Ⅳ. F717.6

中国版本图书馆CIP数据核字（2007）第171533号

LIANSUO QIYE MENDIAN YUNYING YU GUANLI

责任编辑：	吴嫦娥
出版发行：	清 华 大 学 出 版 社　　邮编：100084　　电话：010-62776969
	北京交通大学出版社　　邮编：100044　　电话：010-51686414
印　刷　者：	艺堂印刷（天津）有限公司
经　　　销：	全国新华书店
开　　　本：	185×260　　印张：17.25　　字数：431千字
版　　　次：	2019年2月第1版第1次修订　　2019年2月第7次印刷
书　　　号：	ISBN 978-7-81123-175-5/F·288
印　　　数：	17 501～19 500册　　定价：39.00元

本书如有质量问题，请向北京交通大学出版社质监组反映。对您的意见和批评，我们表示欢迎和感谢。
投诉电话：010-51686043，51686008；传真：010-62225406；E-mail：press@bjtu.edu.cn

出版说明

高职高专教育是我国高等教育的重要组成部分,它的根本任务是培养生产、建设、管理和服务第一线需要的德、智、体、美全面发展的高等技术应用型专门人才,所培养的学生在掌握必要的基础理论和专业知识的基础上,应重点掌握从事本专业领域实际工作的基本知识和职业技能,因而与其对应的教材也必须有自己的体系和特色。

为了适应我国高职高专教育发展及其对教学改革和教材建设的需要,在教育部的指导下,我们在全国范围内组织并成立了"21世纪高职高专教育教材研究与编审委员会"(以下简称"教材研究与编审委员会")。"教材研究与编审委员会"的成员单位皆为教学改革成效较大、办学特色鲜明、办学实力强的高等专科学校、高等职业学校、成人高等学校及高等院校主办的二级职业技术学院,其中一些学校是国家重点建设的示范性职业技术学院。

为了保证规划教材的出版质量,"教材研究与编审委员会"在全国范围内选聘"21世纪高职高专规划教材编审委员会"(以下简称"教材编审委员会")成员和征集教材,并要求"教材编审委员会"成员和规划教材的编著者必须是从事高职高专教学第一线的优秀教师或生产第一线的专家。"教材编审委员会"组织各专业的专家、教授对所征集的教材进行评选,对所列选教材进行审定。

目前,"教材研究与编审委员会"计划用2~3年的时间出版各类高职高专教材200种,范围覆盖计算机应用、电子电气、财会与管理、商务英语等专业的主要课程。此次规划教材全部按教育部制定的"高职高专教育基础课程教学基本要求"编写,其中部分教材是教育部《新世纪高职高专教育人才培养模式和教学内容体系改革与建设项目计划》的研究成果。此次规划教材按照突出应用性、实践性和针对性的原则编写并重组系列课程教材结构,力求反映高职高专课程和教学内容体系改革方向;反映当前教学的新内容,突出基础理论知识的应用和实践技能的培养;适应"实践的要求和岗位的需要",不依照"学科"体系,即贴近岗位,淡化学科;在兼顾理论和实践内容的同时,避免"全"而"深"的面面俱到,基础理论以应用为目的,以必要、够用为度;尽量体现新知识、新技术、新工艺、新方法,以利于学生综合素质的形成和科学思维方式与创新能力的培养。

此外,为了使规划教材更具广泛性、科学性、先进性和代表性,我们希望全国从事高职高专教育的院校能够积极加入到"教材研究与编审委员会"中来,推荐"教材编审委员会"成员和有特色的、有创新的教材。同时,希望将教学实践中的意见与建议,及时反馈给我们,以便对已出版的教材不断修订、完善,不断提高教材质量,完善教材体系,为社会奉献更多更新的与高职高专教育配套的高质量教材。

此次所有规划教材由全国重点大学出版社——清华大学出版社与北京交通大学出版社联合出版,适合于各类高等专科学校、高等职业学校、成人高等学校及高等院校主办的二级职业技术学院使用。

21世纪高职高专教育教材研究与编审委员会
2008年3月

前　言

连锁经营模式在20世纪80年代末进入中国后，迅速发展壮大。据国家经贸委、国家统计局的调查显示，连锁经营企业从2001年的数千家、门店数万个，发展到现在的数万家企业、门店几十万个，营业额几千亿元的规模，连锁经营正成为零售业、餐饮业和服务业普遍采用的经营方式和组织形式。

各大中小规模的企业门店经营与竞争已成为极热门的话题。近年来由于国际化、自由化的发展趋势，国际性连锁企业、知名品牌商品也纷纷进入国内市场，因此门店经营也更加需要专业的技术来面对现代化门店竞争的冲击，而不是闭门造车，所以引进门店经营新观念、充实管理技术已成为门店经营当务之急。

连锁企业门店营运与管理就是一个专业化、标准化的管理过程。本课程从门店开发与设计、商品管理、收银管理、客户服务等几大模块展开，具体涉及商圈的调查，企业形象策划，门店店面设计，卖场布局，商品结构、采购、陈列、盘点、价格、促销、进货与存货管理，收银服务管理，门店防损原因及对策，生鲜防损，客户投诉管理等内容。

本书既可作为高职高专院校、成人高等院校市场营销、工商管理、连锁经营管理等专业的教材，也可作为连锁商业企业有关人员的培训、自学用书，亦可作为有关研究人士的参考读物。

本书与其他相关教材相比，具有明显的特色。

1. 更加突出高职教育技术应用性的要求，着重于实战技能的训练。
2. 充分考虑相关专业的特点，加大与网络技术、信息技术等相互联系的知识点的衔接，糅合进最前沿的理念和最先进的管理方式，跟上新时代的步伐。
3. 贯彻以学生为主体的教学思想，进一步加大实践性训练的比重，彻底摆脱以教师为主体的、传统的灌输式教学模式。
4. 开发立体化教材，增设案例库、习题库、教学课件、增加情景模拟教学材料。
5. 知识模块化编写，改善结构，完善内容，使内容更丰富，体系更完整。

本书在编写过程中，运用了图形、表格、实例，增加了案例教学、小资料、补充阅读材料，力求形式上新颖，内容上实用，以利于培养学生的逻辑思维能力和实践应用能力。本书力求做到知识性、新颖性、趣味性和应用性并重；为此，在结构上设置学习目标、案例导入、小资料、补充阅读材料、本章小结、主要概念、基本训练、观念应用等。

本书由曹泽洲担任主编，李逾男、庞德义担任副主编。编者具体分工为：曹泽洲编写第1、2章；李逾男编写第3、7章；马永红编写第4章；王维金编写第5章；刘青编写第6章；庞德义编写第8章；王彩霞编写第9章；韩群编写第10章；张丽编写第11、12章；田桂芹编写第13章；贺团英编写第14章。全书由曹泽洲编写提纲并负责统稿。

本书在编写过程中，参考了许多专家学者的研究成果，在此谨向所有参考文献的编著者及给予编写工作大力支持的连锁企业专家表示衷心的感谢！由于编著者水平有限，书中难免存在疏漏和不足之处，恳请各位专家和广大读者批评和指正。

本教材获得"中国商业联合会科学技术二等奖"。

曹泽洲
2008年3月

目 录

第1章 连锁门店开发 ·················· 1
1.1 门店商圈与调查 ················ 2
1.2 门店策划与组织 ················ 12
1.3 连锁企业形象与CIS ············· 17
◇ 本章小结 ······················ 22
◇ 基本训练 ······················ 22
◇ 观念应用 ······················ 23

第2章 连锁门店设计 ·················· 25
2.1 连锁企业店面设计 ·············· 25
2.2 店内环境设计 ·················· 33
2.3 门店设备管理 ·················· 38
◇ 本章小结 ······················ 40
◇ 基本训练 ······················ 40
◇ 观念应用 ······················ 41

第3章 连锁门店卖场布局 ·············· 42
3.1 门店货位布局 ·················· 43
3.2 卖场通道设计 ·················· 53
◇ 本章小结 ······················ 60
◇ 基本训练 ······················ 60
◇ 观念应用 ······················ 61

第4章 连锁门店商品结构管理 ·········· 63
4.1 商品定位与分类 ················ 64
4.2 商品结构与品种 ················ 73
◇ 本章小结 ······················ 77
◇ 基本训练 ······················ 78
◇ 观念应用 ······················ 79

第5章 连锁门店商品采购管理 ·········· 80
5.1 采购原则 ······················ 81
5.2 采购方式 ······················ 86
5.3 采购流程 ······················ 89
5.4 供应链管理 ···················· 93

◇ 本章小结 ······················ 97
◇ 基本训练 ······················ 97
◇ 观念应用 ······················ 98

第6章 连锁门店商品进货与
         存货管理 ···················· 100
6.1 门店商品进货管理 ·············· 101
6.2 门店商品验货管理 ·············· 105
6.3 门店商品存货管理 ·············· 107
◇ 本章小结 ······················ 111
◇ 基本训练 ······················ 111
◇ 观念应用 ······················ 112

第7章 商品陈列管理 ·················· 115
7.1 商品配置 ······················ 115
7.2 陈列原则 ······················ 120
7.3 陈列方法 ······················ 125
7.4 陈列技巧 ······················ 129
7.5 陈列维护 ······················ 136
◇ 本章小结 ······················ 139
◇ 基本训练 ······················ 140
◇ 观念应用 ······················ 140

第8章 商品盘点管理 ·················· 142
8.1 盘点概述 ······················ 142
8.2 盘点准备工作 ·················· 148
8.3 盘点的实施 ···················· 151
8.4 盘点后工作 ···················· 156
◇ 本章小结 ······················ 161
◇ 基本训练 ······················ 161
◇ 观念应用 ······················ 162

第9章 商品价格管理 ·················· 164
9.1 商品定价方法 ·················· 165
9.2 商品价格策略 ·················· 172

9.3 价格标签管理 …………… 178
◇ 本章小结 ……………… 181
◇ 基本训练 ……………… 182
◇ 观念应用 ……………… 183

第10章 商品促销管理 …………… 185
10.1 促销的作用 ……………… 185
10.2 连锁门店的促销方式 …… 187
10.3 POP广告促销 …………… 192
10.4 DM广告促销 …………… 194
10.5 促销活动的检核与评估 … 196
◇ 本章小结 ……………… 199
◇ 基本训练 ……………… 199
◇ 观念应用 ……………… 200

第11章 收银管理 ………………… 201
11.1 收银工作流程 …………… 201
11.2 收银过程管理 …………… 204
11.3 现金管理 ………………… 210
◇ 本章小结 ……………… 212
◇ 基本训练 ……………… 213
◇ 观念应用 ……………… 213

第12章 门店防损管理 …………… 215
12.1 损耗产生的原因 ………… 215
12.2 防损对策 ………………… 219

12.3 生鲜防损 ………………… 224
◇ 本章小结 ……………… 227
◇ 基本训练 ……………… 227
◇ 观念应用 ……………… 228

第13章 顾客服务管理 …………… 229
13.1 顾客服务的分类及常见的
     服务项目 ………………… 230
13.2 接待顾客的技巧 ………… 233
13.3 顾客投诉管理 …………… 240
13.4 服务中心管理 …………… 250
◇ 本章小结 ……………… 252
◇ 基本训练 ……………… 252
◇ 观念应用 ……………… 253

第14章 门店其他管理 …………… 255
14.1 门店安全管理 …………… 256
14.2 门店商品质量和食品
     安全管理 ………………… 260
14.3 门店卫生管理 …………… 263
◇ 本章小结 ……………… 264
◇ 基本训练 ……………… 264
◇ 观念应用 ……………… 266

参考文献 ………………………… 268

第1章 连锁门店开发

【学习目标】

通过本章学习,了解门店开发的组织、计划工作,熟悉门店商圈、选址、企业形象等有关概念,掌握商圈评估与开店选址原则,重点掌握商圈调查、选址策略、门店开发策划,培养一定的门店开发能力。

【案例导入】

美国克罗格公司的开店选址策略

如果店址选择不当,不仅无利可图,而且巨额的投资也会付诸东流。克罗格公司在开店时不是片面地追求开店数量而是追求成功率和效益;科学地进行店址分析,以避免不必要的失误。具体的措施有以下几方面。

① 地区办公室提出建店设想。克罗格公司在一定区域内设有一个地区办公室,该办公室负责本区内商店规划,并向公司总部的综合办公室提供详细的规划资料。

② 综合办公室进行审核评价。综合办公室设有研究部和租约部。各地区改建或扩建店铺的规划将汇总到研究部。研究部由一名经济地理学家和两名助手组成,专门负责论证规划的可行性。租约部在租约谈判、租约程序方面提供建议。如果在租金价格、租约期限等方面不能令人满意,他们将反对新建店铺的选址规划。

③ 各部门协商批准规划。研究部和租约部按每人一票原则进行表决,还要经过综合办公室下设的不动产部经理和地区经理双重同意后才可立项。

④ 研究部主要负责店址的综合评价。画出详细的消费者分布图,并评估市场潜力的大小。克罗格公司的专家认为,如果在一个没有规划过的城市商业区,建立一个面积为1 400平方米的超级市场,将获得从中心向外1.6~2.4公里半径范围内55%~70%的销售额。同时,研究部必须对竞争对手做详细的研究。如果竞争对手的超级市场在某一地区实现了75%~80%的市场占有率,那么要打进这一地区是相当困难的,因此可以考虑放弃此地区而重新进行选择。

⑤ 研究部依照超市店铺选择规律对规划进行评估,并对所选店址进行投资回报率的分析。他们奉行的标准是:对于人口为5 000~10 000人的小城镇,超级市场必须提供这个城镇食物销售量的25%~30%,相应地建立面积为900~1 400平方米的超市才会有利可图;对于人口为4万人的地区,一般可设6~7家超级市场;在大多数情况下,低于4万人的城区仅需开一家超级市场。

资料来源：http://www.bookwoo.com/NewsInfo/21631.aspx，2006-11-24。

案例分析：一般而言，超市单店的开店较为容易，只要有明确的经营理念与特色，选择一个好的商圈便能成功。至于超市连锁店的开店策略就复杂得多了，除了考虑单店是否能独立生存外，还要对店址进行综合评价，对所选店址投资回报率进行分析等。只有充分地做好前期准备工作，新店成活的可能性才会增加。

1.1 门店商圈与调查

所谓**商圈**，是指以店铺坐落点为圆心，向外延伸一定距离，并以此距离为半径构成的一个圆形消费圈，即吸引消费者前来购物或接受服务的有效范围。例如，可能是方圆300米，也可能是方圆1 000米（因购物不方便，缺乏竞争等因素），视具体状况而定。

商圈大小与店铺的经营规划、经营范围、所处地段、商品信誉、交通条件等有密切的关系，反映着店铺的经营辐射能力。商圈范围是店铺确定服务对象分布、商品构成、促销方法和宣传范围的主要依据。

1.1.1 商圈范围划定

商圈的结构受各种因素的制约，其形态往往呈现不规则的形状。按市场营销学的观点来说，商圈结构可分为三层，用三个大小不等的同心圆来表示。

① 主商圈。这是单店业绩的主要来源，占单店总业绩的55%～70%，拥有较多忠诚率高的顾客群。

② 次商圈。占单店总业绩的15%～25%，相对而言，老顾客来访率较低。

③ 辅助商圈。占单店总业绩的5%，处于商圈的最外围，游离客人较多。

商圈范围的划定因行业类别的不同而不同。以便利店来说，一般主商圈多为50米，次商圈为50～150米，辅助商圈为150～250米。但如果是以选购品为主的专卖店或大型店，则其商圈范围的估算可用车程来计算。

有以下各情况限制时，可作为商圈的范围划分点。

① 商圈半径以500米为限。

② 马路分界。凡超过40米宽的道路，四线道以上或中间有栏杆、分隔岛、主要干道阻隔而划分成两个不同商圈。

③ 铁路、平交道阻隔。因受铁路、平交道的交通阻隔，而划分成两个不同商圈。

④ 高架桥、地下隧道阻隔。因高架桥、地下隧道阻隔，使人潮流动不便而划分成不同商圈。

⑤ 安全岛阻隔。因安全岛阻隔，使人潮流动不便而划分成不同商圈。

⑥ 大水沟。因大水沟阻隔，使人潮流动不便而划分成不同商圈。

⑦ 单行道。因单行道阻隔，使人潮流动不便而划分成不同商圈。

⑧ 人潮走向。人潮走向的购物习惯及人潮流动的方向，使该区形成一个独立商圈。

1.1.2 商圈类型分析

商圈有集中型商圈和分散型商圈两种形态。在选择商圈时，应充分考虑店铺的定位、所吸引的客层、所售商品的价位、商圈范围的大小等多种因素。一般而言，商圈形态可分为以下几种。

（1）商业区

商业行为集中的地区。其特色为商圈大，流动人口多，各种商店林立，商圈繁华、热闹。其消费习性具有快速、流行、时尚及消费较高等特色。

（2）住宅区

该区住户数量至少有1 000户以上。住宅区的消费习性为消费人群稳定，生活便利性，具有亲切感，家庭用品购买率较高。

（3）文教区

该区附近一般有一所或多所学校。该区消费群以学生居多，消费普遍不高，但食品、文教用品购买率高。

（4）办公区

即办公大楼林立的地区。一栋办公大楼内的员工人数可能超过一两千人。其消费习性为便利性，外食人口多，消费水平较高等。

（5）工业区

工业区的消费群多为工厂管理者及打工一族，其消费水平较低，但消费总量较大。

（6）混合区

混合区有住商混合、住教混合、工商混合等。混合区具备各种单一商圈形态的消费特色。而一个商圈内往往含有多种商圈类型，具有多元化的消费习性。

1.1.3 商圈调查

在确定了商圈的基本位置后，选址者应对预选地址的商圈进行详细的调查，包括商圈的总体要素和其竞争店的情况。

1. 商圈内顾客群消费能力的调查

任何一个商圈内的顾客群都分为两部分：一是当地住户，二是流动人口。两种人口对超市销售额的影响不同。

当地住户数的资料可以从居民委员会中获得。首先预估每户家庭的平均消费水平，再用住户数乘以平均每户家庭的消费水平就是当地住户的总体消费能力。

流动人口数的调查则需要实地测定，实施方法有以下几种。

① 指定足够多的专业人员，分布到预设店址周围的各个交通路口处，测定由此经过的各年龄段的人数，每日测定时间为超市的开业时间，持续7～10天。

② 将测定的流动人口数取平均值，得到每日每小时平均人数。

③ 预估不同年龄层可能发生的客单价，即每一名顾客的购买金额。

④ 估算入店率，即流动人口中入店人数比率。

⑤ 用客单价乘以入店人数就是流动人口消费能力。

2. 有效商圈范围的调查

对新设店铺商圈的划定是一项细致的工作，需要通过对消费者的调查和对市场趋势的分析来进行。

对消费者的调查需要通过问卷的形式。问卷的设计应以方便被访者回答为原则，通常以选择题的形式来体现，如果能够赠送精美的小礼品，效果会更好。最直接的调查方式是入户访谈，还可以辅之以街头拦访、电话访谈的形式进行。问卷发放数量的多少要视具体情况而定，需要综合考虑店铺业态、规模、商圈内人口数等特点。问卷发放数量越多，问卷的回收率越高，调查结果越具有可分析性。问卷发放范围应该以店铺为中心，尽量覆盖方圆 300 米以内的区域。

问卷中需要重点体现的内容如表 1-1 所示。

市场趋势分析要收集有关资料，如人口分布的预测、新住宅的兴建、公共交通运输、城市规划等方面的资料。

根据消费者调查与市场趋势分析所掌握的资料，描绘出店铺的商圈形状，分析商圈内消费者的特征。

要划定一家新设店铺的商圈界限，可使用**零售引力法则**，它是由美国学者威廉·雷利在 1929 年提出的。该法则表达了两个城市之间城市对顾客吸引力的分配比率，它与人口数比值成正比，与距离比值的平方成反比。据此，雷利提出以下公式：

$$B_a/B_b = (P_a/P_b) \times (D_b/D_a)^2$$

式中：B_a——A 城市吸引 C 城市人口的比率；

B_b——B 城市吸引 C 城市人口的比率；

P_a——A 城市的人口数；

P_b——B 城市的人口数；

D_a——C 城市到 A 城市的距离；

D_b——C 城市到 B 城市的距离。

表 1-1 商圈调查问卷

您的家庭住址：		
往返超市的距离多少是您可以接受的？	A. 500 米内 C. 1 500~2 500 米	B. 500~1 000 米 D. 无所谓
往返超市需多长时间是您愿意接受的？	A. 15 分钟内 C. 1 小时内	B. 15~30 分钟 D. 无所谓
您平均一周去几次超市？	A. 1~2 次 C. 5~6 次	B. 3~4 次 D. 每天都去
您去超市采购商品的主要类型是什么？	A. 食品 C. 日用品 E. 家用电器	B. 生鲜类食品 D. 服装鞋帽 F. 其他
附近的几家超市中，您经常去哪家？	A. 超市甲 C. 超市丙	B. 超市乙 D. 超市丁
您认为这家超市最吸引你的原因是什么？	A. 价格低廉 C. 服务态度好 E. 促销活动多	B. 商品种类齐全 D. 购物环境好 F. 其他
如果在附近开设一家新的超市，您最希望其具备什么特点？	A. 价格低廉 C. 服务态度好 E. 促销活动多	B. 商品种类齐全 D. 购物环境好 F. 其他

假设各自独立的 A、B、C 三个城市，A 城市拥有 30 万人，B 城市拥有 10 万人，C 城市位于 A、B 两城市之间，距离 A 城市 20 公里，距离 B 城市 10 公里，则

$$B_a/B_b = (30/10) \times (10/20)^2 = 3/4$$

由此可见，C 城市的人口数到 A、B 两城市购物的比率为 3∶4，则商圈分界点在距离 A 城市 17.1 公里的地方。

3. 商圈内市场占有率分析

超市在做商圈内市场占有率调查时，必须考虑以下因素：现有同种业态店铺的数量、规模分布，所有店铺的优劣势，短期和长期变动及饱和情况等。

任何一个商圈都可能处于超市过少、过多或者饱和的情况。饱和指数表示一个商圈内同业态超市的营业面积总和与商圈内总人口数的比值。饱和指数越大，表明目前商圈内饱和度相对越高，新开店的市场占有率就越低；相反，饱和指数越小，表明商圈内饱和度越低，新开店的市场占有率就越高。

假设有 A、B 两个地区，它们的顾客数与营业面积情况如表 1-2 所示。

表 1-2　A、B 两个地区顾客数与超市营业面积情况

项目	A 地区	B 地区
顾客数	5 000 人	7 000 人
同业态超市总营业面积	100 000 平方米	500 000 平方米
饱和指数	2	7.1

由表 1-2 可知，B 地区的饱和指数明显高于 A 地区。这表明在同样条件下，在 B 地区新开店铺的成功概率小于在 A 地区新开店铺。

超市在做商圈内市场占有率调查时，不仅要掌握商圈的饱和度，还要对商圈内竞争店的市场占有率情况作充分的了解。竞争店情报的获取渠道通常有三种：消费者问卷调查、观察法、公开媒体上的相关介绍。

依据这三种渠道所获得的信息，对目前商圈内所有竞争对手的市场占有率进行估算，从而能够分析出新开设一家超市的市场空间究竟有多大，进一步得知这一市场占有率能否满足损益平衡点的实现，以此判断在该地开店的风险大小。有些超市在开业前以打分的方法发现竞争对手的不足之处，比如环境是否清洁，哪类产品的价格比较高，生鲜产品的新鲜程度如何等，然后依据这种调研结果进行具有杀伤力的打击。

全球最大的零售企业"沃尔玛"联合门店的总经理萨姆·沃尔采用"人弃我取"的反向操作策略，经过一番周密的考察之后，决定把大型折价门店迁到一般不被商家重视的乡村和小城镇去。因为那里的市场尚未被开发，具有很大潜力，同时又可回避城区商业日益激烈的竞争。

4. 商圈可变因素分析

超级市场的开店要注意到商圈条件可能发生的变化。这种变化既有可能来自外部，如人口搬迁、交通重建及城市规划等；也有可能来自内部，如超级市场价格策略的改变、组织结构的调整、促销手段的多样化、融资渠道的扩大化等。

【补充阅读材料】

上海农工商超市总部在上海西北面的普陀区。当时,这个区位在商业上处于劣势,但这是一个具有很大拓展空间的地方。因为沪宁、沪杭、沪嘉三条高速公路都汇集于此,所以上海农工商超市不仅把总部搬到这里来,还将配送中心、第一家大卖场都建在此地,由此构成了三位一体的总部基地。农工商将这一举措称作是把"荒地"变成了"熟地"。

1.1.4 商圈评估

商圈调查之后,预选商圈的评估成了关系店铺成败的关键一环。一般而言,评估是开店前必须做的一项工作,大多是靠相关人员的经验来论定的,所以评估的结果可能各不相同。调查经验丰富的老手,其评估结果比刚加入评估作业的新人要更准确。因此,开店新手如果怕经验不足而影响评估的可靠性,可以请教行业内经营良好的店铺主人或请相关专家协助,千万不可掉以轻心。

1. 商圈评估的步骤

在商圈的评估过程中,数据化、定量化的评价数据是非常重要的,它可将人为的干扰因素降至最低。可根据周围250米内交通、道路、住宅及公共场所的位置关系,进而判断该点的位置是否理想。商圈评估一般可分为以下几步。

① 确定资料来源,包括销售记录分析、信用证交易分析、邮政编码分析等。
② 确定调查的内容,包括购物频率、平均购买数量、顾客集中程度。
③ 对主商圈、次商圈、辅助商圈进行确定。
④ 根据有关资料确定商圈内居住人口的特征。
⑤ 根据上述分析,确定是否在商圈内营业。
⑥ 确定店铺的区域、地点和业态等。

2. 商圈评估的方法

商圈评估的方法有很多种,但常见的主要有以下几种。

1)根据区域位置进行评估

如果顾客需经几番周折才能到店里来,那么即使他住得很近,这地方也不能列入你的商圈内;相反,如果店址交通便利,附近又有各具特色的货品专卖店,那么即使顾客住在几十公里之外,心理上也不觉得远,就可以列入商圈内。

2)根据商圈的形状进行评估

一般而言,商圈的形状通常不规则,上下班或顺道从店门前经过的人,购物的可能性大,该顾客居住的地方应列入商圈;而那些即使住在附近却从未光顾店铺的人,其所处区域则不应包含在商圈内。在商圈评估时,可根据不同的商圈形状进行。

3)根据实际消费者乘车或步行时间进行评估

无论顾客以何种交通工具前来,选址时都应该亲自顺着顾客购物的路线,了解道路的坡度、公共汽车线路及等车时间等状况,估算一下顾客坐公共汽车需花多少时间。此外,还要了解单行道等交通限制及塞车地点、程度,出入停车场是否方便等。

如此沿路测出消费者实际经过的距离，然后做上记号，最后把这些点连起来，就能确定出商圈范围。

4）修正初步估计商圈

最后的工作就是对已初步确定的商圈进行修正。主要的途径就是根据所经营的商品或服务，对店址附近的顾客进行调查。

3. 商圈评估报告

商圈的评估报告综合反映了整个评估工作的过程和成果，也是评估机构承担工作责任的书面凭证。在实际工作中，商圈的评估报告是以商圈简报的形式出现的。

1）商圈简报方式

（1）演绎法

此方法是一种慢慢导入结论的方法。先将商圈调查所收集到的各种资料加以分析，再得出最后的结论。

（2）归纳法

此方法则是一种一开始便提出建议事项的方法。即在简报一开始，便提出此商圈在何处适合开店及开何种类型的店铺，然后再用各种收集到的资料来支持此论点。

2）商圈简报的规范

商圈简报的内容应包括：商圈范围的确定，商圈特征的分析，人潮及交通状况的分析，消费特征与人口特性的分析，可能净利的推算，本商圈的优、缺点评估，未来可供设店的有利地段及发展情况，最后的结论等。一般情况下，商圈简报按以下步骤来进行。

① 用商圈简图的投影片来确定商圈的分界线。

② 介绍商圈特征。包括商业干道旁的建筑、行业形态及分布数量。制作住宅特色的幻灯片，说明此商圈的建筑情况及分布密集度；制作集会场所的幻灯片，说明场所类型及聚集人口类型；制作优秀竞争者的幻灯片，并用竞争者分析表加以说明。

③ 介绍人潮及交通状况。包括户数及人数的投影片，说明固定住户及人口的情况；人潮分布图的投影片，说明平日及假日的人潮状况及走向；公交路线的投影片，说明公交车的往返方向，公交车乘客下车后的走向，以及未来客运系统对本商圈的影响。

④ 教育程度分配图的投影片，说明教育分配情形；消费者平均收支情况分配图的投影片，说明此商圈人口平均每年每户在个人生活上的支出。

⑤ 简单介绍可能净利的推算，制作可能净利预估表的投影片，说明各立地点的预估收支情况。将此商圈的优、缺点逐一分析，说明此商圈可供设店的地段，简述未来的发展情况。

1.1.5 选址策略

1. 选址原则

选择店址的原则必须针对不同的目标店类型，因为不同店的类型（如独立店、店中店、单层店、多层店、底层店、中层店、高层店等）分别对应着不同的选址原则。但无论如何，下列这些原则都是应该被考虑的通用原则。

① 有足够的目标客户。包括人流量、潜在和现实的购买力等。

② 具有方便的交通条件。如果客户的层次属于有车族，则诸如高档美容院、高档服务场所、高档商品店等，应考虑停车场的问题。

③ 方便本店的商品配送。对于大件商品，以及商品配送频繁、商品数量大的单店，这一点尤为重要。

④ 经济性。不能单纯地以租价考虑，因为租价与从该地址获得的收益是成正比的。经济上考虑的不能只是成本支出或收益的单项，而应是两者的差额——纯利润量。

⑤ 当地治安等安全条件良好，公用基础设施齐全。

⑥ 该地址的邻居店风格、内容、客流量等方面和本体系的单店不会发生冲突和不和谐的现象。允许按本体系单店 VIS 进行装修。

⑦ 适度的竞争。过度激烈的竞争很容易使单店的经营发生困难，因为每天要面对巨大的压力，单店工作人员也会感觉很疲累。

⑧ 在该地段的经营是符合有关法律和规定的。例如，虽然幼儿园门口附近是大人们聚集的场所（等待接孩子），但按某些地区的规定，在这些地方设置成人用品店却是不合法的。

⑨ 有足够的空间。

⑩ 该地址可以被获得。这也是最重要的一条，虽然该地址属于绝对的黄金地段，但却由于各种原因不能获得，则这样的地址仍然是不可得的地址。

2. 区域位置选择

作为一个具体的店铺，在选择决策时应充分考虑顾客对不同商品的需求特点及购买规律，从而确定店铺所在的区域位置。顾客对商品的需求一般可分为三种类型。

（1）日常生活必需品

这类商品同质性大，选择性不强；同时价格较低，顾客购买频繁，在购买过程中力求方便。所以，经营这类商品的店铺应最大限度地接近顾客的居住地区，设在居民区商业街中，辐射范围以半径 300 米为限，步行在 10 分钟以内为宜。

（2）周期性需求的商品

对这类商品，顾客是定期购买的。在购买时，顾客都经过了一定的比较，最终才选择出适合自己需要的商品品种。另外，这类商品的购买量不大，有高度的周期性。经营这类商品的店铺选择在商业网点相对集中的地区为宜，如地区性的商业中心或交通枢纽、交通要道的商业圈。

（3）耐用消费品及顾客特殊性需求的商品

耐用消费品多为顾客一次购买长期使用，购买频率低。顾客在购买时，一般已有既定的目标，在反复比较权衡的基础上再做出选择。

对于特殊性需求的商品购买的偶然性较大，频度较小，顾客比较分散。以经营此类商品为主的店铺，商圈范围要求更大，应设在客流更为集中的中心商业区或专业性的商业街道，以吸引尽可能多的潜在顾客。

3. 客流规律分析

店铺成功的另一个关键因素是客流量的大小。客流包括现有客流和潜在客流。店铺选择开设地点总是力图处在潜在客流最多、最集中的地点，以使多数人就近购买商品。但客流规模大，并不总是能带来相应的优势，具体问题还需具体分析。

1)客流类型

（1）自身客流

指那些专门为购买某商品的来店顾客所形成的客流。这是店铺客流的基础，是店铺销售收入的主要来源。因此，新设店铺在选址时，应着眼于评估自身客流的大小及发展规模。

（2）分享客流

指一家店铺从邻近店铺形成的客流中获得的客流。这种分享客流往往产生于经营相互补充商品种类的店铺之间，或大店铺与小店铺之间。

（3）派生客流

指那些顺路进店的顾客所形成的客流，这些顾客并非专门来店购物。在一些旅游点、交通枢纽、公共场所附近设立的商店主要利用的就是派生客流。

2）客流目的、速度和滞留时间

不同地区客流规模虽然可能相同，但其目的、速度、滞留时间各不相同，要作具体分析，再作最佳地址选择。

3）街道两侧的客流规模

很多情况下，同样一条街道，在两侧的客流规模由于光照条件、公共场所、交通条件、设施等影响而有所差异。另外，人们骑车、步行或驾驶汽车都是靠右行，往往习惯于光顾行驶方向右侧的商店。因此，开设地点应尽可能选择在客流较多的街道一侧。

在商业集中的繁华区，客流一般以购物为主流。其特点是速度缓慢、停留时间长、流动时间相对分散，因此可以把经营挑选性强的商店设在这里，如服装店等。

有些地区虽然有相当规模的客流量，却多属非商业因素，如车站、码头、学校等公共场所，其主要客流的目的不是为了购买商品。此地区的客流速度一般较快、停留时间短、流动时间比较集中，因此可以将经营挑选性不强和携带方便的商品的商店设在这里，如烟酒副食品店、冷饮店、快餐店等。

4. 立地点周围设施评估

选择开店地点还要对目标所在地的道路性质、接近度、邻居特性等相关设施作调查。

1）道路性质

主要是调查立地点前道路的特性及通行车辆的种类。

① 连接道路。它连接主要的商业区与住宅区，供居民上下班来往，是公车站牌、交通工具转运站林立处。

② 运输道路。两地之间商品物资来源的干道，连接两大区域之间商品货物的流通，货车及各式特殊运输车辆比例多。

③ 商流道路。批发、零售等各种商业活动来往频繁的动脉，其背后往往有市镇、商业区或是住宅区为其中心。

④ 郊区道路。除了为上下班的路线外，它还是接续商业区与郊区住宅的干道。它主要处于郊区，多半属于附属旧市镇的新兴区。

⑤ 老旧道路。老旧商业区所发展出的主要商业道路，往往是人潮汇集处，行人来往多，车辆也偏重小型自用车。因此，常常为商业活动畅旺之处。

2）接近度

接近度是测量立地点是否符合顾客容易接近店铺的准则。通常接近度愈高，立地点愈好。其考评标准如下。

① 在预定点 200 米内是否有公交车站或巴士转运站。此转运站最好是位于上下班路线上，以增加购物的时间性。

② 确定店铺前道路的宽度。路越宽，不仅可以使行驶车流增多，还可以增加停车的便利性。

③ 是否有斑马线可到对面街或侧街，且左右距离在 100 米内。这关系到来往人流数量的多少。

④ 临近 100 米内是否有红绿灯。红绿灯是增加店铺的曝光率、增加消费认知的捷径。

⑤ 近期内是否有道路拓宽计划或掩埋管线计划。因为各项开挖马路工程都会影响顾客前来的意愿。

3) 邻居特性

指预定点两侧行业种类的特点，以及不宜为邻的行业种类。如果属于同行的专业街，则新点将会面临强大的同业竞争；如果属于异种行业的专业街，则要考虑是否能构成旺市效应。

其实，不必过于担心同业竞争的问题。因为一旦同业商店越开越多，就会产生聚集效应，则容易扩大影响、凝聚人气，形成专业街，生意反而比单枪匹马更容易做。另外，为避免使顾客产生不良反应，在易制造大量污染的店（如洗车店）或发出特别气味的店（如油漆店），乃至发出烟雾的店（如烧烤店）等店铺旁不适宜开一般生活用品的店铺。再如，高频噪声出现的地方，比如铁路平交道旁也不是良好的立地点。

5. 立地点评估

"点"是强调立地点本身的评估，即针对所要开店的建筑物内外结构及法律问题的分析评估。其中评估项目有以下几个方面。

（1）辨识性

预定点地址是否明确，临近 100 米内是否有明显的路标。

（2）齐全性

建筑物内原有的那些设施愈齐备，愈节省开店的装潢成本。

（3）所有权明确化

确认真正拥有房产所有权的业主。

（4）完整性

通过使用执照来再次确认承租屋在店面法律上的使用权利，并了解实际营业使用的申请。

（5）清白性

即查清所租赁的房屋是否有被银行或其他机构设定有他项权利或是被查封、拍卖的记录，以避免在房屋租赁期间受房东财务纠纷的影响。

（6）时间性

预定点现行使用人是谁，需要多久才能移交使用。时间越短，对店铺越有利。

（7）明显度

指架设广告招牌的可见度。招牌是店铺与消费者沟通的第一步，因此招牌愈明显对店铺的宣传愈好。

(8) 天气

天气不但会影响消费意愿,特殊天气也会造成经营上不可预估的风险。如水淹、日晒引起的商品及设备的损耗,或店面迎向强风所造成的大量尘土对店面、商品鲜度的损坏,以及设备折旧率高低、采光度好坏等均是重要的考虑因素。

(9) 建筑物本身评鉴

建筑物的年份及现况是评估的首要条件。一般来说,具有10年以上的旧屋不予考虑。再者,对建筑物构造成分的分析,有助于装潢成本的预估;对建筑物楼层的分析,则关系到间接费用的开支,如是否整栋承租,或将卖场与办公室或是宿舍合并;同时,如各楼层的高度、给排水、配线状况及可供电力、消防设施都是计算改装费用的依据。如果是屋顶加建、空地加建、中庭加建等部分,则要调查其合法性与可行性,以避免日后产生法律纠纷。另外,如是否为室内停车场改装,是否为防空避难室,是否占用公共设施等问题都要调查清楚。

(10) 积率

指预定点本身的形状与面积。形状包括建筑物外观的整体设计和预定点本身的形状。前者关系到店铺的未来格局,后者则是卖场设计的重点。通常,店铺的形状越方正的卖场越好。

(11) 面积

指可使用的营业面积,即经内部测量后的实际有效面积。其中门面宽度是首要条件,无论是一、二楼卖场还是一楼与地下室的卖场,不同行业有所不同。如超市因其卖场大,多设于一楼或地下室;而便利店铺则以一楼为主,美容美发业则可设在二楼。

(12) 租金、押金

租金主要是房租高低及付款方式,而押金需对附近房租行情进行调研。

(13) 邻店

对于邻店的用途,屋主、邻居、前任承租人是何人,其个别职业、住处、信用及是否有财产纠纷等也需调查清楚。

立地点评估对店铺的成败有很大的关系。一般而言,评估是开店前必需的工作。评估过程中,数据化、定量化评价数据是非常重要的,可将人为干扰因素降至最低。

6. 店铺预定点的实地考察

店址的选定,除了书面调查,还要进行实地的观察比较。对相关的情况要做一定的调查分析后,才能决定是否最后定点于此。

对于实地调查应精心细致,立地点的人流量,附近有几家同类店或不同类店,其营业情形如何,商品的内容如何,价位的高低等,均是衡量的重点。还可以连续三天在不同时段(早晨、中午、下午、晚上8点以后)实地观察,运用现场观察法来实地了解立地点的优劣。

小资料 1 - 1

有效商圈重叠导致的选址失误

在上海普陀区长征乡方圆一公里的范围内,几乎同时开了三家大型综合超市。开业第一天,三家超市都达到了营业额的最高峰,分别为310万、160万、150万元。以后的营业额纷纷回落。按照超市经营理论，正常时期每天的营业额应该大约为开业当天营业额的一半，而该三家超市平时营业额均相当于开业当天营业额的30%左右，三家超市都没有达到正常营业额水平。由本案例可以看出，三家超市同时选定在一个区域开店，有效商圈范围相互重叠，导致彼此营业额均受到影响，这是开店选址中的失误。

资料来源：http：//www.i18.cn/zx/newshtml，2004-07-12.

1.2 门店策划与组织

1.2.1 门店策划

1. 开店计划

一家商场的经营应有其基本方针及长期、短期的经营计划，其开店计划的操作程序应遵循以下6个步骤。

① 基础调查阶段。内容包括市场调查及店铺选址调查，其结果虽不用以直接判断设店的可能性，但可作为对具体计划立案时有关投资内容的建议。

② 制定基本计划阶段。内容包括经营位置及建设计划，有关投资的内容要具体化，以客观的立场加以分析，作为决策之用。

③ 设店意向决定阶段。根据第一步、第二步的结果，由决策者作出是否开店的决定。作决策时除对计划内容加以判断外，还要对整体经营情况及可能产生的影响进行详细的分析。

④ 制定具体计划阶段。根据决策所决定的项目，将基本计划进行更具体的立案，细分为基本设计计划、施工设计计划、建设费估算及经营有关的各项具体计划。这些计划均应根据基本方针、基本目标进行详细的规划。

⑤ 计划实施阶段。在实施计划时应对工作进度随时加以分析研究，力求与计划充分相符。

⑥ 开店阶段。重点在开店时各项业务的准备，以满足开店之需。

2. 开店资金预算

1) 前期资金投入

一个商场的开设前期要投入大量的资金。一般而言，开店投资的项目主要包括以下内容。

① 设备。如冷冻冷藏设备、空调设备、收银机系统、水电设备、车辆、办公设备、内仓设备、卖场陈列设备等。

② 工程。如内外招牌制作工程、空调工程、水电工程、冷冻冷藏工程、保安工程等。

③ 当地租金。

④ 设计装修费用。对连锁公司来说，这笔费用可大大节约。连锁公司总部在事先要制

定设备及工程投资项目、供应厂商、数量及金额。

2）经营费用预估

经营费用可分为固定费用和变动费用两类。固定费用是指与销售额的变动没有直接关系的费用支出，如工资、福利费、折旧费、水电费、管理费等；变动费用是指随着商品销售额的变化而变化的费用，如运杂费、保管费、包装费、商品消耗、借款利息、保险费、营业税等。超市经营和毛利率要大于费用率，是一个基本的经营原则。

3. 市场定位规划

从某种意义上讲，连锁企业的市场定位比选择地段更重要。详细的调研、清晰的判断、宏观的统筹、果断的决策，是准确定位的要件，这样才能准确把握市场脉搏，确定不同类别的经营模式，以避免同质性，创造最大差异化，从而引领市场。

1）整体商业定位

（1）定位内容

明确主体服务对象，确定目标客户群。

（2）定位原则

以目标消费群的真实、持久需求定位（参考年龄段、性别比、收入层次、文化层次、消费层次、消费倾向等调研数据）。

（3）定位过程

通过商业环境调查等不同方式的调查，汇总分析得到不同消费群的构成。

① 业种需求。百货、食品、家电、服装、鞋类、箱包、化妆品、家私（家具）、珠宝首饰、书籍酒吧、茶坊、美容等。

② 功能要求。购物、娱乐、休闲、运动、美食、观光等。

2）功能、规模定位

（1）定位内容

明确商业中心功能规划和经营规模。门店的基本功能是提供商品的零售服务，但随着人们消费水平的提高，单纯的购物服务已难以满足顾客的需要，利用双休日和节假日进行休闲、娱乐型购物消费已成为一种趋势。因此，不少门店在主营零售业的基础上，往往有必要引入餐饮、娱乐及其他服务行业以方便顾客，带旺门店。

（2）定位过程

结合商圈目标消费群、商圈人口、商圈竞争情况和商业建筑规划，具体确定本门店的功能和规模。

3）经营档次与形象定位

确定门店的经营档次和综合形象，以形成明显的差异化来定位经营的目标。通过差异化的定位界定商业文化内涵，建立超前的品牌形象（引领购物时尚、反映地域特色、精选服务对象、创新组合业态、综合形象鲜明且易推广传播等）。建立独特而鲜明的企业形象不仅是竞争市场的制胜关键，而且还是快速提升企业知名度和美誉度的重要手段，也是成就门店无形的品牌资产的根本所在。

4. 整体业态规划

1）业态规划

所谓业态革命，是指针对于传统零售商业的单一化功能难以适应社会发展和消费需求的变革。其理论思想是不断满足社会发展进步给人们带来的物质生活和精神生活的需要。人的日常生活主要分布于三个生活空间，即第一空间（居住空间）、第二空间（工作空间）、第三空间（购物休闲场所）。要提高人的生活质量必须同时从三个生活空间上去考虑。

生活质量的提高又往往表现为第一、第二生活空间的停留时间减少，第三生活空间的活动时间的增加。因此，必须把提高第三生活空间的质量作为人们生活质量的关键点。现代商业业态的战略规划性恰恰表现在如何精心定位、规划第三生活空间。

传统商业的卖场功能大多是以购物为主，这种单一化的功能定位已经越来越不适应社会发展的需要。从人的需求发展方向来看，有形商品的充分满足，会使需求向无形商品转移，即所谓的"离物"倾向。也就是说，在人们的消费生活中，休闲、文化娱乐等方面的支出比重会较大。

2）业态战略规划

主力业态定位、科学业态配合、合理租户组合的目的是制造连锁门店张弛相间的兴奋点，实现顾客尽可能多的消费需求。

5. 开店之前的广告策划

广告是现代商战中必不可少的手段，同时也是门店吸引消费者最有力的武器。开店广告活动是经营者根据营业方针的设定，并配合营业具体策略，在开店前所展开的一切宣传活动。广告活动的内容包括开业日期、宣传主题、宣传标语、媒体的运用、企划活动的配合等，针对消费者的宣传诱导，以塑造新店铺的形象。

1）广告活动的前期准备

这是整个开店活动的基本计划。所以对于全盘进度的拟定，最理想的状况是在开店 10 个月前能予以立案，并在开店 6 个月前能加以定案，以便整个活动能够充分地准备与有效地展开。

2）具体实施

需要在开店前 1 个月左右展开，以便将整个开店信息告知消费者，使开店当日达到活动的最高潮。其实施的方式与内容可分公司员工对商圈内家庭的访问，各项广告媒体的运用，公共关系活动的展开，开店当日庆祝活动的实施，特别服务项目的提供等。

3）后期宣传

这是配合前述系列性的活动内容，为达成开店盛况的持续而推出的连续性活动，如文化活动、商品促销活动、服务性措施等，使整个开店宣传活动能获得预期效果。

开店广告及宣传的实施，是各部门业务综合的表现。当然，在时间的展开与准备方面，可以配合业务内容的繁简做弹性的调整与运用。前面所述各阶段的准备期间是以大型零售店为标准的，至于一般中小型商店则可予以缩减。而整个开店宣传，就是针对人力、物力、财力的各项工作进行有效的组合与运用，以求用最佳的效果展现和塑造公司整体的形象。

1.2.2　门店的组织管理

门店是连锁经营的基础，主要职责是按照总部的指示和服务规范要求，承担日常销售业务，因而门店是连锁总部各项政策的执行单位。

1. 连锁系统中的各部门职能设置

（1）采购部

这是商场运作的核心部门。采购经理负责制定公司的商品定位、商品结构、商品价格体系等商场战略目标。按商品部门设置的采购员及采购主管负责本商品部门商品计划的制定，供应商及商品的选择，采购业务的具体执行。

（2）营运部

营运部负责卖场的现场管理。主要工作为：商品的补货、续订货；卖场商品贩卖状况的监督；报损；商品组合的建议；特殊商品的降价与打折处理；商品价格的市场调查；大宗商品业务的执行；卖场服务条例的执行。

（3）商管部

商管部负责商品的出/入仓管理，仓库管理。

（4）验收货部

验收货部负责查验厂商的订单，点验商品数量及质量；完成收货单项目。

（5）票据房

票据房集中管理出入库单据，如进货单、退货单、调拨单，以及条形码的统一打印。

（6）索赔部

索赔部负责报损商品的损坏处理（核销库存），退货商品的统一处理。

（7）仓管部

仓管部负责仓库商品数量管理，进出仓执行。

（8）收银部

收银部负责前台 POS 收银管理。

2. 门店职能

无论是连锁店还是单体店，门店都必须将店铺的各项资源有效地加以运用，完成各项经营指标。连锁门店要服从公司总部的高度集中统一指挥，积极配合总部各项营销策略的实施。其主要作用与职责有以下几方面。

1）教育管理

作为连锁企业要树立一切为了顾客的观念，店长要随时教育全体员工"站在顾客的立场上考虑一切"，这是店铺工作的立足点。

2）商品管理

商品管理的好坏是考核店长管理能力的重要标准。

① 监督商品的要货、上货、补货，做好进货验收、商品陈列、商品质量和服务质量管理等有关作业。

② 执行总部下达的商品价格变动。

③ 监督门店商品损耗管理，把握商品损耗尺度。

3）销售管理

① 执行总部下达的销售计划。店长应结合本店的实际，制订自己店铺完成年度销售计划及分月销售计划的销售，以保证各项经济指标的完成；制订各部门的各项经济指标，将计划落实到各部门，与经济效益挂钩，调动全体员工的工作积极性。

② 执行总部下达的促销计划和促销活动，制订本店的具体实施方案。

③ 掌握门店的销售动态，向总部建议新商品的引进和滞销品的淘汰。

4）管理报表分析

在现代化的零售业中均运用 POS 系统来管理门店，使店长能够及时得到门店经营状况的信息资料。店长要对这些信息资料进行分析研究，作出改进经营的对策。信息资料有销售额日报表、商品销售排行表、促销效果表、费用明细表、盘点记录表、损益表、顾客意见表等。

5）公共管理

① 向属地顾客做好店铺的自我宣传。

② 妥善处理顾客投诉和服务工作中所发生的各种矛盾。店长要站在顾客投诉的角度耐心听取顾客意见，对顾客表示感谢和道歉，并提出妥善解决的方法。店长要经常教育全体员工认真对待顾客的投诉意见，因为这些问题直接关系到企业的信誉和店铺的形象。

③ 做好与门店周围社区的各项协调工作。积极参加所在社区的各项公益活动，与周围的部门、单位、学校、团体保持经常性的交流和和睦的关系。

6）店铺设备及环境清洁、卫生的管理

① 掌握门店各种设备的维护保养知识。

② 监督门店内外的清洁卫生，负责保卫、防火等作业管理。

3. 门店组织管理

1）店长、副店长职责

店长是门店的核心人物，店长必须服从连锁公司总部高度集中的统一指挥，积极地执行总部的各项营销策略，达到门店的经营指标。

① 监督商品的要货、上货、补货，做好进货验收、商品陈列、商品质量和服务质量管理等有关作业；

② 执行总部下达的商品价格变动；

③ 执行总部下达的销售计划、促销计划和促销活动；

④ 掌握门店的销售动态，向总部建议新商品的引进和滞销品的淘汰；

⑤ 掌握门店各种设备的维护保养知识；

⑥ 监督和审查门店会计、收银和报表制作、账务处理等作业；

⑦ 监督和检查理货员、服务员及其他人员作业；

⑧ 负责对职工考勤、仪容、仪表和服务规范执行情况的管理；

⑨ 负责对职工人事考核、职工提升、降级和调动的建议；

⑩ 负责对员工的培训教育；

⑪ 妥善处理顾客投诉和服务工作中所发生的各种矛盾；

⑫ 监督门店内外的清洁卫生，负责保卫、防火等作业管理；

⑬ 监督门店商品损耗管理，把握商品损耗尺度；

⑭ 做好与门店周围社区的各项协调工作。

店长、副店长除具备各岗职技能外，还要有全盘管理能力和组织能力。

2）店助理（部门主任、组长）职责

店助理对本岗位工作应有相当丰富的经验，掌握本岗位技能，熟知门店各岗职技能，熟悉店长、副店长的工作职责，协助店长、副店长做好工作。

3）门店收银员职责

门店收银员具有熟悉商品的货区、商品基本价位、收银业务、结算小票管理业务、收集和提供商品销售信息、顾客信息、退货处理及收银台安全等职责。

4）门店理货员职责

理货员是门店中从事商品整理、清洁、补充、标价、陈列、盘点等工作的人员。门店理货员职责是巡视货场，耐心解答顾客的提问，必须熟悉所负责商品范围内商品名称、规格、用途和保质期，掌握商品标价的知识，正确标好价格，掌握商品的陈列原则和方法、技巧，正确进行商品陈列，保证商品正常营业的需要。

5）验收人员职责

商品验收是确认检查商品质量，审核商品产地、生产日期、发货时间、数量、价格、品种等的环节。门店验收人员应手持送货单或发票、收据，与送货人员逐一进行清点，减少事后因退货或其他原因造成的浪费，避免以后发生不必要的争执。

6）门店会计职责

门店会计主要职责有：一丝不苟地执行公司财务部对门店的财务管理，准确、真实、及时地向财务部上交门店各种报表，并对报表的数据进行汇报、分析和处理。

7）服务人员职责

服务人员需要了解理货员和收银员的基本岗位技能；同时掌握服务礼仪规范，了解和掌握门店商品分布情况、商品知识等，以便能流利地回答顾客的各种询问，掌握公司便民服务的内容和措施。

1.3 连锁企业形象与CIS

1.3.1 连锁企业形象的概念及特征

连锁门店在具体的经营活动中，企业形象的展现几乎无所不在，在管理、服务、店面设计、商品陈列及POP广告等多个环节都会展示出企业形象。企业形象的塑造对创造良好的消费环境，提升企业的知名度、美誉度和增进消费者的认同有着重要作用。

1. 企业形象

企业形象是企业内外对连锁企业的整体感觉、印象和认知，是企业状况的综合反映。

2. 企业形象的分类

企业形象的分类方法很多。根据不同的分类标准，企业形象可以划分为以下几类。

（1）企业内在形象和外在形象

这是以企业的内外在表现来划分的。内在形象主要是指企业目标、企业哲学、企业精神、企业风气等看不见、摸不着的部分，是企业形象的核心部分。外在形象则是指企业的名称、商标、广告、店铺、店歌、产品的外观和包装、典礼仪式、公开活动等看得见、听得到的部分，是内在形象的外在表现。

(2) 企业实态形象和虚态形象

这是按照主客观属性来划分的。实态形象又可以叫作客观形象，指企业实际的观念、行为和物质形态，它是不以人的意志为转移的客观存在。如企业生产经营规模、产品和服务质量、市场占有情况、产值和利润等，都属于企业的实态形象。虚态形象则是用户、供应商、合作伙伴、内部员工等企业关系者对企业整体的主观印象，是实态形象通过传播媒体等渠道产生的映象。

(3) 企业内部形象和外部形象

这是根据接受者的范围来划分的。外部形象是员工以外的社会公众形成的对企业的认知，我们一般所说的企业形象主要就是指这种外部形象。内部形象则是指该企业的全体员工对企业的整体感觉和认识。内部形象的接受者范围更小，但作用却很大，与外部形象有着同等重要的地位，决不可忽视。

(4) 企业正面形象与负面形象

这是按照社会公众的评价态度来划分的。社会公众对企业形象的认同或肯定的部分就是正面形象，抵触或否定的部分就是负面形象。对于企业来说，一方面要努力扩大正面形象，另一方面又要努力避免或消除负面形象，两方面同等重要。因为往往不是正面形象决定用户购买某企业产品或接受某项服务，而是负面形象使得他们拒绝购买该企业产品和接受其服务。

(5) 企业直接形象和间接形象

这是根据公众获取企业信息的媒介渠道来划分的。公众通过直接接触某企业的产品和服务，由亲身体验形成的企业形象是直接形象，而通过大众传播媒介或借助他人的亲身体验得到的企业形象是间接形象。树立企业形象不能只靠广告宣传，而应注重提高产品质量和服务水平；不要只看到了间接形象而忽视了直接形象。

(6) 企业主导形象和辅助形象

这是根据公众对企业形象因素的关注程度来划分的。公众最关注的企业形象构成主导形象，而其他一般因素则构成辅助形象。

例如，公众最关心手机的质量（功能效果、图像、话质等）和价格（是否公道合理），手机的质量和价格等构成手机生产厂的主导形象，而手机生产厂的企业理念、员工素质、企业规模、厂区环境、是否赞助公益事业等则构成企业的辅助形象。企业形象由主导形象和辅助形象共同组成，决定企业形象性质的是主导形象；辅助形象对主导形象有影响作用，而且在一定条件下能够与主导形象实现相互转化。

3. 企业形象的子系统

企业形象的组成可以归纳为三个层次，即理念形象、行为形象和视觉形象。

(1) 企业理念形象

企业理念形象是由企业哲学、宗旨、精神、发展目标、经营战略、道德、风气等精神因素构成的企业形象子系统。

(2) 企业行为形象

企业行为形象是由企业组织及组织成员在内部和外部的生产经营管理及非生产经营性活动中表现出来的员工素质、企业制度、行为规范等因素构成的企业形象子系统。内部行为包括员工招聘、培训、管理、考核、奖惩，各项管理制度、责任制度的制定和执行，企业风俗习惯等；外部行为包括采购、销售、广告、金融、公益等公共关系活动。

（3）企业视觉形象

企业视觉形象是由企业的基本标识及应用标识、产品外观包装、店容店貌、机器设备等构成的企业形象子系统。其中，基本标识指企业名称、标志、商标、标准字、标准色，应用标识指象征图案、旗帜、服装、口号、招牌、吉祥物等；店容店貌指门店自然环境、店铺、橱窗、办公室及其设计和布置。

在企业形象的三个子系统中，理念形象是最深层次、最核心的部分，也是最为重要的，它决定行为形象和视觉形象；而视觉形象是最外在、最容易表现的部分，它和行为形象都是理念形象的载体和外化；行为形象介于上述两者之间，它是理念形象的延伸和载体，又是视觉形象的条件和基础。

4. 企业形象识别系统

企业形象的全称为企业形象识别系统（Corporate Identity System），即所谓CIS。它是企业（或社会团体）由内而外有计划地展现其形象的系统工程。对内部而言，它形成企业文化；对外部而言，它取得社会的认知，从而获得公信力。良好的企业形象的设计与推广，是实现企业发展理想的必然途径。

CIS由三部分组成：MI企业理念（Mind Identity）、BI企业行为（Behavior Identity）、VI视觉识别（Visual Identity）。

门店导入CIS是一项系统工程，必须分阶段、按计划地推进。在开始之前和导入的过程中，需进行数次企业内部与外部市场的定性、定量调查，以确定CIS的定位与定向。根据调查分析的结果，及时调整和修订CIS的执行计划，才能达到预期的效果。

5. 企业形象的形成

良好的企业形象的形成依赖于各种途径。其中，通过建立及实施企业形象识别系统（CIS），是实现良好企业形象树立的有力途径。

1.3.2 连锁企业形象塑造

连锁企业形象塑造是一种循序渐进的过程，要根据一定的流程和步骤，选择合适的方式，有计划地进行。

1. 企业形象塑造流程

综合国内外企业塑造企业形象的经验，其作业流程大约可分为以下5个阶段。

① 企业现状调查阶段。把握公司的现况、外界认知和设计现况，并从中确认企业给人印象的认知状况。

② 形象概念确立阶段。以调查结果为基础，通过分析企业内部、外界认知、市场环境与各种设计系统的问题，来拟订公司的定位与应有形象的基本概念，作为企业形象设计规划的原则依据。

③ 设计作业展开阶段。根据企业的基本形象概念，将其转变成具体可见的信息符号，并经过精细作业与测试调查，确定完整并符合企业理念的识别系统。

④ 完成与导入阶段。重点在于排列导入实施项目的优先顺序、策划企业的广告活动及筹组CIS执行小组和管理系统，并将设计规划完成的识别系统加以制成标准化、规格化的

手册或文件。

⑤ 监督与评估阶段。企业形象塑造的设计规划仅是前置性的计划,如何落实建立企业的形象,必须时常监督评估,以确保符合原设定的企业形象概念。如发现原有设计规划有所缺陷,应提出检讨与修正。

2. 企业形象形成过程

企业形象的形成主要经过四个环节,即形象传播、公众印象、公众态度和公众舆论。

1) 形象传播

大众传播媒介以其技术划分,可分为印刷媒介、电子媒介和户外媒介三种形式。

(1) 印刷媒介

印刷媒介主要包括报纸、杂志、书籍及企业印刷资料和印刷广告等。其中,报纸的信息传播速度最快、范围最广、影响最大;杂志和书籍信息容量大,阅读周期长,但是受出版周期的影响,信息传播速度较慢;企业印刷资料及印刷广告、DM广告的读者针对性较强,信息传递速度较快,但是传播范围较小,很难产生较大影响。企业可以根据自己的需要有针对性地选择适当的印刷媒体。

(2) 电子媒介

电子媒介主要包括电视、广播、电影、录像、影碟及互联网等。其中,最主要的大众传媒是电视、广播及发展迅速的互联网。电视是企业传递信息的首选媒介,其特点是形象生动,声画并茂,传播速度快,覆盖面广。广播同样具有传播快、覆盖面广的特点,曾经是主要的大众传播形式,随着电视的普及,其影响力不断缩小。但是广播传媒具有低成本、快捷的特点,其仍然不失为重要的信息传播渠道。互联网作为现代信息社会的革命性标志,随着家用电脑的普及及网民数量的迅速增长,已成为大众电子传播的主要渠道。

(3) 户外媒介

户外媒介包括户外公共场所如建筑物、路牌、交通工具、户外电子屏等发布广告信息的各种传播媒介。户外媒介一般具有气势恢弘、体积巨大的特点,可以产生强烈的视觉冲击效果。企业通过户外广告媒介宣传自己,利用其持续时间长的特点,将信息反复不断地传递给受众,使其留下深刻的印象。但户外媒介具有覆盖面窄、信息更新慢的特点,使其只能作为企业形象传播的辅助手段,与其他大众传播媒介有机统一地使用,共同完成形象传播的任务。

2) 公众印象

印象是客观事物在人们头脑中留下的迹象。公众印象则是公众对企业形象传播的各类信息形成的印象,是企业现实状态和特征在公众头脑中的反映,是一种心理活动。

(1) 注意

注意是指心理活动对一定对象的指向和集中,是印象形成的前奏。当人们开始对接触过的事物注意时,印象才开始生成。企业要使公众产生印象,就要在引起公众注意方面做出努力。

(2) 判断

当公众对企业信息引起注意,进而产生兴趣后,便会对所关注的事物进行判断。判断是对事物特征有所断定的思维的一种基本形式,分为直觉判断和复杂判断两种。同印象联系较密切的是直觉判断,公众通过直觉判断而形成直觉印象。复杂判断与直觉判断产生的直觉印象、判断者的经验、个性、角色、心理倾向、兴趣、当时的状态及周围环境等各种因素有关。直觉判断受心理定势影响较大，容易产生偏见。

企业形象传播一方面应追求美感，另一方面则应强调企业个性。通过高质量的产品、服务、广告和公共关系等交流渠道，在公众中形成良好的接纳态度和心理定势，激发公众作出可信、可靠的判断，以利于企业良好形象的建立。

(3) 记忆

记忆是过去经历过的事情在人脑中的再现。确切来讲，是人们感知过的事物、思考过的问题、体验过的情绪和做过的动作在人脑中的反映。

对企业形象传播来说，要使企业形象在公众中留下深刻的记忆而不被遗忘，在企业形象输出的最初阶段，必须以简单而有意义的标识和口号对公众进行持续而有力的冲击。这种冲击需要反复、多角度、多层次地进行，只有这样，才能给公众留下深刻的印象。企业形象在公众头脑中定型后，传播的目的就是经常唤起公众的记忆，使其不被遗忘。

3) 公众态度

公众态度的形成是一个复杂的过程。它是社会公众对反复接收的企业信息进行接受、分类、分析、整理，并以其价值观念、心理倾向进行判断的过程。企业信息只有符合公众的心理倾向、价值观念及其需要，才能被公众认同并接受，以形成良好的企业形象。如果背离公众的需求，只会遭到公众的拒绝。为此，企业形象传播可根据社会心理学理论来控制或影响公众态度。

(1) 强化策略

企业形象通过不断地增加企业形象信息的正面内容，不断地引起公众的注意和兴趣，便能达到影响或改变公众态度的目的。

(2) 定势策略

企业形象是企业实态及员工行为的反映，是员工长期行为的结果。企业只有坚持不懈地以其固有的价值理念和规范统一的行为准则面对公众，使公众对企业产生比较稳定的印象，公众才会对企业形成稳定的态度。

(3) 迁移策略

在利用公众原有态度的基础上引发新的态度，称之为态度迁移。利用态度迁移，比重新建立一种新的态度难度要小得多，速度也快得多，能收到事半功倍的效果。根据此策略，进行企业形象策划时，应将企业名称、品牌名称有机地统一起来，使企业形象协调统一，以利于新的产品领域的开拓和新产品市场的开发。

(4) 信度策略

企业在试图影响、改变公众的某种态度时，往往要通过形象传播对公众输入一系列的信息，而这些信息必须是真实可靠的。如果是虚假的，是欺骗社会公众的，企业的得益也只会是暂时的，难以持久；一旦事情真相败露，则会引发公众极端的对抗情绪，极大地损害企业的原有形象。所以，企业传播的企业信息必须与企业现实相吻合，使公众对企业产生信赖感。

4) 公众舆论

公众舆论是公众对企业实态及特征基本一致的评价，是企业形象形成的最后阶段。一般以对企业行为的肯定或否定的两种形式出现。公众舆论的好坏，直接决定着企业形象的好坏。好的公众舆论为企业塑造良好形象提供了契机，坏的公众舆论直接引发企业危机，损害企业形象。

1.3.3 连锁企业形象评价

企业的知名度与美誉度分别从量的方面和质的方面进行评价，是评价企业形象的两个常见、也是最为基本的客观指标，是两个既有联系又有区别的概念。

知名度是评价企业形象的量的指标，是企业被公众知晓和了解的范围和程度，从中可发现企业的社会影响广度和深度。它是评价企业名声大小的客观尺度，不涉及公众对企业舆论评价的质的判断。企业知名度高，表示企业外界名声大；企业知名度低，表示企业外界名声小。

美誉度是评价企业形象的质的指标，是企业被公众信任、赞许和肯定的程度，是评价企业社会影响和社会舆论好坏程度的客观指标。美誉度高，表明企业在外界形象好；美誉度低，表明企业在外界形象差。

特别需要注意的是，企业知名度高，不一定美誉度也高；企业的知名度低，不一定美誉度也低。任何企业要想树立良好的形象，就必须同时把扩大知名度和提高美誉度作为追求的目标。

本章小结

门店开发是门店经营管理的前提。开发策划、选址、商圈的确定是门店开发过程中的重要工作。本章主要讲述了连锁门店商圈调查、选址策略、门店开发策划、组织管理和企业形象树立等内容。

基本训练

一、知识题

（一）选择题

1. 商圈结构可分为（   ）三层。
    A. 主商圈   B. 次商圈
    C. 辅助商圈   D. 第三商圈

2. （   ）商品，店铺应最大限度地接近顾客的居住地区，设在居民区商业街中，辐射范围以半径 300 米为限，步行在 10 分钟以内为宜。
    A. 日常生活必需品   B. 周期性需求的商品
    C. 耐用消费品   D. 顾客特殊性需求的商品

3. 企业形象识别系统由（　　）三部分组成。
   A. VI 视觉识别　　　　　　　　B. CI 文化识别
   C. MI 企业理念　　　　　　　　D. BI 企业行为
4. 大众传播媒介以其技术划分，可分为（　　）几类。
   A. 印刷媒介　　　　　　　　　B. 电子媒介
   C. 虚拟媒介　　　　　　　　　D. 户外媒介
5. 各项管理制度、责任制度属于企业形象的（　　）子系统。
   A. 企业理念形象　　　　　　　B. 企业行为形象
   C. 企业视觉形象　　　　　　　D. 企业文化形象

（二）判断题
1. 自身客流指那些专门为购买某商品的来店顾客所形成的客流。（　　）
2. 饱和指数越大，表明目前商圈内饱和度相对越高，新开店的市场占有率就会越低。（　　）
3. 如卖场比较大，可设于一楼或地下室；而便利店铺则以一楼为主要诉求；美容美发业则可设在二楼。（　　）
4. 外在形象主要指企业目标、企业哲学、企业精神、企业风气等看不见、摸不着的部分，是企业形象的核心部分。（　　）
5. 进行企业形象策划时，应将企业名称、品牌名称有机地统一起来，使企业形象协调统一，以利于新产品领域的开拓和新产品市场的开发。（　　）

三、思考题
1. 商圈调查的要点有哪些？
2. 开发门店连锁企业应遵循什么样的选址原则？
3. 门店的主要职能有哪些？
4. 连锁企业如何树立良好的企业形象？

观 念 应 用

一、案例题

某超市连锁店的商圈调查

某超市是一家开店较早、具有一定经营规模的超市连锁企业。从 1995 年 3 月开始的一段时间里，以每日一家的速度开设新店，每开一店前照例要进行详细的商圈调查活动，主要包括两部分。一是从早晨 6 点起到晚上 10 点止在欲开店的地区对人流量与车流量进行统计。选择一天中的不同时段来测定客流量，这样的工作持续 3～5 天，从而掌握大量的第一手客流量的资料。二是进行商圈入户调查。他们在商圈范围内选 60 户人家去进行入户访问："我们要在这儿开新店，您愿意我们卖点儿什么？""希望我们几点开门？几点关门？""平时在哪儿买油买盐？""平均几天买一次东西？"……充分了解商圈内的各种经营信息，以确保新店开一家成功一家，开一家得利一家。

该企业开发部经理说:"商圈立地调查对开店成败的影响力至少占70%以上。但是不少开发者往往到开店营运后,再想方法来提高业绩,他们这样做往往是事倍功半。"

资料来源:李昭威. 焦点房地产网,2006-06-15.

问题:

1. 简述商圈调查的重要性。

2. 此超市之所以能成功地开发门店,得益于前期的商圈调查,商圈调查的主要内容是什么?

二、单元实训

如果你是某连锁企业策划部经理,现开设一新门店,为保证门店开设成功,你会做哪些工作?

第 2 章 连锁门店设计

【学习目标】

通过本章学习，了解门店设计的重要性；熟悉店面设计、店内设计原则，门店的设备管理；掌握店面外观、招牌、橱窗、店名、标识、停车场、出入口的设计技巧与要求，店内色彩、灯光、气味、声音等设计技巧；为门店运营做好充分的准备，并培养一定的门店设计能力。

【案例导入】

刚到门口就听见一个女孩在告诉同伴："你要有思想准备呀，一进这家商场就感觉太凉；而对面的华普呢，又太热。逛两家店时，就好像走在两个季节中。"我们的商场可能注意了店堂的装饰，备齐了各种商品，但也许没有考虑到商场里的温度可能会直接影响消费者的身体状况、情绪反映，进而直接影响到购买情况。

太热的环境让人躁动，使人待不住；太凉的环境，待的时间长了会让人感到有明显不适感，也不太好。夏天，许多商场用冷色调的装饰风格和冷气来稳定顾客情绪，让顾客能够在商场里久留。然而正所谓"过犹不及"：冷气太足，过于凉快，着短装的人们就有些不适应。

许多大厦里因为使用中央空调，又出现了一些较为现实的问题。比如楼上温度正合适，地下则觉得凉；服装区人多，温度合适，家具区人少，就会使人觉得冷气太重。最直接受影响的是服务员和顾客。

资料来源：http://www.i18.cn/news，2003-07-10.

案例分析： 门店是消费者购物的场所，需保持售货现场光线充足、色彩协调、温度适宜。为消费者创造一个舒适的购物环境，营造良好的购物氛围，对超级市场是非常重要的。它不仅有利于提高超市的营业效率和营业设施的使用率，还有利于为顾客提供舒适的购物环境，满足顾客精神上的需求，使顾客乐于光顾本店购物、消遣，从而达到提高超市企业经济与社会效益的目的。

2.1 连锁企业店面设计

所谓**店面**，广义上是指商店的迎街面，通常又称为门面。对于大多数小零售店来说，门面又是计量商店大小的单位，有一定的长度和宽度。狭义的"店面"是指商店的正面入口处，顾客进入商店的主要门道。对于大百货店来说，入口处往往不止一个，有的并排好几个门，有的几个方向都有入口，但所有的入口都有迎街的特点。如何吸引购买者及过路人的注意，就成了店面设计的主要目标。

2.1.1 连锁门店的店面设计原则

没有统一的形象，就没有连锁经营。整体协调、统一的购物环境对塑造企业形象非常重要。

连锁门店的设计就是要用一种统一的设计思想、设计标准对企业内外的标志、商标、装饰图案、布局进行精心设计。分布在各地的连锁卖场都必须运用统一的识别系统，只有这样，连锁门店才真正"连"起来，只有这样才可能形成竞争优势。

1. 充分体现连锁门店自身经营特色的原则

根据本店经营的范围、档次，光顾本店的顾客的类型和特点，充分体现本店的经营特色，使顾客一看到企业的外观，就能产生较深刻的印象和进店的欲望；顾客一进店，就能感觉到特有的气氛和产生购买欲望。因此，连锁门店的设计必须着眼于增强对顾客的吸引力，突出本店特色，使自己与众多竞争对手有较大区别。

2. 最大限度地方便顾客的原则

连锁门店的设计，必须坚持以顾客为中心，满足顾客的各种要求，这也是现代营销思想的核心所在。连锁门店不同于大型的购物广场，休息、消遣、娱乐等功能居于次要位置，但是丰富、优质的商品，方便、快捷、专业的服务，对于连锁卖场尤为重要。这就要求在购物环境设计、商品布局、购物点的设置等方面要符合顾客的购物特点和规律。

3. 具有艺术性的原则

美并不等于豪华。美首先应是一种和谐。购物环境作为顾客辨认商店的途径，在其布置上应有创意性，具有独特的面貌和出奇制胜的效果，善于捕捉顾客的视觉，从而引起注意，产生强烈感染力，这就要求必须遵守艺术的规律。

4. 经济性原则

购物环境设计应尽可能降低单位面积投资，保持合理的投资比例。在进行可行性研究时，要认真地测算，既要符合现代经营的需要，又必须留有发展余地。

还应注意另外一些其他原则，如保证顾客的人身与财产安全，为营业员提供良好的劳动条件等。

2.1.2 外部装修与设计

超级市场的外观设计是其外部形象，是卖场建设的重要组成部分，是静止的街头广告，也是吸引顾客的一种促销手段。好的外观设计对消费者有效地识别，以及对美化卖场的环境起着重要作用。它主要包括建筑物结构、招牌标志、橱窗、入口、停车场等。

1. 外观的设计

就超级市场店面的外观类型来讲，应属于一种全开放型的，即商店面向公路一边全开放。因为对于购买食品、水果等，顾客并不十分关心陈列橱窗，而希望直接见到商品和价格，所以不必设置陈列橱窗，而应多设开放入口，使顾客出入商店没有任何障碍。前面的陈列柜台也要做得矮一些，使顾客从街上很容易能够看到商店的内部设置和商品的陈列。

2. 招牌的设计

招牌作为一个超级市场的象征，具有很强的指示与引导的作用。顾客对于一个超级市场的认识，往往是从认识超级市场的招牌开始的。招牌是传播超级市场形象、扩大知名度、美化环境的一种有效的手段和工具。招牌一般包括超级市场的名称、超级市场的标志、超级市场的标准特色、超级市场的营业时间等。

1) 招牌设计的基本原则

（1）色彩明亮、醒目

消费者对于招牌的识别往往是先从色彩开始再过渡到内容的，所以招牌的色彩在客观上起着吸引消费者的作用。因此，要求在色彩的选择上应做到温馨明亮，而且醒目突出，使消费者过目不忘。色彩一般应采用暖色或中色调颜色，如红、黄、橙、绿等色，同时还要注意各色彩之间的恰当搭配。

（2）内容表达简洁

超级市场招牌的内容必须做到简明扼要，让消费者容易记住，这样才能达到良好的交流目的。同时，字的大小要考虑中远距离的传达效果，具有良好的可视度及传播效果。

（3）材质耐久、耐用

在各种材质的选择中，要注意充分展示全天候的、不同的气候环境中的视觉识别效果，使其发挥更大的效能。这就要求招牌必须使用耐久、耐用的坚固材料。

2) 招牌的种类

（1）屋顶招牌

为了使消费者从远处就能看见连锁门店，可以在屋顶上竖一个广告牌，用来宣传自己的商店。

（2）栏架招牌

装在连锁门店正面的招牌叫栏架招牌，可以用来表示业务经营范围、商店名、商品名、商标名等。栏架招牌是所有招牌中最重要的招牌，所以也可以采用投光照明、暗藏照明或霓虹灯照明来使其更引人注目。

（3）侧翼招牌

此种招牌一般可位于连锁门店的两侧，其显示的内容是让两侧行人所看，可用来展示连锁门店店名，也可用来展示连锁门店的经营方针、经营范围和商店广告。这种招牌一般以灯箱或霓虹灯为主。

（4）路边招牌

这是一种放在店前人行道上的招牌，用来增加商店标志对行人的吸引力。这种招牌可以是企业的吉祥物、人物招牌，也可以是一个商品模型或一架自动售货机。

（5）墙壁招牌

连锁门店的墙壁是很夺目的，利用它来做招牌就是墙壁招牌。一般可以用来书写店名。

（6）垂吊招牌

悬挂在连锁门店正面或侧面墙上的招牌便是垂吊招牌。其作用基本上与栏架招牌一样。

（7）遮阳篷招牌

该种招牌一般由厂商提供,大多数都是商品广告。遮阳篷招牌对连锁门店来说是视觉应用设计的一部分,以增强顾客的统一识别感。

3) 招牌的设计要求

为了使消费者便于识别,不管店标是用文字来表达,还是用图案或符号来表示,其设计要求要达到容易看见、容易读、容易理解和容易联想。

另外,栏架招牌或垂吊招牌的色彩必须符合企业的标准色。消费者对招牌识别往往是先识别色彩,再识别店标的。色彩对消费者会产生很强的吸引力。当把这种设计要求一致性地推广到各个连锁门店时,更会使消费者产生对企业的认同感,从而有利于企业的规模化发展。招牌设计的原则应该是简洁、突出。

招牌设计的大小有一定的标准。一般来说,招牌文字大小与位置、视觉距离的最佳对应关系如表2-1所示。

表2-1 招牌文字大小与位置、视觉距离的最佳对应关系

招牌位置	视觉距离	文字大小
一楼（4m以下）	20m以内	高8cm左右
二楼（4~10m）	50m以内	高20cm左右
楼顶（10m以上）	500m以内	高1m左右

3. 橱窗

在现代商品活动中,橱窗广告是门店经常采用的广告形式之一,同时也是装饰门店店面的重要手段。一个构思新颖、主题鲜明、风格独特、手法脱俗、装饰美观的橱窗,与整个门店建筑结构和内外环境构成美的立体画面,能起到美化门店的作用。

1) 橱窗广告的表现方式及特征

橱窗广告的主要表现方式是在门店临街门面上设置玻璃橱窗,对所经销的商品进行科学的分类,有目的地进行选择,在巧妙的艺术构思的基础上精心布置商品,以达到富有装饰性和整体美感的审美效果,借以宣传商品,促进销售。

与其他同类广告相比,橱窗广告的主要特征是真实性。它以商品本身为主体,最直观地展示商品,传达给消费者的是真实可靠的商品形象。在传达商品形象的过程中,橱窗广告同时具有直接性的特征,消费者所感知的是活灵活现的商品,无须更多地说明就可直接认知。

2) 橱窗广告的功能

从商业心理学的角度来说,橱窗广告将门店所经营的重要商品巧妙地进行组合搭配,形成了一组富有情趣的商品群,让消费者产生一种购买的冲动。橱窗广告能够引起消费者的注意,激发消费者的购买兴趣,促进消费者的购买欲望,增强消费者的购买信心。

此外,橱窗广告还可以及时宣传商品,指导消费,扩大销售,提高卖场形象。

3) 橱窗陈列的类型

一般情况下,为了使橱窗广告主题明确,有利于消费者了解商品,通常采用以下几种陈列形式。

① 专题陈列法。这是将一些专用商品、同类型的商品用一个橱窗进行单独陈列,突出表现,实质上是同类商品的综合展示。

② 特写陈列法。这类橱窗主要是向消费者较全面地推荐重点商品,重点渲染、集中表

现某一厂家单一品牌的一种产品或某一品牌的系列产品，目的在于重点展示、树立品牌形象。

③ 系统陈列法。也称综合陈列法，是指将几种类型不同但又相互联系（在功能、用途上有着密切的关联）的产品陈列在一个橱窗内。

④ 季节和节日陈列法。在换季前或重大节日前，根据顾客在下一季节或节日的消费需要和消费习惯，选择适合下一季节或节日使用的商品，在橱窗中以新颖的方式展示出来。

⑤ 展示卡片或照片。由于新产品上市较快，顾客不熟悉的商品也越来越多，因此采用写有商品特点、性能、使用方法的说明卡及写实照片不但方便可行，而且也能起到刺激消费者购买欲望的作用。

4）橱窗策划应遵循的规则

① 橱窗横向的中轴线应与顾客的平视线一致，以便使整个橱窗的陈列尽收眼底。

② 既不能影响店面的外观造型，也不能忽视门店的建筑特色而一味追求橱窗本身的艺术效果。橱窗广告应与门店的整体规模、风格相适应。

③ 主题必须明确突出，一目了然，切忌主角与陪衬位置不清。只有主次分明，整齐和谐地统一于一体，才能达到突出主题的效果。

④ 注重整体效果与局部突出，要让顾客从远、近、正、侧均能看到商品。富有经营特色的商品应陈列在视线的集中处，并采用形象化的指示标记引导消费者的视线。这样，从远处看，橱窗广告的整体形象感强，容易引起注意；近看则商品突出。

⑤ 注意保持橱窗的清洁与卫生。橱窗是门店的"第二脸面"，清洁卫生的程度直接关系到门店的形象。

⑥ 橱窗陈列应经常更新，给人以新鲜感。

⑦ 橱窗陈列必须在消费热潮到来之前完成，以起到引导消费者的作用。

其实，橱窗艺术所追求的是一种形式美法则，是点、线、面、体等图形的综合运用。但需要强调的是，橱窗广告并不是点、线、面、体的机械组合，而是通过巧妙自然的配置，使之产生新的创意。比如，垂直是一种直立向上的感觉，上下走向的垂直线可引导视线上下移动，使橱窗空间感强烈；水平线组合使橱窗显得开阔，给人以安静稳妥之感；斜线给人以动感，易于表现出现代的快节奏；曲线表现阴柔之美，较易突出商品的质感和特色。恰当的组合、繁简有序的排列，既可使视线集中，又可突出商品，而且使整个橱窗显得活泼新颖。

5）橱窗策划的要求

① 要反映出门店的经营特色，使受众看到后就产生兴趣，并有购买欲望。

② 季节性商品应按目标市场的消费习惯陈列，相关商品要相互协调，并通过顺序、层次、形状、色彩、灯光等来表现一定的诉求主题，营造一种氛围，使整个陈列具有较高的艺术品位和欣赏价值。

③ 要有一定的"艺术美"。橱窗是展示门店经营者文化品位的一面镜子，是体现现代门店经营的一个窗口。顾客对它的第一印象决定着顾客对门店的态度，从而决定着顾客的进店率。现代橱窗构思重在艺术构思和艺术内涵，它分为以下几种类型。

- 情节型。设置悠远的意境、"缘情造境"，在表现上以情动人。
- 风格型。迎合现代社会对不同风格体验的要求，显示个性美。
- 构成型。在当今复杂的社会生活中，部分消费者要求删繁就简，此种形式可谓投其所好。
- 寓意型。人在思考中进步，此种形式若运用得当，更能体现门店的经营理念和文化内涵。
- 模拟型。模拟演示不仅可使消费者得到精神满足，而且具有直观感，可增强消费者对商品的信赖度。

④ 要充分研究橱窗的设置位置，橱窗的位置可根据人流量决定。

⑤ 要考虑是否能引起消费者的购买欲望。

⑥ 内部设计要加强商品的展示效果。

⑦ 展示应有优良的条件：能适合陈列任何商品，具有变通性；可用季节感、动感、色彩感等，加强辅助效果；容易做展示、装饰工作；能产生照明、色彩调节等效果。

4. 店面名称

超级市场的名称不仅仅是一个代号，也是外观形象的重要组成部分。从一定程度上讲，好的店名能快速地把连锁门店的经营理念传播给消费者，增强门店的感染力，从而带来更多的财源。

1) 连锁门店命名的原则

连锁门店命名时，应该遵循以下几个原则。

(1) 要体现个性和独特性

任何名称都具有独特的个性，都不能与其他任何店名重复。具有独特的个性、有自己的特色，才能给人留下深刻的印象，才能使人容易识别。

(2) 要含有寓意

超级市场的名称不但要与其经营理念、活动识别相统一，符合和反映超级市场理念的内容，而且要体现超级市场的服务宗旨、商品形象，使人看到或听到超级市场的名称就能感受到超级市场的经营理念，就能产生愉快的联想，对商店产生好感。这样有助于超级市场树立良好的形象。

(3) 要简洁明快

名称单纯、简洁明快、易读易记，这样容易和消费者进行信息交流。这就要求在设计时，名称必须要响亮，易于上口，有节奏感。这样也就有了传播力，使超级市场与消费者能够相互交流与沟通。

(4) 要做到规范

超级市场命名必须要做到规范，应尽量向国际惯例靠拢，力求规范统一。同时，要及时对其名称进行注册，以求得法律的保护。

2) 连锁门店命名方法

一般来讲，超级市场的命名主要有以下一些方法。

① 人名。这种方法常用于成立较早、历史较长的店铺。人名作为店名与众不同，会让人感到熟悉和亲切。

② 数字名。以数字作为店名能让人易记易识。

③ 动植物名。这种名字能让人对动植物产生联想。

④ 组字名。即借用一些字和词组构成店名。

除了以上几种一般方法外，有的门店还以经营特色进行命名，即门店的经营特色用名称进行表达和强化，从而使消费者便于认知记忆，如日本的 7-elven 连锁超市、百廉超市等；

还有的以货品的质量、方便程度等进行命名,如物美超市、百佳超市、美佳超市等。

门店的命名可以通过多种途径进行征集和筛选,如发动本单位职工为本企业命名,委托专业公司或向社会有奖征集企业名称等方式。

5. 店面标志

所谓**店面标志**,是指区别于其他店铺的一种独特设计,代表的是超级市场的本身,是超级市场形象的说明。作用是将超级市场的经营理念、经营内容、经营作风等要素传递给广大消费者。如麦当劳的店面标志:一个是黄色的大写"M",一个是店前的人物造型"麦当劳大叔"。店面标志与店面的招牌不是一个概念。

1)超级市场店面标志的类型

(1)文字标志

它是由各种文字、拼音字母等单独构成。这种类型的标志发音清晰,具有易呼易记的特点,适用于多种传播方式。

(2)图案标志

图案标志是指无任何文字,单独用图形构成的标志。用图案表示的超级市场标志形象生动,色彩明快,而且不受语言的限制,易于识别。但是,由于图案标志没有标志名称,不便呼叫,因此表意不如文字标志准确。

(3)组合标志

组合标志是指采用各种文字、图形、拼音字母等交叉组合而成的标志。这种标志利用和发挥了文字标志和图案标志的特点,图文并茂、形象生动、引人注目、便于识别,易于被广大消费者所接受。

2)超级市场的标志设计的基本原则

① 要有创新意识,做到构图新颖别致,富于个性化,与其他超级市场的标志区别开来。这样的标志图案才能感染人,从而产生深刻的影响。

② 含义应该深刻,能够体现出超级市场的个性特点、精神风貌、独特品质、经营理念、经营范围等。

③ 保持稳定期。也就是说,超级市场的标志一旦确定,在相当长的一个时期应该保持稳定,切不可多变。

④ 超级市场的标志设计应逐步国际化、统一化。

⑤ 超级市场标志设计必须符合有关法律法规的要求。

6. 停车场设计

停车场的设计是店面设计的一项基本考虑。它有助于提升门店的竞争力,扩大销售额。设计停车场时有以下几点要求。

(1)有一定容量,最好是免费的停车场

各国超级市场在确定停车场的要求标准上存在一定的差别。我国超级市场确定停车场面积时需要从营业面积、地理位置等方面进行综合考虑。由于我国私人汽车的普及率目前还比较低,因此停车场的面积不易太大。有人认为,停车场与商店区域保持在5:1的比例上是比较适当的,但在城市的住宅区,1千米左右商圈内往来时,是不需要停车场的。

(2)设置自行车停车区

由于我国目前相当多的顾客是骑自行车或坐公共汽车前往超级市场购物的,所以超级市场在设计停车场的同时,还必须设置自行车存放位置。其规模大小要通过调查,根据日客流量及顾客使用各种交通工具的比率等各种因素来确定。

(3) 停车场设计

停车场设计要便于顾客停车后便利地进入超级市场,购物后又能轻松地将商品转移到车上,这也是对停车场设计的总体要求。超级市场停车场通常要邻近路边,易于进出。入口外的通路要与场内通路自然相接,场内主干和支干通路宽度以能让技术不十分熟练的驾驶者安全地开动车辆为宜,步行道要朝向商店,场院内地面应有停车、行驶方向等指示性标志,主停车场与商店入口应在180°范围内,便于顾客一下车就能看到商店。

7. 出入口设计

超级市场出入口的设计,要综合考虑商店的营业面积、地理环境、客流量、经营商品的特点及安全管理等因素,其数量多少,应因地制宜、合理布局。大型超级市场的出入最好分开,以便于顾客进出,顺畅客流;中小型超级市场的出入口,可根据建筑的特点在适当的地方设置。总的原则是便于顾客出入,顺畅客流。具体要注意以下几点。

① 门面要尽量保持清洁。门面不清洁的,会影响顾客的光顾。

② 门窗尽量透明。让顾客在外面就能看见部分商品。

③ 入口处一定要通畅。一般不要设门;如果必须设门的话,最好设置自动伸缩门。

④ 空间设置要合理。屋顶要有适当的高度,使顾客不会产生压迫感。道路和店堂之间应设有阶梯和坡度,由店门进入店内的通道要保持适当的宽度。

8. 外部照明设计

外部照明主要指人工光源的使用与色彩的搭配。它不仅可以照亮店门和店前环境,而且能渲染商店气氛、烘托环境,增加门店门面的形式美。

色彩是人视觉的基本特征之一,不同波长的可见光能引起人们视觉对不同颜色的感觉,形成不同的心理感受。例如,玫瑰色光源给人以华贵、幽婉、高雅的感觉;淡绿色光源给人以柔和、明快的感觉;深红色刺激性较强,会使人的心理活动趋向活跃、兴奋、激昂或使人焦躁不安;蓝靛色刺激较弱,会使人的心理活动趋向平静,控制情绪发展,但也容易产生沉闷或压抑的感觉。色彩依红、橙、黄、绿、蓝、靛、紫的顺序排列,强弱度依次由强转弱。

1) 招牌照明

招牌的明亮醒目,一般是通过霓虹灯的装饰做到的。霓虹灯不但照亮招牌,也增加了门店在夜间的可见度。同时,它还能制造热闹和欢快的气氛。霓虹灯的装饰一定要新颖、别具一格,可设计成各种形状,采用多种颜色。为了使招牌醒目,灯光颜色一般以红、绿、白等为主,突出简洁、明快、醒目的要求。有时,灯光的巧妙变化和闪烁或是辅以动态结构的字体,能产生动态的感觉。这种照明方式能活跃气氛,更富有吸引力,可收到较好的心理效果。

2) 橱窗照明

光和色是密不可分的。按舞台灯光设计的方法,为橱窗配上适当的顶灯和角灯,不但能起到一定的照明效果,而且还能使橱窗原有的色彩产生戏剧性的变化,给人以新鲜感。橱窗照明不仅要美,同时也需满足商品的视觉诉求。橱窗内的亮度必须比卖场的高出2~4倍,但不应使用太强的光,灯色间的对比度也不宜过大,光线的运动、交换、闪烁不能过快或过于激烈,否则会使消费者眼花缭乱,造成强刺激而产生不舒适的感觉。灯光要求色彩柔和、富有情调。同时,还可以采用下照灯、吊灯等装饰性照明,强调商品的特色,应尽可能在反映商品本来面目的基础上,给人以良好的心理印象。

3) 外部装饰灯照明

这是霓虹灯在现代条件下的一种发展。一般是装饰在店门前的街道上或店门周围的墙壁上,主要起渲染、烘托气氛的作用。如许多店门拉起的灯网,有些甚至用多色灯网把店前的树装饰起来;再如,制成各种反映本店经营内容的多色造型灯,装饰在店前的墙壁或招牌周围,以形成购物气氛。

总之,现代店面不仅要重视样式和形态,材料、色彩、文字、灯光的综合设计都有助于功能的适应和性格的表现,但这一切都离不开特定的环境因素。所以店面设计又必须要在整个街区的开发中确定自己的位置,否则店面设计就难以达到预期的效果,失去了外观装修的意义,只有把握住这个道理来考虑设计方案,才能创造出新的构思。

小资料 2 - 1

麦当劳与肯德基

门面设计:麦当劳金黄色的"M"标识全球统一,早已为人们所熟识,其亲和力在消费者的心目中也已根深蒂固;肯德基那白色的西装、满头的白发、饶有趣味的胡子及亲和的微笑,也给消费者留下了深刻的印象。

墙面设计:麦当劳店内的墙面上,挂有各种各样的卡通、乐园类图画,还有五颜六色的小旗帜、剪图、绿树、红花等,随意而挂,烘托出了一种无拘无束的乐园氛围;肯德基店内的墙面以暖暖的黄橙色为基色,装有射灯的装饰墙上挂着温馨的人物画,还挂着装饰镜凸显温馨、空间的明亮,有时尚感。

资料来源:http://www.byzero.cn/html/48/article,48,7306,1.html,2007-07-30.

2.2 店内环境设计

2.2.1 超级市场店内环境装饰设计

1. 室内布局

室内布局指的是室内的整体布局,包括空间布局和通道布局两部分。

1) 空间布局

每个门店的空间构成各不相同,面积的大小、形体的状态千差万别,但任何门店无论具有多么复杂的结构,都由三个基本空间构成:一个是商品空间,如柜台、橱窗、货架、平台等;另两个分别是店员空间和顾客空间。

2）通道布局

顾客通道设计得科学与否直接影响顾客的合理流动。一般来说，通道设计有以下几种形式：直线式（又称格子式），是指所有的柜台设备在摆布时互成直角，构成曲径通道；斜线式，这种通道的优点在于它能使顾客随意浏览，气氛活跃，易使顾客看到更多商品，增加更多的购买机会；自由滚动式，这种布局是根据商品和设备特点而形成的各种不同组合，或独立，或聚合，没有固定或专设的布局形式，销售形式也不固定。

2. 室内装潢

主要包括以下几个方面。

1）天花板设计

天花板可以创造室内的美感，它与空间设计、灯光照明相配合，形成优美的购物环境。所以，天花板设计对其装修是很重要的。

在天花板设计时，要考虑到天花板的材料、颜色、高度，特别是天花板的颜色。天花板要有现代化的感觉，能表现个人魅力，注重整体搭配，使色彩的优雅感显露无遗。年轻人，尤其是年轻的职业妇女，最喜欢的是有清洁感的颜色；年轻的男性强调门店的青春魅力，以使用原色等较淡的色彩为宜。一般的服饰专卖店的天花板以淡粉红色为宜。

天花板的高度主要取决于卖场的面积，卖场面积为 300 平方米左右时，天花板最好为 3～3.3 米的高度；卖场面积为 600 平方米左右时，天花板的高度最好为 3.3～3.6 米；卖场面积为 1 000 平方米左右时，天花板的高度最好为 3.6～4 米。

2）墙壁设计

墙壁设计主要指墙面装饰材料和颜色的选择，以及对壁面的利用。店铺的墙壁设计应与所陈列商品的色彩内容相协调，与店铺的环境、形象相适应。一般可以在壁面上架设陈列柜，安置陈列台，安装一些简单的设备，摆放一部分服饰，也可以用来作为商品的展示台或装饰用。

3）地板设计

地板设计主要有地板装饰材料和其颜色的选择，还有地板图形设计。服饰店要根据不同的服饰种类来选择图形。一般来说，女装店应采用以圆形、椭圆形、扇形和几何曲线形等曲线组合为特征的图案，使其带有柔和之气；男装店应采用以正方形、矩形、多角形等直线条组合为特征的图案，使其带有阳刚之气；童装店可以采用不规则图案，在地板上设计一些卡通图案，以显得活泼。

地板的装饰材料，一般有瓷砖、塑胶地砖、石材、木地板及水泥等，可根据需要选用。主要考虑的因素有门店形象设计的需要、材料的费用大小、材料的优缺点及环保等几个因素。

① 瓷砖的品种很多，色彩和形状可以自由选择，有耐水、耐火及耐腐蚀等优点，并有相当的持久性。其缺点是保温性差，对硬度的保有力太弱。

② 塑胶地砖价格适中，施工也较方便，还具有颜色丰富的优点，为一般门店所采用。其缺点是易被烟头、利器和化学品损坏。

③ 花岗石、大理石及人造大理石等，都具有外表华丽、装饰性好的特点，在耐水、耐火、耐腐蚀等方面优于其他材料。但由于价格较高，只有在营业上有特殊考虑时才会采用。

④ 木地板虽然有柔软、隔寒、光泽好的优点，可是易弄脏、易损坏，故对于顾客进出

次数多的门店不大适合。

4) 货柜货架设计

这主要是指货柜货架材料和形状的选择。一般的货柜货架为方形，便于陈列商品与摆放。异形的货柜货架能改变其呆板、单调的形象，增添活泼的线条变化，使门店表现出曲线的意味。异形柜架有三角形、梯形、半圆形及多边形等。货柜货架材料主要有铝合金制架、玻璃制架、木质系列展柜三种类型，该三种类型没有绝对的标准，可根据商品的需要设计制作，以达到展示的应有效果。

2.2.2 室内氛围设计

要使进店顾客产生购买冲动，必须营造店内的卖场氛围。可通过声音、气味、颜色等方面塑造出门店氛围，使那些只是想看看的顾客产生购买欲望。

1. 色彩设计

为了刺激顾客的购买欲望，超级市场陈列中采用了各种色彩。灯光和陈列背景的色彩对比效果良好，会使商品更加突出，给顾客留下深刻的印象。据日本的一项调查显示，色彩在商品中的价值分别为：食品52%、化妆品29.3%、服装38.6%。这充分说明色彩的运用在商品销售中所起的作用。换言之，商品陈列的安排如果在色彩方面处理得好，就会增加商品的销售量。

(1) 颜色搭配

门店应根据各种颜色的相互关系，充分地运用颜色的搭配，以达到理想的效果。黄、红、蓝、绿、橙、紫六色中前三种是原色，后三种是间色（也称第二色）。原色就是不可用其他颜色调和出来；间色则相反，可以用其他颜色调和而得到。

红色、黄色、橙色，是"暖色"，这是在希望有温暖、热情、亲近这种感觉时使用的色彩。门店运用这些色彩，可对顾客的心境产生影响，使他们感到温暖、亲切。蓝色、绿色和紫色被认为是"冷色"，通常用来创造雅致、洁净的气氛。在光线比较暗淡的走廊、休息室等场所，应用这些色彩，效果最好。棕色和金黄色被认为是泥土类色调，可以与任何色彩配合，这些色彩也可以给周围的环境传播温暖、热情的气氛。

通过不同商品各自独特的颜色搭配，顾客更易辨识商品和对其产生亲近感。暖色系统的货架，一般放食品；冷色系统的货架，放清洁剂；色调高雅、肃静的货架上，可放化妆用品等。这种商品的色彩倾向性，也可体现在商品本身、销售包装及其广告上。

(2) 色彩调和原则关系

一般来说，色彩的调和有三个原则关系，即色彩协调、色彩对比和色彩抵触。

色彩的对比主要应用在陈列的商品和背景的关系处理上，应用得好，会使陈列品显得非常漂亮，很吸引人。色彩如果不协调，则会使陈列失去应有的效果。

在陈列的商品时，一定要特别注意这个问题。色彩不协调的商品不得将其放得很接近，例如在一个橱窗里要陈列很多种化妆品，化妆品的容器就可能因色彩不协调而相互抵触。这时的补救方法，只有用中性色彩或粗线条图案作背景，或用具有这样色彩的物品将商品分隔。

2. 声音设计

声音的设计对门店氛围设计可以产生积极的影响,也可以产生消极的影响。音乐的合理设计会给门店带来好的气氛,而噪声则会使卖场产生不愉快的气氛。在选择所要播放的音乐时,要注意合理搭配音乐的种类与时间。

(1) 设计播放音乐

上班前,先播放几分钟幽雅恬静的乐曲,然后再播放振奋精神的乐曲,效果较好。当员工紧张工作而感到疲劳时,可播放一些安抚性的轻音乐,以松弛神经。在临近营业结束时,播放的次数要频繁一些,乐曲要明快、热情,带有鼓舞色彩,使员工能全神贯注地投入到全天最后也是最繁忙的工作中去。有一些来自外部的噪声会令人不愉快甚至难以忍受,破坏店内气氛,对这一类的噪声,除非采用消音、隔音设备,否则门店是很难予以控制的。对此,可播放一些背景音乐,以压下令人不愉快的声音。

根据一项调查研究显示,在美国有70%的人喜欢在有音乐播放的门店购物。在超市里播放柔和而节拍慢的音乐,会使销售额增加40%,快节奏的音乐会使顾客在商店里流连的时间缩短而购买的商品减少。

(2) 设计音量

在使用背景声音时,要注意控制好声音密度。声音密度指的是声音的强度和音量。声音过高,则会令人反感;声音过低,则不起作用。音乐的响度一定要与门店力求营造的店内环境相适应。

3. 气味设计

和声音一样,气味也有积极的一面和消极的一面。有些气味可以增进人们的愉快心情。花店中花卉的气味,化妆品柜台的香味,面包店的饼干、糖果味,蜜饯店的奶糖和硬果味,门店礼品部散发香气的蜡烛,皮革制品部的皮革味,烟草部的烟草味,这些气味均与商品协调一致,对促进顾客的购买是有帮助的。但是,也有一些令人不愉快的气味,可能会将顾客赶跑。例如,地毯的霉味,洗手间的气味,商店装饰材料的油漆味、塑料味,以及邻近商店飘来的气味等。对正常的气味可适当地加大密度,对不良气味应尽可能地降低其密度。

4. 通风设备设计

店内顾客流量大,空气极易污浊。为了保证店内空气清新通畅、冷暖适宜,应采用空气净化措施,加强通风系统的建设。

通风来源可以分自然通风和机械通风。采用自然通风可以节约能源,保证门店内部适宜的空气,一般小型门店多采用这种通风方式。现代化的大中型门店,在建造初期就普遍采取紫外线灯光杀菌设施和空气调节设备,以此用来改善门店内部的环境质量,为顾客提供舒适、清洁的购物环境。

门店的空调应遵循舒适性原则,即:冬季应达到温暖而不燥热,夏季应达到凉爽而不骤冷;否则,会对顾客和职员产生不利的影响。如冬季暖气开得很足,顾客从在店内待不了几分钟就会感到燥热无比,来不及仔细浏览就匆匆离开门店,这无疑会影响门店的销售。而在夏季冷气如果开得很过量,顾客从炎热的外部世界进入门店后,会有乍暖还寒的不适应感,抵抗力弱的顾客难免出现伤风感冒的症状。因此在使用空调时,维持舒适的温度和湿度是至关重要的。

5. 制服设计

门店营业员的制服很重要。制服的统一，会使进入店后的顾客对门店产生一种充满活力和干净的感觉，这也是氛围设计的重要一点。制服的设计应该注意到制服的面料、颜色及制服的款式。

6. 室内照明设计

室内照明能够直接影响店内的氛围。走进一家照明好的和一家光线暗淡的门店会有截然不同的心理感受：前者明快、轻松；后者压抑、低沉。店内照明得当，不仅可以渲染门店气氛，突出展示商品，增强陈列效果，还可以改善营业员的劳动环境，提高劳动效率。

1）店内灯光设计

超级市场的现代化照明是与商品推销技术并驾齐驱的。因为灯光可以改变场景的面貌和气氛。有的灯光可以使人感到温暖，有的可以制造出欢乐的气氛，有的则又可能使人感到庄严肃穆。适当的照明，可以使商品更具有吸引性，更容易被顾客发现，从而增加购买商品的愿望。超级市场使用的灯光基本上有三种，即基本灯光、二级灯光和气氛灯光。

（1）基本灯光

这是属于商店内的基本照明灯光。在外面，包括橱窗照明所用的照明灯光、照亮人行道的商店外缘灯光，以及天花板上的灯光；在内部，包括照明设备及安全通道指示灯等。

基本灯光可以用荧光灯或白炽灯，可以是直接照明也可以是间接照明，这主要视商店类型、所陈列和销售的商品等具体情况而定，如面包店需要间接照射的灯光，强调出面包和各种糕点柔和的棕色色调。

（2）二级灯光

二级灯光具有基本灯光所不能完成的将商品做某些特殊表现的功能。二级灯光可以采用聚光灯和泛光灯，主要用来加强橱窗照明，使货架、货柜以及商品表现得更加明亮，吸引顾客的注意。这一类照明光，已经具备了销售货物的功能。二级灯光包括以下三种类型。

① 下射灯光。就是从天花板往下照射的灯光。它能有效地照明到柜台上方一定的位置，这个位置要选择好，以免玻璃橱面或柜台面产生的反射光刺激到顾客的眼睛。

② 陈列柜灯光。主要用来克服玻璃橱面和玻璃滑门等产生的反射光所引起的眩光现象。

③ 上射灯光。突出商品的轮廓，可用来照明墙的上部，造成舒适的气氛。

二级灯光的功能主要是帮助顾客判断和比较商品，从而对商品作出最佳的选择，同时也有利于售货员迅速而有效地取到顾客所需要的商品。

（3）气氛灯光

气氛灯光可以消除暗影，在特殊陈列中制造不同的效果。它不仅可以照亮商品，还可用来直接照射墙壁，营造气氛。它可以直接照射模型人，甚至可以用来照射印有商品样板的广告画板。气氛灯光与陈列人员的关系最为直接。在橱窗内，气氛灯光可以加用滤光片，制造出各种色彩的光，造成戏剧性的效果。

2）商品陈列灯光设计

在安排商品陈列的照明灯光中，超级市场应该考虑三个问题，即眩光问题、商品照明效果问题和灯的散热通风问题。如果照明光安排不当，会因反射而产生眩光。橱窗灯光安排很少出现眩光问题，因为灯光很少朝外，一般都作隐蔽处理。而商店内因为室内装饰镜比较多，都会反射灯光，一旦灯光的位置和照射的角度不适当，就会出现眩光。所以，在安排聚光灯时,往下照射的角度,不超过 45°,如果小于 45°仍有眩光,可在灯泡脚装置遮光片或百页窗板,控制灯光照射角度。

商品的照明光必须在亮度和色调上接近于户外的阳光。具有日光色调的灯光可以令照明的商品看上去更漂亮,而又不会改变其质地和色彩的表观,所以大部分商品的照明都采用灯丝形的白炽聚光灯和泛光灯。荧光灯尽管比较经济,但用来照射商品却会改变商品原来的色彩和光泽表现。需要说明的是,有些商品在强烈的照明光的长期照射下,会失去光泽,功率大的照明光还会使商品褪色,因此必须经常仔细观察照明光,在商品陈列室中作适当处理。

在灯具的散热和通风方面,萤光灯灯管长,散热小;白炽灯散热量大,在狭小范围照射时,由于热度集中,有时甚至会引起失火的危险。因此,使用白炽聚光灯或泛光灯照明陈列的商品时,要注意留出足够的空间,让空气流通,不要让灯直接照射易燃物品。

小资料 2-2

在设计超级市场卖场环境时,应遵循以下原则。

(1) 便利顾客、服务大众

超级市场卖场环境的设计必须坚持以顾客为中心的服务宗旨,满足顾客多方面的要求。今天的顾客已不再把"逛商场"看作是一种纯粹的购买活动,而是把它作为一种集购物、休闲、娱乐及社交为一体的综合性活动。因此,超级市场不仅要有充足的商品,还要创造出一种适宜的购物环境,使顾客享受最完善的服务。

(2) 突出特色、善于经营

超级市场卖场环境的设计应依照经营商品的范围、类别及目标顾客的习惯、特点来确定,以别具一格的经营特色将目标顾客牢牢地吸引到超级市场里来。顾客一看外观,就驻足观望,并产生进店购物的愿望;一进店内,就产生强烈的购买欲望和新奇感。

(3) 提高效率、增长效益

超级市场卖场环境设计要科学,要能够合理地组织商品经营管理工作,使进、存、运、销各环节紧密配合,使每位工作人员能够充分发挥自己的潜能,节约劳动时间,降低劳动成本,提高工作效率,从而增加企业的经济效益和社会效益。

资料来源:http://www.3cn.com.cn/info/tail.jsp?infoid=1549,2007-01-03.

2.3 门店设备管理

门店不仅实施自选式购物方式,而且还必须配备现代化的设备,以满足生鲜食品的储存与陈列,吸引顾客购买,为顾客提供方便等要求,为顾客构造一个明亮、舒适、方便的购物环境。

1. 灯光设备配置

在门店装饰中,灯光不仅起着照明作用,还起着装饰美化的作用。适宜的灯光,不仅可以带来视觉美感,而且还可以创造迷人的气氛,刺激顾客的购买欲望。色彩亮度适宜的灯光，可以吸引顾客的注意力，准确地辨别商品，加快顾客作出购买决定。超级市场在进行灯光配备时，应注意以下问题。

① 选择恰当的照度。超级市场不是高级专业商店，不必用五颜六色的灯光创造华丽气氛，只需要明亮和舒适的灯光即可。

② 调整合适的色彩。色彩对人们的心理有一定的暗示作用。通过商品包装色彩的合理搭配，能有效地改善顾客的购物心情，促成顾客完成购买。

2. 空调设备配置

一家超级市场如果没有空调设备，很容易在炎热的夏季出现销售额骤减的现象。因为在炎热的环境下挑选商品很容易使消费者失去耐心。

门店在选择空调机组的类型时，应注意以下要求。

① 根据门店的规模大小来选择。大型门店应采取中央空调系统，中、小型门店可以设分立式空调，特别要注意解决一次性投资的规模和长期运行的费用承受能力。

② 门店空调系统热源选择既要有投资经济效益分析，又要注意结合当时的热能来源。如果有可能采取集中供热，最好充分予以运用。

③ 门店空调系统冷源选择要慎重，是风冷还是水冷，是离心式还是螺旋式制冷，都要进行经济论证。特别要注意制冷剂对大气污染的影响。

④ 在选择空调系统类别时，必须考虑电力供应的程度，详细了解电力部门允许使用空调系统电源的要求，避免出现设备闲置的状况。

⑤ 门店的空气湿度参数一般保持在 $50\%\sim60\%$，该湿度范围使人感觉比较舒适。但对经营特殊商品的营业场所和库房，则应严格控制环境湿度，严防腐坏情况的发生。

3. 制冷设备配置

超级市场中的冷冻、冷藏设备是食品冷藏链的重要环节。所谓**冷藏链**，是指生鲜食品从生产者手中直接进入冷藏车运输，到达超级市场的冷藏库或冷藏柜台，顾客购买后进入家庭冰箱的全过程。由此可见，冷冻、冷藏设备在从生鲜商品生产者那里到达消费者手中的过程中起着不可缺少的作用。

（1）制冷系统配置

在一个较为典型的超级市场信中，生鲜易腐商品的销售额将占总销售额的 $45\%\sim50\%$。这些商品都需要一定的冷冻或冷藏条件，所需要的制冷工程很大。

选择制冷设备时，要考虑厂家有无售后安装或维修服务。制冷系统需昼夜不停地工作，以保持商品的新鲜与质量，如果设备出现故障，不能及时排除，致使冷藏商品质量下降，就会影响超市商品的销售和声誉。

（2）制冷货柜配置

冷冻、冷藏货柜是陈列商品的设备，一方面要便于顾客开启挑选，另一方面要保证陈列美观、协调。制冷货柜一般包括肉食品陈列柜、果菜陈列柜、奶制品陈列柜、冷冻品陈列四种。

4. 普通货柜配置

落地货架仍是普通货架的主要形式，但不再是完全固定式，而是组合式。它可以根据卖场需要进行高低不等、宽窄不一的变形组合。

5. 收银设备配置

收银是顾客完成购物的最后一个环节。合理的数量与高效动作的收银设备，是使顾客满意而归、重复购买的决定性因素之一。收银机的合理配置数量与销售额、卖场面积、收银员职责与工作效率都有密切的关系。美国的收银机设置标准为每周销售额每 5 000～10 000 美元配置一台收银机，日本的收银机设置标准是每 100 平方米营业面积设置一台，我国的超级市场收银机应根据实际情况进行配置。

6. 其他设备的配置

超市设备还应包括储存加工区所用设备及顾客购物时所用的便利设备，如手提篮和手推车等。

储存加工区的作业设备主要包括食品储存、包装、加工、分装等设备。例如，常用的电子称重计价秤，通过过秤、计价、印刷和发出标签，直接贴在已包装好的商品上。再如，肉食品部配有电锯，先对肉进行块作业，再由包装机进行包装等。

本 章 小 结

本章主要讲述了店面设计、店内设计原则、门店的设备管理，店面外观、招牌、橱窗、店名、标识、停车场、出入口设计技巧与要求，店内色彩、灯光、气味、声音等设计技巧。

基 本 训 练

一、知识题

（一）选择题

1. 装在连锁门店正面的招牌叫作（　　），可以用来表示业务经营范围、商店名、商品名、商标名等。
   A. 栏架招牌　　　　　　　　　　B. 路边招牌
   C. 垂吊招牌　　　　　　　　　　D. 墙壁招牌

2. （　　）橱窗设计形式若运用得当，更能体现门店的经营理念和文化内涵。
   A. 风格型　　　　　　　　　　　B. 情节型
   C. 寓意型　　　　　　　　　　　D. 模拟型

3. 上班前，先播放几分钟（　　），效果较好。
   A. 幽雅恬静的乐曲　　　　　　　B. 振奋精神的乐曲
   C. 安抚性的轻音乐　　　　　　　D. 明快、热情，带有鼓舞色彩的乐曲

4. 门店的空气湿度应该保持在（　　），该湿度范围使人感觉比较舒适。
   A. 30%～40%　　　　　　　　　　B. 40%～50%
   C. 50%～60%　　　　　　　　　　D. 60%～70%

5. 美国的收银机设置标准是依据（　　）。
   A. 面积　　　　　B. 利润　　　　　C. 营业额　　　　　D. 顾客数

（二）判断题

1. 招牌一般包括超级市场的名称、超级市场的标志、超级市场的标准特色、超级市场的营业时间等。（　　）
2. 停车场与商店区域保持在5∶1的比例是比较适当的。（　　）
3. 色彩的调和有三个原则关系，即色彩协调、色彩对比和色彩抵触。当两种以上的色彩结合在一起，看上去十分悦目时，就可以说是色彩协调了。（　　）
4. 使用豪华清凉白色日光灯管可加强瘦肉的血红色，使肥肉部分保持其白色。（　　）
5. 生鲜易腐商品的销售额将占总销售额的45％～50％，这些商品需要一定的冷冻或冷藏条件，所需要的制冷工程很大。（　　）

二、思考题

1. 招牌设计的原则有哪些？
2. 橱窗策划有什么要求？
3. 室内装潢有哪些方面？要求如何？
4. 如何综合运用灯光与色彩？

观念应用

一、案例题

苏宁门店设计

从苏宁电器获悉，该公司首次聘请了日本ITOKI公司为其设计门店。这也是ITOKI首次在中国接到设计方面的订单。

苏宁电器称，请国外公司设计门店，一方面是想更新门店形象，另一方面是想吸纳国际流行的门店设计元素，以使门店的商品陈列、灯光、价格标签等更科学，更容易被消费者接受。据悉，其首家请国外公司设计的门店是目前正在改造的南京珠江路旗舰店。据其内部人士透露，今后苏宁电器的旗舰店可能都会请国外设计公司进行设计。

目前国内家电大卖场的设计通常采取传统方式，但这种封闭式展示让消费者无法亲身体验，也不方便其购物。因此，越来越多的家电零售商在设计门店时将眼光放到了国外公司身上。此前，国美电器在打造新品牌鹏润电器时，曾派数位高层前往包括百思买等国际家电销售巨头处进行考察，并聘请了国外公司对其鹏润门店进行设计。

资料来源：郑俊杰. 每日经济新闻，2006-03-24.

问题：

1. 苏宁为什么愿意花巨资进行门店设计？
2. 如果你是ITOKI公司的一员，你会给苏宁提供什么样的设计方案？

二、单元实训

调查当地连锁企业门店设计情况。

第 3 章 连锁门店卖场布局

【学习目标】

通过本章学习,了解卖场货位布局的原则与方法,熟悉不同类型门店的布局要点,掌握卖场通道设计、卖场磁石点的规划与管理,并培养一定的卖场组织管理能力。

【案例导入】

如何优化卖场空间

商品摆放在商店的不同位置,其带来利润的能力是不一样的。经过的人越多,说明这个位置就越好。但各个品种不能都占据最好的位置,并且在决定各品种的位置时,还需要考虑各品种之间的相互关系。商店里最好的位置取决于楼层及在某一层中所处的方位。在靠近入口处陈列的商品,应是冲动性购买或购买频次高的商品,特别是对超市而言,商品陈列能否尽快诱发顾客购买商品是很重要的。例如,很多顾客是被超市入口处陈列的个性化、生动化时令水果所吸引才步入超市的。蔬果陈列正是起到了引导顾客亲近和购买的作用。在超市,人们经常购买的商品是乳制品、面包、冷鲜肉、鲜鸡蛋和食用油等生活必需品,将这几种商品均匀配置在超市环形布局的后方,以尽可能达到引导顾客走入超市内部的目的。

在超市中,端架和堆头所处的主通道是客流量最大、人群走过最多的位置,通常陈列惊爆价商品、DM 海报商品。通过端架和堆头商品的陈列诉求着商品促销活动的主题概念,对顾客形成引导、提示的作用。每个端架、堆头上商品陈列的品种不应太多,但要做到满陈列,给顾客以商品丰富、品种齐全的直观印象。

奢侈品、工艺品、家具等贵重的专用品都拥有相对稳定的顾客群体,它们通常位于远离主通道的角落里或在较高的楼层。寻找这些物品和服务的顾客,无论它处在商店的任何地方都会通过看商店的购物指南后迅速找到,这是因为对这些商品和服务的需求在顾客到达商店之前就已经存在了,所以它们不需要最佳的位置。

卖场是消费者与商品直接接触的场所,是零售商促成顾客购买的场所,是厂商达成产品销售的终端场所。事实证明:合理的商店空间配置、独到的商品货位布局可以创造舒适的购物环境,能够诱导顾客增加购买数量,提高顾客对于商店的认同感。

资料来源:戴东.中国零售企业网.2006-12-12.

案例分析:超级市场的卖场布局既要使商品摆放合理,保证有最大的展示度,又要方便顾客的购买。如果卖场布局不合理,就会给顾客自由选购带来障碍。卖场的一切布局要以顾客心理为基础,每位顾客都会有冲动性购买的欲望,所以我们要做的就是充分利用顾客这种冲动性,把商品最好地展现在顾客有效的视力范围内。

3.1　门店货位布局

货位布局是顾客进入门店首先要接触到的,也是顾客形成对一个门店"第一印象"的主要信息来源。它展示了一个门店的基本结构,也直接关系到顾客的购买欲望能否在卖场被最大限度地挖掘和激发。

3.1.1　货位布局的原则

连锁门店是一个以顾客为主角的舞台,而顾客对哪些最为关心呢?日本的连锁超市曾做过一次市场调查,结果表明消费者对商品价格的重视程度只占5%,而分别占前三位的是:开放式、易进入的占25%;商品丰富、选择方便的占15%;明亮清洁的占14%。虽然国情有所不同,但结合我国的实际情况加以分析可以归纳出店内布局的三条原则。

1. 顾客容易进入

连锁门店的经营者必须注意,尽管其连锁门店可能商品很丰富,价格很便宜,但如果消费者不愿进来一切努力都将是白费。只有让顾客进来了,才是生意的开始,才创造了营业的客观条件。

2. 让顾客在店内停留得更久

据一项市场调查,到商店购买预先确定的特定商品的顾客只占总顾客的25%,而75%的消费者都属于随机购买和冲动性购买。因此,如何做到商品丰富、品种齐全,使顾客进店就能看得见、拿得到商品至关重要。

丰富的商品会给顾客更大的选购余地,顾客停留越久,发生购买的几率越高。连锁门店经常性地推出一些符合消费者需要的新产品,就会给顾客更多的随机购买的机会。为达到这一目的,经营者必须在如何发挥自己的商品特色上,以及在如何排除顾客在店内购物时所遇到的障碍上努力。

3. 明亮清洁的卖场

明亮清洁的连锁门店卖场,为顾客创造了良好的购物环境。顾客往往把明亮清洁的购物环境与新鲜、优质的商品联系在一起。为创造明亮清洁的卖场,必须注意店内有效空间的利用,以及灯光、色彩、音响效果等的配合。

3.1.2　货位布局的要点

现代商业竞争日趋激烈,商店的货位布局已不单纯的是商品货架、柜台的组合形式,它已承担着重要的宣传门店形象的任务。合理独到的商店货位布局,能够吸引更多的顾客前来购物,并能诱导他们增加购买数量,提高顾客对于商店的认同感。

在规划商品货位分布时,一般应注意以下问题。

① 交易次数频繁、挑选性不强、色彩造型艳丽美观的商品，适宜设在出入口处。如化妆品、日用品等商品放在出入口，使顾客进门便能购买。某些特色商品布置在入口处，也能起到吸引顾客、扩大销售的作用。

② 贵重商品、技术构造复杂的商品，以及交易次数少、选择性强的商品，适宜设置在多层建筑的高层或单层建筑的深处。

③ 关联商品可邻近摆设布置，以达到充分便利选购和促进连带销售的目的。如将妇女用品和儿童用品邻近摆放，将西服与领带邻近摆放。

④ 按照商品性能和特点来设置货位。如把互有影响的商品分开摆放，将有异味的商品、食品、音像商品单独隔离成相对封闭的售货单元，集中顾客的注意力，有效地减少营业厅内的噪声。

⑤ 将冲动性购买的商品摆放在明显的部位以吸引顾客，或在收款台附近摆放小商品或时令商品，可使顾客在等待结账时随机购买一两件。

⑥ 可将客流量大的商品部与客流量小的商品部，组合起来相邻摆放，借以缓解客流量过于集中的压力，并可诱发顾客对后者的连带浏览，增加购买的机会。

⑦ 按照顾客的行走规律摆放货位。我国消费者行走习惯于逆时针方向，即进商店后自右方向左观看浏览，可将连带商品顺序排列，以方便顾客购买。

⑧ 选择货位还应考虑是否方便搬运卸货，如体积笨重、销售量大、续货频繁的商品应尽量设置在储存场所附近。

3.1.3 货架的布局类型

虽然商店的布局对盈利很关键，但多数零售商并没有就业务的类型、商品的种类和公司的区位设计最好的布局，这种疏忽可能会导致客户流失。商店布局决定了多数客户逛商店时经过的路线。理论上，我们希望客户从尽可能多的商品旁边经过。下面是几种基本的布局类型。

1. 格子式布局

这是传统的商店布局形式，格子式布局是商品陈列货架与顾客通道都呈矩形布置，而且主通道与副通道宽度各保持一致，所有货架相互呈并行或直角排列。这种布局在国内外超级市场中常可以看到，格子式布局的直走道和90°的转弯，可以使顾客以统一方向有秩序地移动下去。格子式布局如图3-1所示。

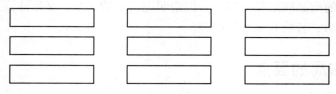

图3-1 格子式布局

这种规则化布置，一般采用标准化货架，使顾客易于寻找货位。但这种布局容易使顾客的自由浏览受到限制。

格子式布局的优点是：

① 创造一个严肃而有效率的气氛；
② 走道依据客流量需要而设计，可以充分利用卖场空间；
③ 由于商品货架的规范化安置，顾客可轻易识别商品类别及分布特点，便于选购；
④ 易于采用标准化货架，可节省成本；
⑤ 有利于营业员与顾客之间的愉快合作，简化商品管理及安全保卫工作。

格子式布局的缺点是：
① 商场气氛比较冷淡、单调；
② 当拥挤时，易使顾客产生被催促的不良感觉；
③ 室内装饰方面创造力有限。

多数杂货店、折扣商店和药店采用格子式布局。在格子式布局中，柜台和附属品之间互为直角，这种布局设计让客户通过入口进店，并经过尽可能多的商品后从出口出店。

2. 岛屿式布局

岛屿式布局是在营业场所中间布置成各不相连的岛屿形式，在岛屿中间设置货架陈列商品。这种形式一般用于百货商店或专卖店，主要陈列体积较少的商品，有时也作为格子式布局的补充。现在国内的百货商店在不断改革经营手法，许多商场引入各种品牌专卖店，形成"店中店"形式。岛屿式布局被改造成专业店的布局形式被广泛地使用着，它符合现代顾客的要求。专业商店布局可以按顾客"一次性购买钟爱的品牌商品"的心理设置。例如，在顾客买某一品牌的西装、衬衣和领带时，以前需要走几个柜台，现在采用岛屿式布局，则在一个部门即可买齐。岛屿式布局如图3-2所示。

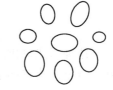

图3-2 岛屿式布局

开架式销货常采用这种形式。它能创造出活跃、温馨的气氛，顾客四处浏览无拘无束，他们被鼓励到达商店的任何地方，从而增加了随意购买的机会。但顾客寻找货位时不够方便，因此这种布局方式要求零售超市的规模不要太大。

岛屿式布局的优点是：
① 可充分利用营业面积，在消费者畅通的情况下，利用建筑物特点布置更多的商品货架；
② 采取不同形状的岛屿设计，可以装饰和美化营业场所；
③ 环境富于变化，使消费者增加购物的兴趣；
④ 满足消费者对某一品牌商品的全方位需求，对品牌供应商具有较强的吸引力。

岛屿式布局的缺点是：
① 由于营业场所与辅助场所隔离，不便于在营业时间内临时补充商品；
② 存货面积有限，不能储存较多的备售商品；
③ 现场用人较多，不便于柜组营业员的相互协作；
④ 岛屿两端不能得到很好的利用，也会影响营业面积的有效使用。

3. 自由流动式布局

自由流动式布局是以方便顾客为出发点，它试图把商品最大限度地展现在顾客的面前。这种布局既采用格子式形式，又采用岛屿式形式，顾客通道呈不规则路线分布。

自由流动式布局的优点是：
① 货位布局十分灵活，顾客可以随意穿行各个货架或柜台；
② 卖场气氛较为融洽，可促使顾客的冲动性购买；

③ 便于顾客自由浏览，不会产生急迫感，增加顾客的滞留时间和购物机会。

自由流动式布局的缺点是：

① 顾客难于寻找出口，难免心生怨言；

② 顾客拥挤在某一柜台，不利于分散客流；

③ 不能充分利用卖场，浪费场地面积。

这种布局方便了顾客，但对商店的管理要求却很高，尤其是商品安全的问题。专卖店、精品店和礼品店可以考虑采用自由流动式。这种布局中，货架和商店分门别类，或者商品陈列在自由取位的货架，为客户创造了一个无结构特点的购物通道。陈列商品的货架可能具有不规则的形状，如半圆形或弧形等。这会鼓励客户寻找商品，并在他们感兴趣的商品前逗留。

4. 斜线式布局

斜线式是货架和通道呈菱形分段的布局，如图3-3所示。

图3-3 斜线式布局

这种形式可供顾客看到更多的商品，使得超市卖场的气氛比较活跃，顾客的流动不受拘束，但斜线式布局不能充分利用卖场面积。

还有两种常见的布局是基本布局的变形。一是标准布局，有入口、柜台、收银区和出口，客户进出很频繁的地方（如售票处和快餐店）常常采用这种标准布局；二是精品布局，它是以自由流动式布局为基础的，将来自某个设计者或制造商的商品分组陈列，每一组都以特定类型的客户为目标。精品布局被很多零售店（如五金商店乃至一些杂货店）运用得很成功。

3.1.4 消费者心理对门店布局的影响

消费者的意识是受刺激物的影响才可能产生的，而刺激物的影响又带有一定的整体性。因此，消费者意识也具有整体性的特点，它影响着消费者的购买行为。为此，在售货现场的布局方面，就要适应消费者意识的整体性这一特点，把具有连带性消费的商品种类邻近设置、相互衔接，给消费者提供选择与购买商品的便利条件，并且有利于售货人员介绍和推销商品。

消费者的注意可分为有意注意与无意注意两类。消费者的无意注意，是指消费者没有明确的目标或目的，因受到外在刺激物的影响而不由自主地对某些商品产生的注意。这种注意，对刺激消费者购买行为有很大的意义。如果在售货现场的布局方面考虑到这一特点，有意识地将有关的商品柜组如妇女用品柜与儿童用品柜、儿童玩具柜邻近设置，向消费者发出暗示，引起消费者的无意注意，刺激其产生购买冲动，诱导其购买，会获得较好的效果。

如销售频率高、交易零星、选择性不强的商品，其柜组应设在消费者最容易感知的位置，以便于他们购买，节省购买时间。又如花色品种复杂、需要仔细挑选的商品及贵重物品，要针对消费者求实的购买心理，设在售货现场的深处或楼房建筑的上层，以利于消费者在较为安静、顾客相对流量较小的环境中认真仔细地挑选。同时应该考虑，在一定时期内调动柜组的摆放位置或货架上商品的陈列位置，使消费者在重新寻找所需商品时，受到其他商品的吸引，因而产生购买欲望。

人们进入超级市场购物，往往比原先预计要买的东西多，这主要是由于售货现场设计与商品刻意摆放引起的临时性购买。售货现场设计为长的购物通道，以避免消费者从捷径通往收款处和出口，当消费者经过时，便可能看到一些引起购买欲望的商品，从而增加购买。又如，把体积较大的商品放在入口处附近，这样消费者会用商场备有的手推车购买大件商品，并推着手推车在行进中不断地选择并增加购买，尽可能地延长消费者在售货现场的滞留时间。

进入商店的人群大致可分为三类：有明确购买动机的顾客、无明确购买动机的顾客和无购买动机的顾客。无明确购买动机的顾客在进入商店之前，并无具体购买计划；而无购买动机的顾客则根本没打算购买任何商品。他们在进入商店参观浏览之后，看到许多人都在购买某种商品，或是看见了自己早已想购买而一时没买到的某种商品，或是看到某些有特殊感情的商品，或是看到与其知识经验有关的某一新产品等，从而产生需求欲望与购买动机。

引起这两类顾客的购买欲望是零售企业营销管理的重要内容之一，而这种欲望、动机的产生，在很大程度上是消费者彼此在商店穿行时相互影响的结果。因此，在售货现场的通道设计方面，要注意柜台之间形成的通道应保持一定的距离，中央通道尽可能宽敞些，使消费者乐于进出商店，并能够顺利地参观选购商品，为消费者之间无意识的信息传递创造条件，扩大消费者之间的相互影响，增加商品对消费者的诱导概率，从而引起消费者的购买欲望，使其产生购买动机。

3.1.5 连锁门店布局规划

连锁门店的店内布局合理、商品陈列美观，不仅有利于消费者选购商品，而且给消费者设计了一个优雅舒适的购物环境，营造出了良好的环境形象。

1. 营业场所分割

连锁门店内的布局首先是对营业场所进行合理的分割。商店场所中不同部分面积的大小和设计是一件复杂而具体的工作，对于提高销售额，有着重要的意义。

营业场所内的售货区、存货区、店员用地和顾客用地四者应该有一个合理的分配。对于连锁门店而言，其特性要求是尽量扩大商品的售货区域，压缩非营业性区域。虽然连锁门店的一个特点是集中进行物流管理，以求减少各连锁门店的储运费用，降低成本，但我国很多连锁门店往往做不到这一点，并未达到连锁标准规范，所以应加强连锁门店在这些基础方面的改进。营业场所内必须使用的一些较大型、不常移动的设备和设施，如货架、储柜等，要充分利用空间，提高效率。另外，供消费者使用的试衣间、通道等都应合理安排。

2. 商品布局

商品布局是指各大类商品在营业场所内的位置安排。为了做到商品布局合理，应首先对连锁门店的商品进行一定的分类。一般按以下方法或标志分类。

① 按使用功能归类，即按商品的一般最终用途分类和陈列。如男子服装店可以分为：

衬衫——领带——领带夹；鞋——鞋带——鞋油；T恤衫——西装；短裤——袜子；运动衫——休闲服等。

② 按细分市场归类，即按商品的目标市场分类和陈列。如妇女服装可分少女部、青年部、中老年部等。

③ 按存放要求分类，即按商品所需的存放条件分类和陈列。如超级市场可分为冷冻部分、冷藏部分和室温存放部分等。

连锁门店在经营时可以把这几种归类方法结合起来规划店面。连锁门店一般有自己的主营类商品，这就要求把最能反映本店经营特色的商品摆放到最显眼的位置，使顾客一进门便能获得鲜明的印象。连锁门店应该做到尽可能提高商品的出样率。一方面是充分利用各种物资设备和营业空间；另一方面因场地有限，在不可能使所有商品能和顾客见面的情况下，要讲究商品陈列的选择，每一组商品的陈列样品要以陈列附近出售的商品种类为主。

3.1.6 大型商店各层货位的配置

大型商店各层货位的分布，应遵循以下原则。

① 地下层多配置顾客购买次数较少的商品，如家具、灯具、装潢饰品、车辆、五金制品。

② 一层为保持顾客客流顺畅，适宜摆放挑选性弱、包装精美的轻便商品。如日用品、烟、酒、糖、食品、副食品、茶叶、化妆品、服饰、小家电及特别推荐的新产品。

③ 二、三层宜摆放选择性强、价格较高且销售量较大的商品，如纺织品、服装、鞋帽、玩具、钟表、眼镜、家电等。

④ 四、五层可设置各种专业性柜台。如床上用品、照相器材、文化用品、餐具、工艺美术品、药品、书籍等。

⑤ 六层以上应摆放需要较大存放面积的商品。如运动器械、乐器、电器、音响制品、高档家具等商品，还可设置休息室、咖啡屋、快餐厅以便利顾客。

由于各个商场的经营状况不同，在实际操作中可根据客观条件和市场变化情况予以适当变化，来突出商店的布局特色。

3.1.7 专卖商店卖场布局

专卖商店店面的布局应最好留有依季节变化而进行调整的余地，使顾客不断产生新鲜和新奇的感觉，激发他们不断前来消费的愿望。一般来说，专卖商店的格局最好延续3个月，每月变化现已成为许多专卖店经营者的促销手段之一。

专卖商店的空间格局复杂多样，每个经营者可根据自身实际需要进行选择和设计。一般是先确定大致的规划，如营业员空间、顾客空间和商品空间各占多大比例，以此划分区域，然后再进行更改，根据具体情况来陈列商品。

1. 商店的三个空间

专卖商店的种类多种多样，空间格局五花八门，似乎难以找出有规律性的空间分割。实际上，它不过是三个空间组合变化的结果，就像一个万花筒，虽然其变化无穷，但也不过是几片彩纸移动位置的结果。因此，以下三个空间对于专卖商店的空间格局关系密切。

① 商品空间。指商品陈列的场所。商品空间有箱型、平台型、架型等。

② 店员空间。指店员接待顾客和从事相关工作所需要的场所。它有两种情况：一是与顾客空间相交错，二是与顾客空间相分离。

③ 顾客空间。指顾客参观、选择和购买商品的地方。根据商品不同，可分为商店外、商店内和内外结合三种形态。

2. 商店空间格局的四种形态

依据商品数量、种类、销售方式等情况，可将三个空间有机组合，从而形成专卖商店空间格局的四种形态。

① 接触型商店。商品空间毗邻街道，顾客在街道上购买物品，店员在店内进行服务，通过商品空间将顾客与店员分离。

② 封闭型商店。商品空间、顾客空间和店员空间全在店内，商品空间将顾客空间与店员空间隔开。

③ 封闭、环游型商店。三个空间皆在店内，顾客可以自由、漫游式地选择商品，实际上是开架销售。该类型可以有一定的店员空间，也可没有特定的店员空间。

④ 接触、封闭、环游型商店。在封闭、环游型商店中加上接触型的商品空间，即顾客拥有店内和店外两种空间。这种类型也包括有店员空间和无店员空间两种形态。

下面对各种形态进行具体的分析和研究。

1）店员空间狭窄的接触型商店

这种类型的空间格局是一种传统店铺形式，即没有顾客活动的空间，顾客在路边与店员接触、选择和购买商品。它有三大特征：一是店员空间狭窄；二是顾客活动区在店外；三是商品空间在店面。

这种类型要求店员有独特的服务形式。如果店员呆立于柜台前会疏远顾客，而过于积极又会使顾客产生强加推销的感觉，假装不知道的态度才是成功的秘诀。该种格局形式适于经营低价品、便利品和日常用品的专卖商店。它的经营规模小，带有早期店铺的种种特征。

2）店员空间宽阔的接触型商店

这种空间格局同样是将顾客置于店外，店员通过柜台与顾客接触。与店员空间狭窄的接触型商店的区别在于店员的活动空间大。其特征表现为：店员活动空间宽阔，顾客活动于店外，商品置于店面。

此种形式可使店员适当与商品保持距离，顾客挑选商品时自由随意，没有压迫感和戒心。店员切忌整排地站在柜台前，而应运用宽阔的空间做各种工作，这样能给商店带来蓬勃的生机，以吸引顾客购买。

3）店员空间狭窄的封闭型商店

在这种类型的商店中，顾客进入店面后才能看到商品，店员空间较狭窄，大多设立于繁华地区，顾客较多，店员所占场地降到最低限度。

这种格局一般适合经营贵重物品和礼品之类的商品，也有些经营饼干、糖果、茶叶等的专卖商店采取该种格局，并辅以部分接触型形态。

在封闭型商店里，店员的行为对顾客购买与否起着重要作用。空间狭窄的封闭型商店，店员的一举一动异常明显。但如果店员僵立于柜台前，一定会使顾客失去购买兴趣；但如果店员摆放商品、擦拭橱窗、统计数字，既可以引人注目，又可以缓解店内的僵硬气氛。

4）店员空间宽阔的封闭型商店

这种类型的商店是顾客、店员、商品空间皆在室内，店员活动空间较宽阔，顾客活动空间也很充裕。最为常见的是面向马路的商店，它非常适合销售贵重礼品和高级商品。店内店外分割得很清楚，没有购买欲望的顾客很少进入。宽阔的顾客空间可使人们自由地参观和选购，商店整体布局给人的印象是：欢迎参观。此类店努力制造商店的热情气氛，靠环境提高顾客的购买情绪。

5）有店员空间的封闭、环游型商店

封闭、环游型商店的特征是店面不陈列商品，顾客进入商店后，在商品世界之中进行参观与选购。

有店员空间的封闭、环游型商店，店员空间被限定在一定范围的柜台内，他们一般不走入顾客的空间，只有顾客将选好的商品带到收银台时，店员才会主动服务。顾客可在不受打扰的情况下，悠闲地在店内选购、参观，甚至阅读杂志。采用这种形式的商店有食品店、杂货店，以及经营唱片、流行服饰等商品的商店。

这种格局的最大特色是向顾客发出"店员不对顾客推销商品"的信息。这种格局常销售普通商品，顾客有能力进行挑选，店员不过于热情，更不会用狩猎的目光盯着顾客。

6）无店员空间的封闭、环游型商店

这种类型的商店，在店门前摆放高档商品，不了解该店的顾客不会轻易进入，而店员活动空间与顾客活动空间不加以区分，是专为销售高级精品而设计的。此类商品格局本身已将顾客进行了严格的过滤和挑选。同时，这种商店经营的商品价格昂贵，顾客购买时较认真、仔细，常需要店员从旁说明，充当顾客的顾问。店员不能只做收款工作，而应活动于顾客中间；销售行为应追求轻松自然，店员位置切忌固定在店中央等待顾客。

7）有店员空间的接触、封闭、环游型商店

这类商店在店面和店内有许多店员。店面陈列商品，可吸引顾客；店内陈列商品，采取环游式布局，使顾客进店后可随意地进行挑选。

此类格局一般适用于销售量大且价格便宜的商店，如销售图画和某些流行性商品，顾客不必频频询问店员，完全由自己进行判断和挑选。店员只在收银台内，不干扰顾客的购买行为。这种格局一般要求空间宽敞，因而能较为齐全地陈列商品。

这种类型的商店店员可专门做收银工作，即使进入顾客的空间，也不加以招呼顾客。不过，在店内空无一人时，会给人以萧条的感觉，客人很难上门。此时，店员最好走到顾客的空间，以方便客人询问。

8）无店员空间的接触、封闭、环游型商店

这种类型商店展示的虽不是最高档的商品，但常需要店员对顾客进行商品讲解、说明，并提供咨询。一般适用于普通的流行服饰店，如皮鞋店、皮包店等。它们大多采用大众化价格，商品种类繁多，给人以大众化的印象。

此类格局与无店员空间的封闭、环游型结构极为相似，但店面气氛截然不同。前者是高档贵族化商店，后者是普及型的大众化商店，因此在店员的行为、服务方式等方面都有很大的差异。

对于没有店员空间的接触、封闭、环游型商店来说，店员不可挤在入口处，给人守门的感觉；当顾客挑选商品时，不要站在旁边审视，而应假装不知；在顾客有问题时，应马上出现在他们面前。

3.1.8 超级市场主要区域的分布

顾客走进超级市场，常常置身于琳琅满目的商品卖场之中，看不到仓库区、加工区、辅助区等。然而，这些区域同卖场区一样重要，是超级市场店铺规划与设计的重要内容。

1. 超级市场的主要区域

超级市场与其他店铺不同，以经营生鲜食品为主。因此，除了应有卖场区、储存区、辅助区外，还应有加工区。有时，加工区与储存区合为储存加工区。

① 卖场区是顾客选购商品、交款、存包的区域，有时还包括顾客休息室、顾客服务台、婴儿室等。

② 储存加工区是储存加工商品的区域，包括商品售前加工、整理、分装间、收货处、发货处、冷藏室等。

③ 辅助区是超级市场行政管理和放置技术设备的区域，包括各类行政、业务办公室、食堂、医务室及变电、取暖、空调、电话等设备用房。

2. 超级市场主要区域的配比

超级市场主要区域的配比，应本着尽量增大卖场区域的原则，因为卖场区域的扩大可直接影响销售额。

超级市场各区域的位置，可根据具体建筑结构进行选择。办公及后勤区与卖场关系不紧密，可最后安排设计；而卖场区、储存加工区必须是要首先安排的。超级市场各区域位置的确定应以卖场核心为原则，各个辅助区域都是为卖场服务的，有效的配置会使货物流转的人工成本尽可能地减少，以便取得更好的效益。

（1）凸凹型设置

所谓凸凹型设置，是指卖场选择凸型布局，而储存加工区选择凹型布局。这种布局的好处是：可以使储存加工区的商品相应地与卖场商品货架保持最短的距离，不必过多走动，就能进行上货与补货操作；每类商品储存加工区与卖场区结为一体，便于进行库存量控制和提高储存效率。

（2）并列型设置

所谓并列型设置（也称前后型），是指卖场在前，而储存加工区与卖场并列在后的布局。这种布局设置简单，储存加工区相对集中，进货容易，比较适合中小型超级市场。

（3）上下型设置

所谓上下型设置，是指卖场设置于地上，而储存加工区设置于地下，通过传送带将商品由地下转移到地上。这种布局常是由于因地形限制而不得已采用的方法。其好处是使卖场得到最大限度的利用；其不足是补货不太方便，同时还要设置机械传送带。

3.1.9 生鲜区各部门的商品布局

生鲜是超市门店中很特别的一类商品,它对整个门店的毛利贡献率最高。生鲜区永远是一块巨大的磁石,不但能带来高额的毛利,也能吸引大量的人流,所以生鲜区一般应设置在超市深处,让顾客路过食品和非食品区时顺便购买一些日用品。但是生鲜商品操作起来难度也较大。

1. 肉类部

肉类产品属于顾客购买目的性非常强的商品类别,顾客进店购买的商品中,肉类制品所占比例很大。在生鲜区布局设计中,有以下几种位置可供考虑:

① 沿墙设置,以便安排肉类加工间;
② 被用于最佳的磁石商品,调动顾客在卖场内行走;
③ 现场切卖的销售效果要优于包装销售,当销售高峰时包装销售是重要的补充形式。

2. 水产品部

不同地区水产品的消费程度不同,因此有以下两种考虑:

① 大卖场中多置于生鲜区的中央,与半成品熟食和各种干鲜海产集合销售;
② 生鲜超市中则沿墙安排,本着生熟分开的原则,且与肉类部和蔬果部相邻安排。

3. 蔬果部

新鲜蔬果是大多数家庭食品采购预算中的重要项目,几乎70%以上是来自计划性购买。由于商品季节性很强,色彩鲜艳,因此蔬果部也是在色彩感官上很能吸引顾客购买的生鲜部门,并且与肉类产品存在比较强的连带购买关系,所以有以下几种位置可考虑:

① 作为磁石商品考虑,调动顾客在卖场内行走;
② 安排在超市生鲜区或者超市的入口位置,吸引顾客进店;
③ 与肉类部相邻,鼓励连带购买。

4. 面包房

面包房是与熟食部并列的超市生鲜区大型加工制作部门,用工、占地、原料储备都很大。由于烘烤气味诱人,是很好的气氛渲染的工具,并由于烘焙食品与奶制品和即食的熟食制品存在关联性购买关系,所以有两种位置可考虑:

① 作为第一磁石商品考虑,安排在超市生鲜区或者超市的入口位置,以吸引顾客进店;
② 与日配部相邻,鼓励连带购买。

5. 熟食部

熟食产品的现场加工项目是很诱人的卖点,与面包房可分可合,其一般是肉类部与其他部门相连的过渡环节:

① 与面包房分开则卖点分开,在生鲜区内合理分布,调动客流;
② 与面包房合则本着生熟分开区域分布原则,相邻安排位置;
③ 加工自制熟食与标准风味熟食相结合。

6. 日配部

日配商品的购买频率很高,其中奶制品尤其成为"必需性商品",并与面包房的产品有很强的连带购买关系,所以有两种位置可考虑:

① 出于购买频率和保鲜原因，安排在超市生鲜区或者超市的出口位置；
② 与主食、面包房和冷冻食品部等相邻，鼓励连带购买。

7．冷冻食品部

冷冻食品既可替代鲜品，又容易化冻，所以其位置可有如下选择：
① 出于保鲜原因，安排在超市生鲜区或者超市的出口位置；
② 与蔬果部、肉类部和日配部等相邻，鼓励连带购买。

3.2 卖场通道设计

所谓通道，是指卖场中消费者所要经过的过道。此过道关系到消费者在卖场中的走向及所能浏览的货品量。畅通的通道可以使消费者走遍整个卖场，使整个卖场无货品陈列死角。

3.2.1 通道设计的原则

超市的通道划分为主通道与副通道。主通道是诱导顾客行动的主线，而副通道是指顾客在店内移动的支流。超市内主副通道的设置不是根据顾客的随意走动来设计的，而是根据超市内商品的配置位置与陈列来设计的。良好的通道设置，就是引导顾客按设计的自然走向，走向卖场的每一个角落，接触所有商品，使卖场空间得到最有效的利用。以下是设置超市内通道时所要遵循的原则。

1．足够的宽

所谓足够的宽，是指要保证顾客提着购物筐或推着购物车，能与同样的顾客并肩而行或顺利地擦身而过。一般来讲，营业面积在600平方米以上的零售店铺，卖场主通道的宽度要在2米以上，副通道的宽度要在1.2～1.5米之间，最小的通道宽度不能小于90厘米，即两个成年人能够同向或逆向通过（成年人的平均肩宽为45厘米）。不同规模的超市通道宽度基本设定值如表3-1所示。

表3-1 超市通道宽度设定值表

单层卖场面积/m²	主通道宽度/m	副通道宽度/m
300	1.8	1.3
1 000	2.1	1.4
1 500	2.7	1.5
2 500	3.0	1.6
>6 000	4.0	3.0

而对于大型综合超市和仓储式商场来说，为了方便较大顾客容量的流动，其主通道和副通道的宽度可以基本保持一致。同时，也应适当放宽收银台周围通道的宽度，以保证顾客排队时收银处的通畅性。

2. 笔直

通道要避免迷宫式，要尽可能地进行笔直的单向通道设计。在顾客购物过程中尽可能地依货架的排列方式，将商品以不重复、顾客不回头走的设计方式布局。

3. 平坦

通道地面应保持平坦，处于同一层面上。有些门店由两个建筑物改造连接起来，通道途中要上或下几个楼梯，有"中二层"、"加三层"之类的情况，这显然不利于门店的商品销售。

4. 少拐角

事实上，从一侧直线进入，沿同一直线从另一侧出来的店铺并不多见。这里的"少拐角"是指拐角尽可能少，即通道途中可拐弯的地方要少，有时需要借助于连续展开而不间断的商品陈列线来调节。

小资料 3-1

美国连锁超市经营中 20 世纪 80 年代形成了标准长度为 18~24 米的商品陈列线，而日本超市的商品陈列线则相对较短，一般为 12~13 米。这种陈列线长短的差异，反映了不同规模面积的超市在布局上的要求。

资料来源：设计苑网，2005-10-25。

---

5. 通道上的照度比卖场明亮

通常通道上的照度起码要达到 1 000 勒克斯。尤其是主通道，相对空间比较大，是客流量最大、利用率最高的地方，要充分考虑到顾客走动的舒适性和通透性。

6. 没有障碍物

通道是用来诱导顾客多走、多看、多买商品的。通道应避免死角。在通道内尽量不要摆放一些与陈列商品或促销无关的器具或设备，以免阻断卖场的通道，损害购物环境的形象。

7. 不能留有"死角"

所谓"死角"，是指顾客不易到达的地方，或者顾客必须折回才能到达其他货位的地方。顾客光顾"死角"货位的次数明显少于其他地方，这样非常不利于商品销售。

进卖场后的主通道是欢迎来店顾客的重要通路。主通道必须呈现细致差别化，其差别化主要体现在以下几点。

① 主通道要宽广。以大众为对象的商场是以宽广的主通道和两侧富有吸引力的商品来欢迎顾客的（一般指四辆购物推车能一起进入的宽广通道）。

② 主通道正对面的商品要让顾客在进入卖场后，感到惊讶和兴奋。主通道是获得最大单位面积利益的地方，既有特价商品又有畅销商品；陈列商品上架快速，销售周期也很快，在一天营业结束后，是销售额和毛利额最大的地方。在第一主通道要布置具有巨大冲击力的商品。

3.2.2 通道设计模式

1. 入口设计

零售店铺卖场入口要设在顾客流量大、交通方便的一边。通常入口较宽，出口相对窄一些，入口比出口大约宽 1/3。根据出入口的位置来设计卖场通道，设计顾客流动方向。零售店铺的入口与卖场内部配置关系密切，在布局时应以入口设计为先。在入口处为顾客配置购物篮和手推车，购物篮和购物车的数量应为高峰客流量的 1/10～3/10。

在零售店铺的卖场内，入口的地方最好陈列对顾客具有较强吸引力的商品，不仅可以发挥招徕作用，而且能够增强卖场对顾客的吸引力。

一般来讲，入口应设在右侧，其原因为：

① 开设超市、大卖场较成熟的美国、法国、日本等国家，大卖场入口都设在右侧；

② 使用右手的人较多。

以右手做主要动作的人，注意力往往集中在卖场的右侧，由右侧开始动作，从卖场右侧进店以后，以左手拿购物篮，右手自由取出右侧壁面的陈列商品，放入左侧的购物篮。以这种动作来前进，然后向左转弯。但如果从左侧的入口进店，左侧的壁面陈列的商品以左手很难取出，所以对顾客来说，能自由使用右手的卖场，便会成为顾客的第一卖场。

2. 零售店铺的出口设计

零售店铺的卖场的出口必须与入口分开，出口通道宽度应大于 1.5 米。出口处设置收款台，按每小时通过 500～600 人为标准来设置一台收款台。出口附近可以设置一些单位价格不高但销售量高的商品，如口香糖、图书报刊、饼干、饮料等，供排队付款时顾客选购。

3. 直线式通道设计

直线式通道也被称为单向通道，这种通道的起点是卖场的入口，终点是零售店铺的收款台。顾客依照货架排列的方向单向购物，以商品陈列不重复、顾客不回头为设计特点，能使顾客在最短的线路内完成商品购买行为。

4. 回形通道设计

回形通道又被称为环形通道。通道布局以流畅的圆形或椭圆形按从右向左的方向环绕零售店铺的整个卖场，使顾客能依次浏览和购买商品。在实际运用中，回形通道又分为大回形和小回形两种线路模型。

1）大回形通道

这种通道适合于营业面积在 1 600 m^2 以上的零售店铺。顾客进入卖场后，从一边沿四周回形浏览后再进入中间的货架。它要求卖场一侧的货位一通到底，中间没有穿行的路口。

2）小回形通道

它适用于营业面积在 1 600 m^2 以下的零售店铺。顾客进入零售店铺卖场后沿一侧前行，不必走到头，就可以很容易地进入中间货位。

3.2.3 磁石点理论

所谓**磁石点卖场**，是指卖场中最能吸引顾客注意力的地方。磁石点就是顾客的注意点，要创造这种注意力就必须依靠商品的配置技巧来实现，即依据对顾客富有吸引力的商品配置，使卖场具有自然诱导顾客采购的效果。

商品配置中的磁石点理论的意义在于，在卖场中最能吸引顾客注意力的地方配置合适的商品以促进销售，并且这种配置能引导顾客走遍整个卖场，最大限度地增加顾客购买率。

卖场内必须处处有卖点，以增加消费者在场内的滞留时间，增加门店的销售收入。有卖点的商品一般购买频率高、时髦、季节性强，或者是促销品、高利润品、特价品。超市的磁石点有5个，不同的磁石点应该配置相应的商品，如图3-4所示。

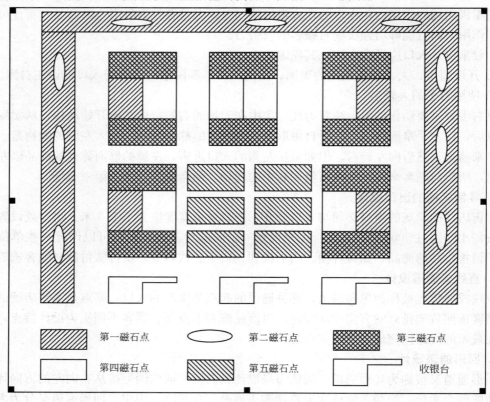

图3-4 卖场磁石点布局

1. 第一磁石点卖场（展示主力商品）

第一磁石点位于卖场中主通道的两侧，是顾客的必经之地，也是商品销售最主要的地方。此处配置的商品主要有以下三种。

① 主力商品。

② 购买频率高的商品，消费量大、消费频度高的商品是绝大多数消费者随时要使用的，也是时常要购买的。所以将其配置于第一磁石点的位置，以增加其销售量。

③ 采购力强的商品。例如，蔬菜、肉类、日配品（牛奶、面包、豆制品等），应放在第一磁石点内，可以增加销售量。

2. 第二磁石点卖场（展示观感强的商品）

主通路的末端、电梯出口、道路拐角等能起诱导顾客在店内通行的位置，称为卖场的第二磁石点。经验表明，凡是对卖场第二磁石点重视的商家，其经营效果大都是非常出色的。在第二磁石点所作的商品展示，更多的是通过提案式的商品陈列来表现商家的主张或对顾客的诉求。在陈列内容上，更注重店内主力商品的宣传以求更好地推动销售。主道路的拐角处及主道路尽头位置，对于有效地诱导顾客流动起着关键的作用。因此，国外许多大型超市都力求突出在此位置磁石商品的吸引力，由于第二磁石点商品负有诱导消费者走到卖场最里面的任务，在此应配置的商品有以下三种。

（1）最新的商品

消费者总是不断追求新奇。十年不变的商品，即使品质再好，价格再便宜也难以出售。将新商品配置于第二磁石点的位置，必会吸引消费者走入卖场的最里面。

（2）具有季节感的时令商品

具有季节感的商品必定是最富变化的。因此，超市可借助季节的变化做布置，以吸引消费者的注意。

（3）明亮、华丽的商品

明亮、华丽的商品通常也是流行、时尚的商品。由于第二磁石点的位置都较暗，所以应配置较华丽的商品来提升亮度。第二磁石点的商品需要以最显眼的方式突出表现，让顾客一眼就能辨别出其与众不同的特点。同时，第二磁石点上的商品应根据需要，间隔一定时间就进行调整，以保持其基本特征。

3. 第三磁石点卖场（展示端架商品）

第三磁石点指的是超市中央陈列货架两头的端架位置。端架是卖场中顾客接触频率最高的地方，其中一头的端架又对着入口，因此配置在第三磁石点的商品就要刺激顾客，在此应配置的商品有以下5种：

① 特价品；

② 高利润的商品；

③ 季节商品；

④ 购买频率较高的商品；

⑤ 促销商品。

端架商品，可视其为临时卖场。端架需经常变化（一周最少两次），以刺激顾客来店采购。

值得特别提出的是，由于我国目前有一些超级市场根本不重视端架商品的配置，因此失去了很多盈利的机会。而很多超级市场选择的货架两头是半圆形的，无法进行端架商品的重点配置，所以应积极地加以改进。

4. 第四磁石点卖场（展示单项商品）

第四磁石点通常指的是卖场中副通道的两侧，是充实卖场各个有效空间的地点。这是一个需要让顾客在长长的陈列线中引起注意的位置，因此在商品的配置上必须以单项商品来规划，即以商品的单个类别来配置。应在商品的陈列方法和促销方法上对顾客做刻意的表达和诉求，在此应配置的商品有以下三种：

① 热门商品；

② 有意大量陈列的商品；

③ 广告宣传的商品等。

5. 第五磁石点卖场（展示促销品）

第五磁石点位于收银台前的中间卖场，是各门店按总部安排，根据各种节日组织大型展销、特卖活动的非固定卖场，以堆头为主。其目的在于通过多品种、大量的陈列方式，造成一定程度的顾客集中，从而烘托出门店气氛。同时展销主题的不断变化，也给消费者带来新鲜感，从而达到促进销售的目的。

门店各个磁石点的位置、商品配置要点及配置的商品类型如表 3-2 所示。

表 3-2 店内各磁石点的比较

磁石点	店铺位置	配置要点	配置商品
第一磁石点	卖场中主通道的两侧,是顾客的必经之地,是商品销售最主要的位置	由于特殊的位置优势,不必刻意装饰即可达到很好的销售效果	主力商品,购买频率高的商品,采购力强的商品
第二磁石点	主通路的末端、电梯出口、道路拐角,穿插在第一磁石点中间	有引导消费者走到卖场最里面的任务,需要突出照明度及陈列装饰	最新的商品,具有季节感的时令商品,明亮、华丽的商品
第三磁石点	货架两头的端架	是卖场中顾客接触频率最高的地方,盈利机会高,应重点配置,商品摆放时三面朝外	特价品,高利润商品,厂家促销商品
第四磁石点	副通道的两侧	重点以单项商品来吸引消费者,需要在促销方法和陈列方式上刻意体现	热销商品,有意大量陈列的商品,广告宣传的商品
第五磁石点	收银台前的中间卖场	能够引起一定程度的顾客集中,烘托门店气氛,展销主体需要不断变化	大型展销商品,特卖商品,节日促销商品

3.2.4 顾客动线分析

在百货店或超市购物的顾客,基本上是按照"进入店内→走动→在商品前停留→审视→购物"这样一个先后顺序选购商品的。据观察,进入超市的顾客中,有近半数的顾客只走动店内道路的 30%,所以研究顾客在店内的活动路线至关重要。

所谓**顾客动线**,是指顾客在店内的流动路线,又称"客导线"。顾客动线的现实意义在于店方可以有计划地引导店内顾客的流动方向。一般来讲,店铺经营成果主要由两个因素决定:一是来店的顾客数;二是顾客的平均购买单价,即客单价。这两个数字以店内收款机所统计的数字为准。

$$店铺销售额 = 客流量 \times 停留率 \times 购买率 \times 购买件数 \times 商品单价$$
$$客单价 = 流动线长 \times 停留率 \times 购买率 \times 购买件数 \times 商品单价$$

从以上公式可以看出,客流量的多少对销售额有很大影响。要把门店做好,就需要使顾客尽可能多逗留、多买商品,尽可能提高来店顾客数和购买单价。

1. 好的顾客动线的要求

① 充分利用商场空间,合理组织顾客流动与商品配置;
② 顾客从入口进入后,在商场内步行一圈,离店之前必须通过收银台;
③ 避免出现顾客只能止步往回折的死角;
④ 尽可能地拉长顾客在商场内的滞留时间,以创造销售机会;
⑤ 采取适当的通道宽度,以便顾客环顾商场,观察商品;
⑥ 尽量避免与商品配置流动线交叉。

2. 卖场动线的形式

① 漫走式。不利用设施强行规定顾客的动线,比较随意自由宽松,投资小。

② 强迫式。利用设施强迫规定顾客的动线，不尊重顾客，投资大。
③ 引走式。利用各种手法引导顾客走遍卖场，这是一种较高境界的布局方法。

3. 不同顾客动线分析

门店可以根据实际情况来设计主流动线和配置主力商品。设计主流动线要从中央陈列架的物理性配置、商品群的配置和主力品种的配置等方面来考虑。主力商品的配置要遵循引导顾客到门店最深处去选购商品或尽量延长顾客流动线的原则。一般情况下，让顾客环绕主要通道选购或围绕中央陈列架选购，能够帮助商店取得更高的销售额。

例如，大型综合超市可以采用"诱导型、集约型"卖场设计。因为大型综合超市经营的商品达几十个分类，各类商品的功能不同，顾客的需求重点也不同，卖场设计的诉求重心也不同。以顾客的购买习惯为准绳，可将卖场商品分为两大类：一类是"计划性、习惯性购买商品"，多为居民日常生活主要消费的必需品，如粮、油、米、面、酱料、蔬果等，它们是吸引顾客的主要动力；另一类是"非计划性和随机性购买的商品"，如小吃、家居休闲用品、服装等，顾客往往在看到该类商品后才能激起购买愿望。

因此，在卖场设计上，应该根据顾客需求模式的不同，充分利用计划性购买商品对顾客的诱导功效，设计"走遍卖场布局法"。如将计划性购买商品布置在通道两端、卖场四周及中间位置，或按非食品、食品、生鲜的顺序设计卖场。因为非食品不是顾客天天需求的习惯性、计划性购买的商品，而生鲜是顾客每日的必需品，将生鲜设计在卖场尽头，能有效延长顾客在卖场内停留的时间，促进非计划性购买商品的销售。

小资料 3-2

喷淋式客流设计

什么叫好商场？就是那些能够"将最多的商品在最多的购物者面前展示最长时间"的商场。他们在布置商品陈列时，总要考虑如何将商品放在人们的行进路线上和视线范围内，并诱使人们考虑购买这些商品。

喷淋式客流设计，就是商家在最高楼层想尽办法，以物美价廉的商品作"诱饵"，来吸引顾客到最高层选购。随后，在最高楼层，"战果辉煌"的顾客们会在先期低价购买高质商品的刺激下，意犹未尽地向下逛其他楼层卖场。这样卖场的人流由上至下分散开来，可形象地称之为"喷淋式客流"。

也许在商场高楼层赚钱不是主要的目的，但其目的是增加人气，以赚取其他楼层商品销售的利润。

喷淋式客流设计，关键是商场最高楼层在经营大类上要有吸引力。除了"名品特卖场"，还可以考虑游乐场、小吃街等，或把营销活动时的礼品台设计在高楼层。此时在硬件设施的配备上必须有通往商场最高层的垂直电梯，并且做到在低楼层少停甚至不停，以方便带动客流直通顶层。

资料来源：李卫华. 销售与市场，2005-04.

【补充阅读材料】

日本便利店的商品布局

日本的便利店在门店内商品的布局情况如下。

入口处一般摆放杂志和读物。周刊是每周更换,月刊是两周更换,这里常常聚满了"喜欢阅读杂志的顾客",它的意义在于吸引回头客。同时,这些客人也给商店带来"顾客喜欢的店"和"好进的店"等的印象。

迎门两排货架是日用品、化妆品、文具。为避免日光直射引起变质,这里一般不放食品。收款台前放着热饮料和日本人喜欢的卤煮菜和热包子。这些是即兴购买的商品,放在手边能引起人的食欲,店员也容易招呼。

再往里或两侧靠墙的是快捷食品、点心、便当和包装蔬菜,还会有一台投币式复印机。

最里面一般是冷饮柜,有卖酒执照的还可以销售一些冰镇啤酒。由于这些商品是畅销品,顾客会专门来买,所以放在里面,顾客往里走走也许会看到别的想要的商品。

资料来源:环亚百龙零售资讯网,2007-04-04.

本 章 小 结

卖场布局是连锁门店的名片,顾客往往是在进入门店的瞬间就形成对一个连锁企业的整体形象。本章重点讲述了连锁企业的卖场布局与通道设计、磁石点的分布与顾客动线分析等内容。

基 本 训 练

一、知识题

(一)选择题

1. 连锁企业门店货架的布局类型有(   )。
   A. 格子式布局   B. 岛屿式布局   C. 斜线式布局   D. 自由流动式布局
2. 超级市场各区域的配置方式主要有(   )。
   A. 凸凹型设置   B. 并列型设置   C. 上下型设置   D. 内外型设置
3. 第一磁石点卖场主要展示的是(   )。
   A. 主力商品   B. 新上市的产品
   C. 购买频率高的商品   D. 礼品装
4. 卖场动线的形式有(   )。

A. 漫走式　　　　B. 强迫式　　　　C. 开放式　　　　D. 引走式

(二) 判断题

1. 第三磁石点指的是主通路的末端。（　　）
2. 第二磁石点商品负有诱导消费者走到卖场最里面的任务。（　　）
3. 交易次数频繁、挑选性不强、色彩造型艳丽美观的商品，适宜设在门店最深处。（　　）
4. 贵重商品、技术构造复杂的商品，以及交易次数少、选择性强的商品，适宜设置在出入口处。（　　）
5. 自由流动式布局能充分利用卖场面积。（　　）

二、思考题

1. 货架的布局类型有哪些？
2. 超级市场各区域应怎样配置？
3. 通道设计的原则是什么？
4. 说明卖场磁石点理论的主要内容。

观 念 应 用

一、案例题

家乐福卖场布局

卖场规划的主要工作是门店内部的布置。有些卖场是多层的，如家乐福，门店有上下两层，进入卖场后先是随扶梯上二楼，然后才能下一楼交款，而不能直接在一层购物，这样的目的在于将顾客在卖场内的逗留时间延长，以便有更多的机会向顾客展示商品。卖场的设计也是以此为目的，就是要让顾客在门店内滞留时间最大化。

超市的规划设置仍是通过将高购买率、最吸引顾客的商品或区域放在门店的最深处或主要的通道上，以便吸引顾客走遍整个门店。在家乐福二楼主要是展示一些非食品的商品。从二楼卖场入口进入的最右边主要是家电（如电视机、空调、电扇等）和手机售卖区。在卖场中部主要划分为四部分：图书与音像制品、家居用品（睡衣、拖鞋等）、日常用品（电池、水杯、饭盒等）、衣物（成衣、内衣等）。在卖场最靠后的左手位置主要是个人卫生用品，如皂类、卫生纸、牙刷等；中间位置是10排左右的落地货架，主要放置洗化品，如洗发水、洗面奶等；最右边（即最里面）主要是雅芳、美宝莲等化妆品，有醒目的品牌标志。

一楼食品类的布局如下。熟食、生鲜、速冻等最吸引顾客的区域设置在门店的最内部，一方面靠近后场的作业区，另一方面还可以吸引顾客走遍全场。果蔬区一般被认为是高利润部门，通常的布局是满足顾客的相关购物需求，安排在肉食品的旁边。由于奶制品和冷冻品具有易融化、易腐蚀的特点，所以它们一般被安排在顾客购买流程的最后，临近出口，同时奶制品和冷冻品通常在一起，这样有利于设备的利用。烘焙品的主力商品是面包，销量大、利润高，大多被安排在第一货架和靠近入口的地方，这样不仅会刺激高价位的面包的出售，而且还会避免顾客遗忘。杂品部分主要在超市卖场的中央，采取落地货架形式，布局为纵向陈列，这样顾客就可以透视纵深。

还有一项商品规划的设置，就是一般部门的设置规划以防盗防损的目的，将一些丢失率较高的商品专门安排在某些特定的角落，例如，口香糖总是在收银台前，化妆品总是在门店内醒目的地方。

资料来源：中国服装网，2006-02-22.

问题：
1. 分析家乐福卖场布局的模式。
2. 结合你接触到的卖场，谈谈对家乐福布局方式的感想。

二、单元实训

联系一家门店，实地进行顾客动线的调查与分析，指出现有布局的利弊并提出改进意见。

第4章 连锁门店商品结构管理

【学习目标】

通过本章学习,掌握商品定位的原则与分类方式,熟悉确定门店商品结构的依据和商品品种管理的 SKU 计划,了解影响商品定位的环境因素。

【案例导入】

某大药房的应对价格战

近几年,不少平价药房都在向健康中心、药妆店、社区小超市等方向转型。而此时,如果遭遇其他竞争对手挑起新的价格战,正在转型或已经转型的平价药房该如何应对?

前不久,南昌某药房开业,高调宣布所有药品超低价销售,并通过连续的平面媒体广告、DM 夹报、DM 发放等方式进行宣传,有些药价甚至比当地知名的平价大药房还低。

其实,早在此前半个月,从南昌一家知名平价大药房得知,他们的管理层人员经过反复研究,决定不再"盲目跟风"来降低药价。

决定以丰富门店产品结构为核心,通过采购部门和品类部门的共同努力,根据区域市场的行情,制定不同门店的产品目录,使门店的产品结构更趋合理,品类更加完善,极大地降低门店商品的积压,减少滞销品种数量,增加门店产品陈列的美观度,减少资金积压,使门店在竞争中取得自己的优势。同时加强药品采购管理,开展免费服务活动,专业服务提升附加值,开展感恩回报活动等配套措施以封杀价格战。

现阶段如果药店还在价格战上纠缠不休,一定会两败俱伤。这与 2002 年平价药店降低虚高药价不同,那时药价不真实,有很多"水分",因此价格战非常见效;但如今,大部分药价已经非常低了,再拼价格,这样使大家都没有利润可赚。后平价时代,药店要在竞争中不断在价格以外的诸多方面挖掘潜力,这样才能永葆青春!

资料来源:http://news.pharmnet.com.cn/news/2007/10/24/210781.html,2007-10-24.

案例分析:门店商品结构是连锁经营企业得以生存和发展的基础。企业要建立在正确预测顾客需求的基础上,确定商品定位和组合,及时调整门店商品结构,确保超市营业的正常运行,这就需要连锁超市加强商品管理;否则势必会影响企业在消费者心中的形象,降低企业信誉,最终会限制企业的发展。

4.1 商品定位与分类

商品是连锁企业获利的主要源泉,如何在竞争的市场中脱颖而出,依赖于合适的商品定位及适当的商品分类。连锁企业要树立某种与众不同的形象,使目标顾客了解本企业与竞争者不同的特点,其实质就是要使企业的产品具有某些特色,在目标顾客心目中占据一个独特的、有价值的地位。

4.1.1 市场环境分析

要对连锁门店的商品进行准确的定位,首先必须明确商场所处的领域在该城市甚至在全国的经济层次、当地的经济发展水平,以及商场的主要目标顾客群,他们的文化层次、消费习惯都要加以分析,才能做到商品定位的针对性较强。

1. 经济、地理环境分析

我国经济发展存在着很大的不均衡性,如东西差距、南北差距、城乡差距。东南沿海地区比较富裕,人口比较集中,现代化程度高;西北地区地广人稀,经济基础薄弱,发展速度慢,但资源丰富。在全国各省份的人均地区生产总值排名中,位居第一位的上海是排在末位省份的 10 倍。城乡差距在中国依然明显,2005 年城镇居民的地区人均 GDP 为 10 493 元。而广大农村地区人均生产总值仅有 3 255 元。

地理环境和经济发展水平决定着人们的消费水平。在不同的地域,不同的经济水平下,在商品的价位、档次上应有所不同,特别是非生活必需品和时尚高档产品的定位,在数量的配置上也应充分体现出来,要与当地的实际消费水平相吻合。

2. 人口环境分析

人口是构成市场的第一要素。人口的多少直接决定市场的潜在容量,而人口的年龄结构、地理分布、婚姻状况、人口密度、人口流动性及其文化教育等人口特性会对市场格局产生深刻的影响,并直接影响企业的市场营销活动和企业的经营管理。

人口数量与增长速度影响企业的营销活动。首先,人口数量是决定市场规模和潜在容量的一个基本要素,人口越多,如果收入水平不变,则对食物、衣着、日用品的需求量越大,那么市场也就越大。因此,按人口数目可大致推算出市场规模。我国人口众多,无疑是一个巨大的市场。

人口结构影响门店连锁企业的经营活动。人口结构主要包括人口的年龄结构、性别结构和家庭结构。

（1）年龄结构

不同年龄的消费者对商品的需求不一样。目前我国人口老龄化问题已日益突出,如保健用品、营养品、老年人生活必需品等市场将会兴旺,连锁企业在进行商品定位时应予以充分考虑。

（2）性别结构

商品反映到市场上就会出现男性用品市场和女性用品市场。例如我国市场上，家庭日用品的采购者通常为女性；在大件物品的购买上男性一般起决定作用等。

（3）家庭结构

家庭是购买、消费的基本单位。家庭的数量直接影响到某些商品的数量。欧美国家的家庭规模基本上为户均 3 人左右，亚非拉等发展中国家为户均 5 人左右，我国现在也基本趋于向三口小家庭发展。家庭数量的剧增必然会引起对炊具、家具、家用电器等需求的迅速增长。

3. 消费习俗分析

消费习俗是人类各种习俗中的重要习俗之一，是人们历代传递下来的一种消费方式，也是人们在长期经济与社会活动中所形成的一种消费风俗习惯。了解目标市场消费者的禁忌、习俗、避讳、信仰、伦理等是连锁企业进行商品定位的重要前提。

4.1.2　商品定位

商品定位的优劣将直接影响连锁店的销售额和在顾客心目中的形象。商品的定位不是一个静态的过程，必须随着季节、时尚及顾客的偏好等因素随时加以调整，是一个动态的过程。

1. 商品定位的概念

所谓**商品定位**，是指连锁企业针对目标消费者和生产商的实际情况，动态地确定商品的经营结构，实现商品配置的最佳化。连锁企业更倾向于注重消费者的利益，以消费者为中心而展开工作，所以商品定位是企业决策者对市场判断分析的结果，同时又是企业经营理念的体现，也是连锁企业通过商品来设计企业在消费者心目中的形象。

2. 商品定位的本质

商品定位的本质是指连锁企业确定商品组成结构、实现商品配置最优化，反映企业在消费者心目中的形象。它主要包括商品的品种、档次、价格、服务等方面的内容。

商品定位是否准确、结构是否合理、能否保持正常的运转，直接关系到连锁企业的发展，需要企业在进行深入分析研究的基础上，再作决策。因为消费者评价商品，重要的是其功能和所代表的形象能满足他们需要的程度。换言之，商品定位成功之处在于商品经营者对构成商品的特定资产有了正确的认识。由于认识到了商品中最受消费者关注的方面，经营者对商品的这些属性进行投资和保护，从而维护了其价值，也维持了消费者对该商品的忠诚。所以，任何一个企业、任何一个从事某种特定商品工作的人，都要经常想到商品的定位，采取统一的、有保证的方法，确保长期实现正确的资源平衡，确保将商品定位正确地传递到消费者心目中。

成功的商品具有一个共性，就是以一种始终如一的形式将商品定位的功能与消费者心理的需要连接起来，通过这种方式将商品定位的信息明确地传递给消费者。如"梦特娇"传递的是高贵、典雅；"高露洁牙膏"使人联想到可信赖的牙齿护理；"飘柔洗发液"给人一种柔顺飘逸的感觉。

3. 商品定位的原则

连锁企业如何确定自己的商品组成结构，是一项十分复杂的工作，因为它受到外部环境和自身实力与发展的影响。所以,企业在进行商品定位时,必须遵循一定的原则。

(1) 业态是商品构成的决定性因素

每一种零售业态都有自己的基本特征和商品经营范围。正是由于这种业态的差别,才决定了连锁经营商品的重点不同。换言之,连锁企业的商品定位一定要与其所选择的业态相一致。如传统意义上的超级市场,是专门或主要经营食品和家用杂货的;但在发达国家,它却细分出多种类型,经营的品种已经越来越多,且出现了特级市场。目前,超市除了食品外,主要还包括服装、针织品、日用品、书籍、家电等。无论哪种业态,作为经营企业都应该明确谁是我的顾客?他们到这里来要买什么样的商品?我们应该如何满足他们的需求?

(2) 适应消费者的需求变化

知己知彼,才能百战不殆。只有摸清目标消费者的详细情况,才能有针对性地组织商品服务,才能满足消费者的消费需求。随着经济的发展,消费者的生活水平在不断提高,其消费日益成熟。在这种情况下,连锁企业的商品定位一定要与消费者的消费结构相适应,要随时调整自己的商品经营结构。

4. 商品组合

商品组合又称为商品经营结构,是商品定位的核心。商品组合一般由若干个商品系列组成。

所谓**商品系列**,是指密切相关的一组商品。商品能形成系列,有其一定的规定性。替代性商品,满足消费者某种同类需求;互补性商品,将商品配套在一起使用或售给同类顾客;特价商品,同属一定价格范围之内的商品。这些都属于商品系列。

商品系列又由若干个商品项目组成。**商品项目**是指企业商品销售目录上的具体品名和型号。简言之,企业经营商品的集合,也就是商品广度与深度结合,即商品的组合。

连锁企业商品的组合是商品广度和深度结合。所谓广度,是指商品系列的数量。商品组合的广度越宽,其综合化程度就越高。所谓深度,是指商品系列内所包含的各种商品项目的数量。商品组合的深度越深,其专业化程度和商品之间的关联性越强。商品组合的广度性和深度性必须适度,必须根据连锁企业的特性和所处商圈的条件来加以确定。

1) 连锁企业的商品组合原则

(1) 保持适当规模

适当规模是指顾客能够感觉到丰富的商场面积或商场内容。这时的衡量标准是顾客,而不是店铺或业者。就顾客而言,只有对自己所关心的商品是否齐全才是问题的关键。另外,库存量过多时,也会有同样的反效果。因此,必须切实做好商品数量的管理和调节工作。

(2) 正确运用补充原则

陈列架上必须保持一定的最低陈列量。所谓**最低陈列量**,是指再减少商品时,将导致销售情况的停顿,换言之,就是快要缺货的数量,应在最低陈列量以上来补充商品,以利于销售的持续进行。每次决定的补充量就是补充间隔期的销售量,决定补充量的人必须具有能够预测销售量的人来执行。每次补充的量也会各不相同,采取定期补充方法较佳。

(3) 保持适当的库存年龄范围

所有商品以先进先出的原则来处理,这是为了保持库存商品新鲜的绝对条件。从现场操作的情形看，拿取补充的商品会比较轻松方便，结果常变成后进却先出的状态。若没有先进先出的要求，或无法按照预测销售出商品时，应该检查出超过库存年龄的商品，并且做好明确的标识。库存年龄范围是按照商品的品质及机能而决定正确的库存最高时限。为了避免竞争对手对资料的窃取，应避免使用数字，而用符号或颜色来表示。

在现代社会中，消费者的需求越来越呈现出多样化的发展趋势，所以连锁企业必须能够及时发现消费者的这种需求变化及其特征，并适时地组合有创意的商品群，使商品的战略单位不断地充实新的内容。这种商品可以打破商品原来的分类，成为新的商品部门。

商品群是用一定的方法来集结商品，将这些商品组合成一个战略经营单位，来吸引顾客，促进销售。商品群并不代表具体的商品，而是商品经营分类上的一个概念。商品群可以是商品结构中的大分类、中分类、小分类，也可以是一种新的组合。顾客对连锁经营企业的印象偏好，不是来自于所有的商品，而是来自于某个商品群，所以应该把商品群提高到经营和战略地位高度。例如，某家超市的速冻小包装产品，品种多，新鲜度高；某家超市星期六特价商品最实惠等。

2）新商品群的组合方法

（1）按消费季节的组合法

如在夏季推出组合消灭蚊蝇的商品群，开拓一个区域设立专柜销售。在冬季推出组合滋补商品群，如火锅料商品群。又如，在旅游季节推出旅游食品和用品的商品群等。

（2）按节庆日的组合法

如在中秋节推出组合月饼系列的商品群，在老人节推出老年人用品的商品群。也可以根据每个节庆日的特点，组合适用于走亲访友的礼品商品群等。

（3）按消费便利性的组合法

根据城市居民生活节奏加快、追求便利性的特点，可推出微波炉食品系列、组合菜系列、熟肉制品系列等商品群，并可设置专柜供应。

（4）按商品用途的组合法

在家庭生活中，许多用品在超市中可能分属于不同的部门和类别，但在使用中往往就没有这种区分，如厨房系列用品、卫生间系列用品等，都可以用新的组合方法推出新的商品群。

由于现代化社会中消费者需求变化的多样性，所以必须及时地发现消费者的变化特征，适时地推出新的商品群，使商品的战略地位不断地充实新的内容。

小资料 4-1

卖场商品定位策略

1. 丰富定位策略

丰富定位不是要为顾客提供最多的商品，而是要在合理范围内为顾客创造充分选择的机会。因此，20万平方米与2 000平方米的商业面积都能实现丰富性的定位。

在丰富定位下可细分为"主题化定位"与"综合性定位"。主题化定位是指最大化聚合某一品类的商品，在此类商品中取得最丰富的优势；综合性定位是指融合多种功能业态，以一站式服务为顾客创造方便的策略。

2. 流行定位策略

这里所指的"流行",指的是大众时尚,是指拥有顾客刚开始大量购买的对路商品的项目。20世纪七八十年代出生的人群已逐渐成为社会消费的主流力量,而在国内的商业市场,目前在大部分城市中占据主导地位的仍是由国有百货商场延续下来的传统百货,其中的货品、布局方式等零售组合都是针对年龄较大的人群。

3. 便捷定位策略

便捷定位的门店是指能够在方便的位置为目标顾客提供针对性购买机会的商业项目。便捷定位的成功有两个要素:一是此位置是目标顾客能够便利到达的位置;二是购物中心的货品应该是针对目标顾客偏好而组合的业态及品牌。

4. 低价定位策略

在国内人均收入水平相对不高、对价格敏感度相对较高的现状下,低价定位将会对顾客产生强劲的吸引力。从世界范围看,沃尔玛、好事多、弗雷德斯等,都是以低价定位赢得市场的零售商。

资料来源:http://www.xindichan.com.cn,2006-07-21。

4.1.3 商品分类和编码

1. 商品分类的概念

商品、材料、物质、现象乃至抽象概念等都是概括一定范围的集合总体。任何集合总体都可以根据一定的标志或特征逐次归纳成若干范围较小的单元(局部集合体),直至划分为最小的单元。这种将集合总体科学地、系统地逐次划分的过程称为分类。分类具有普遍性。凡是有物、有人、有一定管理职能的地方都存在分类。分类是我们认识事物、区分事物的重要方法之一。分类的结果,给我们带来了方便,使日常事务大大简化,商品也是如此。

对商品根据一定的目的,选择恰当的标志,将任何一个商品集合总体逐级进行划分的过程,称为**商品分类**。商品分类一般是将商品逐级划分为不同的大类、中类、小类或品目、品种乃至规格、品级、花色等细目。商品分类的目的不同,选择的分类标志也不同,商品分类的结果也不一样。由于国情、经济和技术发展水平不同,各国商品分类的层次并不统一,商品类目的划分也是多种多样的。

商场按商品分类并根据商品目录的要求,设立商品部、柜组,能有秩序地安排好市场供应,从而便于消费者和用户选购。通过科学的商品分类,可使商品的名称、类别统一化、标准化,从而可避免同一商品在生产和流通领域的不同部门由于商品名称不统一而造成的困难。制订各种商品标准时,必须明确商品的分类方法、商品的质量指标和对各类商品的具体要求等。所有这些都应建立在商品科学分类的基础上。

1) 商品的大类

商品的大类一般根据商品生产和流通领域的行业分工特点来划分,既要同生产行业对口,又要与流通组织相适应。如纺织用纤维加工品、纺织品、针织品、服装及其他缝纫品、鞋帽、皮革、毛皮及其制品等大类。

2）商品种类

商品种类通常是指若干具有共同性质或特征的商品总称，又称中类，在基层商店也称大类。如纺织品的种类有棉织品、呢绒制品、丝织品、化学纤维制品等。

3）商品小类或品目

商品小类或品目是按商品某些性质或特点的进一步细分。它包括若干商品品种，如呢绒制品的小类有精纺呢绒、粗纺呢绒、长毛绒、驼绒等。

4）商品品种

商品品种是按商品的性能、成分等方面特性来划分的，是指具体商品的名称。如粗纺呢绒的品种有麦尔登、法兰绒、大衣呢、海军呢等。

5）商品细目

商品细目是对商品品种的详尽区分，包括商品的规格、花色特征、质量等级等。它更能具体地反映出商品的特征，如大衣呢的花色及呢面特征分平厚大衣呢、立绒大衣呢、硕毛大衣呢、拷花大衣呢等织品。

顾名思义，分类就是"分门别类"的意思。有分类才能实施部门管理，才能在分类的基础上去延伸设计。一般而言，超级市场的商品通常可划分为大、中、小三个分类层次。整个商店的商品由几个大分类构成，而大分类则是由数个中分类组成，中分类则是由数个小分类组成，小分类则是由几十个甚至几百个单品品项组成。分类的层次关系如图4-1所示。

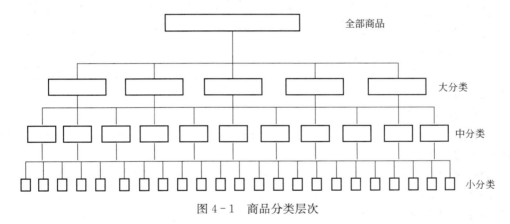

图4-1 商品分类层次

2. 归类原则

不同行业有不同的分类方法。在零售业，最好按照消费者的消费习惯归类，把消费者可能购买的关联性产品放在一起。

1）大分类的分类原则

在超级市场里，大分类的划分最好不要超过10个，这样比较容易管理。不过，这仍需视经营者的经营理念而定，若想把事业范围扩大到很广的领域，可能就要使用比较多的大分类。大分类的原则通常依商品的特性来划分，如生产来源、生产方式、处理方式、保存方式等。类似的一大群商品集合起来作为一个大分类，例如水产就是一个大分类，原因是这个分类的商品来源皆与水、海或河有关，保存方式及处理方式也皆相近，因此可以归成一大类。

2）中分类的分类原则

（1）依商品的功能、用途划分

依商品在消费者使用时的功能或用途来分类，比如说在糖果饼干这个大分类中，划分出一个"早餐关联"的中分类。早餐关联是一种功能及用途的概念，这些商品在于提供"丰富的早餐"，因此在分类里就可以集合面包、果酱、花生酱、麦片等商品来构成这个中分类。

(2) 依商品的制造方法划分

有时某些商品的用途并非完全相同，若以用途、功能来划分比较困难时，可以就商品制造的方法近似来加以划分。例如，在畜产的大分类中，有一个称为"加工肉"的中分类，这个中分类包括了火腿、香肠、热狗、炸鸡块、熏肉、腊肉等商品，它们的功能和用途虽然不相同，但在制造上却近似，因此"经过加工再制的肉品"就成了一个中分类。

(3) 依商品的产地划分

在经营策略中，有时候会希望将某些商品的特性加以突出，又必须特别加以管理，因而发展出以商品的产地来源作为分类的依据。例如，有的商店很重视商圈内的外国顾客，因而特别注重进口商品的经营，而列了"进口饼干"这个中分类，把属于国外来的饼干皆收集在这一个中分类中，便于进货或销售的统计，也有利于卖场的展出。

3) 小分类的分类原则

(1) 依功能用途划分

此种分类与中分类原理相同，也是以功能用途来作更细分的分类。

(2) 依规格包装形态划分

分类时，规格、包装形态可做为分类的原则。例如，铝箔包饮料、碗装速食面、6千克米，都是这种分类原则下的产物。

(3) 依商品的成分划分

有些商品也可以商品的成分来归类，例如100%的果汁，凡成分为"100%的果汁"就归类在这一分类中。

(4) 依商品的口味划分

以口味来作为商品的分类，例如"牛肉面"也可以作为一个小分类，凡牛肉口味的面，就归到这一分类中。

分类的原则在于提供做分类的依据，它源自于商品概念。而如何活用分类原则，编订出一套好的分类系统，都是此原则的真正重点所在。

3. 商品分类标志

根据传统惯例，营销人员以商品的各种特征为基础将商品分成不同的类型：耐用性、有用性和使用性（消费者或工业用户）。每一种商品类型应该有与之相适应的营销组合战略。商品分类标志是商品分类的基本方法。

商品分类标志是表明商品特征、用以识别商品不同类别的记号。分类标志是编制商品分类体系和商品目录的重要依据和基准。对商品进行分类，可供选择的分类标志很多，主要有商品的用途、原料、生产方法、化学成分、使用状态等最基本的属性和特征。但分类标志的选择也不容易，目前还未发现一种贯穿商品分类体系始终，对所有商品类目直至品种和质量等级都适用的分类标志。某些分类标志对较多商品类目划分可能是重要的，但是在划分其他商品类目时则不起作用。因此，在一个分类体系中常采用几种分类标志，往往每一个层级用一个适宜的分类标志。

商品分类标志按其适用性，可分为普遍适用的分类标志和局部适用的分类标志。普遍适用的分类标志是指所有商品种类共有的属性特征，如物态、来源、原材料、加工方法、用途等。这些分类标志常用作划分商品大类、中类或品类等高层级类目的分类标志。局部适用的分类标志是指部分商品共有的属性特征，故也称为特殊分类标志，如化学组成、包装形式、动植物的部位、颜色和形状、加工特点、保藏方法、播种和收获季节及特殊的物理化学性质等。这些分类标志概念清楚、特征具体，且容易区分，常用于某些商品品种及规格、型号、式样、花色等商品细目的划分。

在商品分类实践中，常用的分类标志有以下几种。

1）商品的用途

商品的用途是体现商品使用价值的重要标志，以商品用途作为分类标志，不仅适合于对商品大类的划分，也适合于对商品类别品种的进一步详细划分。例如，商品按用途可分为生活资料商品和生产资料商品；生活资料商品按吃、穿、用等用途的不同可分为食品、衣着用品、日用品等；日用品按不同用途又可分为器皿类、玩具类、洗涤用品类、化妆品类等；化妆品商品按用途还可分为护肤化妆品、美容化妆品、护发化妆品等。

2）商品的原材料

商品的原材料是决定商品质量、使用性能、特征的重要因素之一。以原材料作为商品分类标志，不仅使商品分类清楚，而且还能从本质反映出每类商品的性能和质量特点及使用、保管特征。原材料分类标志特别适用于那些性能和质量受原材料影响较大的商品，如皮革制品、纺织品和服装等，又如纺织品按原料来源不同可划分为棉、麻、丝、毛、毡、涤、锦、腈等原料产品。以原材料作为商品分类标志，不仅使分类清楚，而且还能从本质上反映出每类商品的性能、特点、使用及保管要求，特别是对那些原材料替代种类多、且对性能影响较大的商品比较适用。但对那些由两种以上的原材料所构成的商品，尤其是加工程度较高的商品，其加工程度越高，就越脱离单一原料的关系，如电视机、照相机、电冰箱、洗衣机等，采用此种分类标志进行分类会产生一定困难。

3）商品的加工方法

商品的加工方法或生产工艺，对商品质量特征和特性的形成影响很大。很多不同的商品，往往是用同一种原材料制造的，因为选用了不同的加工方法，最后便形成质量特征截然不同的商品种类。由此可见，生产加工方法也是商品分类的重要标志。如茶叶按制造方法的不同可分为全发酵茶（红茶）、半发酵茶（青茶）、不发酵茶（绿茶）和花窨茶（花茶）。这种商品分类标志对那些可以选用多种加工方法制造且质量特征受工艺影响较大的商品更为适宜，它能清楚地反映这些商品外观和内在的质量特性，有利于商品生产和经营；但对那些质量和品种特征受加工方法影响不大的商品则不适用。

4）商品的主要成分或特殊成分

商品的很多性能都取决于它的化学成分。在很多情况下，商品的主要成分是决定其性能、质量、用途或储运条件的重要因素。对这些商品进行分类时，应以主要化学成分作为分类标志。如塑料制品按其主要化学成分可分聚乙烯、聚氯乙烯、聚苯乙烯、酚醛塑料、密胺塑料等。

按化学成分进行商品分类，能够更深入地分析商品特性，对研究商品的加工、使用及储运过程中的质量变化有重要意义。化学成分已知且对商品性能影响较大的商品适宜用这种分类标志进行分类。但对于化学成分不清楚或较复杂或易发生变化及对商品性能影响不大的商品，则不宜采用这种分类标志。

5）其他分类标志

在商品分类时还经常用以下分类标志，如商品的管理权限、商品质量、市场范围、商品的产地，以及商品的形状、结构、重量、花色等。这类标志概念清楚，特征具体，容易区分，因此，常用于具体商品的进一步分类。

4. 商品的分类方法

1）依据耐用性和有形性的分类

（1）非耐用品

非耐用品属于有形商品。消费时，它一般具有一种或一些用途，如啤酒和肥皂等。由于这类商品消费快、购买频率高，合适的营销战略应该是：使消费者能在许多地点购买到这类商品；售价包含的盈利要低；要大力做广告，以吸引消费者为目标，并促其建立偏好。

（2）耐用品

耐用品属于有形商品，通常有许多用途，如冰箱、机床和服装等。耐用品一般需要更多地采用人员推销和服务的形式，它应当获得较高的利润，需要提供较多的销售保证条件。

（3）服务

服务是无形的、不可分离的、可变的和易消失的。作为结果，它们一般要求更多的质量控制、供应者信用能力和适用性。

2）依据消费者购买习惯的分类

（1）方便品

方便品是指顾客经常购买或即刻购买，并几乎不作购买比较和购买努力的商品。这类产品包括烟草制品、肥皂和报纸等。方便品可以进一步分类。

① 日用品，是指消费者经常购买的产品。消费者会经常要购买牙膏、糕点、饼干等。

② 冲动品，是指消费者没有经过计划或寻找而购买的商品。由于消费者一般不愿专门去选购，这些商品到处可以购得。口香糖之所以被放在结账台边，就是因为顾客可能原来没有想到要购买它们。

③ 急用品，是指当消费者的需求十分紧迫进行购买的产品。如在下暴雨时购买雨伞，在第一次冬季暴雪时购买靴子和铁铲。生产急用品的厂商将它们放在许多供应网点出售，以便顾客需要这些商品时，厂商不会错过销售良机。

（2）选购品

选购品是指消费者在选购过程中，对商品的适用性、质量、价格和式样等基本方面要作有针对性比较的商品。这类商品包括服装、电器、手机等。选购品可以进一步划分。同质选购品的质量相似，但价格却明显不同，所以有进行选购的必要。异质选购品在特色和服务上的区别比价格更重要，它们的销售者必须备有大量的花色品种，以满足不同的爱好；它们还必须拥有受过良好训练的促销员，为顾客提供信息和咨询。

（3）非渴求商品

非渴求商品是指消费者未曾听说过或即便听说过一般也不想购买的商品。如小型豆浆机、榨汁机、小型豆腐制作机就属于这类商品，消费者通过广告宣传才了解它们，需要大量的广告和现场人员演示操作进行推销。

4.2 商品结构与品种

4.2.1 商品结构

1. 确定门店商品结构的依据

每个卖场的管理人员都不希望看到畅销商品的断货和滞销品堆积的现象。然而，很多经营者由于只知道各种商品的大致销售情况，对于滞销商品的挑选和淘汰却总是不好把握。大部分的经营者都知道商品的"黄金法则"（或"20/80法则"），即为卖场里80%的商品的销售额只占总销售额的20%，而20%的小部分商品的销售却占据总营业额的80%。面对着不断变化的商品，如何处理卖场商品的更新换代就显得格外重要。

优化卖场的商品结构的重要性，就像是在整理计算机的注册表，若修改正确，会提高系统的运行速度；而不正确的删改，可能会导致计算机的系统瘫痪。商品结构的调整有以下几点好处：第一，节省陈列空间，可以提高门店的单位销售额；第二，有助于商品的推陈出新；第三，便于顾客对有效商品的购买，以便保证主力商品的销售份额；第四，有助于协调门店与供应商的关系；第五，提高商品之间的竞争；第六，提高门店的商品周转率，降低滞销品的资金占压。

优化商品结构的前提是在完全有效利用了卖场的管理后采取的方法，对于商品的结构调整首先是在门店商品品种极大丰富的前提下进行的筛选。

优化商品结构应从以下指标进行考核。

1) 商品销售排行榜

现在大部分门店的销售系统与库存系统是连接的，后台计算机系统都能够整理出门店的每日、每周、每月的商品销售排行榜。这样，从中就可以了解每一种商品的销售情况，调查其商品滞销的原因，如果无法改变其滞销情况，就应予以撤柜处理。在处理这种情况时应注意：第一，对于新上柜的商品，往往因其有一定的熟悉期和成长期，所以不要急于撤柜；第二，对于某些日常生活的必需品，虽然其销售额很低，但是由于此类商品的作用不是盈利，而是通过此类商品的销售来拉动门店的主力商品的销售，也不应撤柜。

2) 商品贡献率

单从商品销售排行榜来挑选商品是不够的，还应看商品的贡献率。销售额高、周转率快的商品，不一定毛利高；而周转率低的商品未必就是利润低。没有毛利的商品销售额再高，这样的销售也无任何价值。毕竟门店是要生存的，没有利润的商品短期内可以存在，但是不应长期占据货架。看商品贡献率的目的在于找出门店的商品贡献率高的商品，并使之销售得更好。

3) 损耗排行榜

这一指标是不容忽视的，它将直接影响商品的贡献毛利。例如，日配商品的毛利虽然较高，但是由于其风险大、损耗多，可能亏损严重。曾有一家卖场的涮羊肉片的销售在某一地区占有很大的比例，但是由于商品的破损特别多，一直处于亏损状态，最后唯一的办法是提高商品价格和协商提高供货商的残损率，以阻止其一直亏损下去。对于损耗大的商品一般是少订货，同时应由供货商承担一定的合理损耗，另外有些商品的损耗是因商品的外包装问题，在这种情况下，应当及时让供应商予以修改。

4) 周转率

商品的周转率也是优化商品结构的指标之一，若某种商品积压流动资金，则后果将很严重，所以周转率低的商品不能滞压太多。

5) 新近商品的更新率

门店周期性地增加商品的品种，补充商场的新鲜血液，以稳定自己的固定顾客群体。商品的更新率一般应控制在10%以下，最好在5%左右。另外，新近商品的更新率也是考核采购人员的一项指标。需要导入的新商品应符合门店的商品定位，不应超出其固有的价格带。对于价格高而无销量的商品和价格低而无利润的商品应适当地予以淘汰。

6) 商品的陈列

在优化商品结构的同时，也应该优化门店的商品陈列。例如，对于门店的主力商品和高毛利商品，应适当地调整商品陈列面。对于同一类的商品价格带的陈列和摆放也是调整的对象之一。

7) 其他

随着一些特殊节日的到来，也应对门店的商品进行补充和调整。例如，在正月十五来临前，应对汤圆商品品种的配比及陈列进行调整，以适应门店的销售。

优化门店的商品结构，有助于提高门店的总体销售额。它是一项长期的管理工作，应当随着时间的变化而及时地变动，这样才会使自己立于不败之地。

2. 商品结构的 ABC 管理方法

ABC重点控制法来源于意大利经济学家帕累托"关键的少数和次要的多数"分布的帕累托定律。帕累托在对米兰财富分布的研究中发现"20%的人掌握着80%的财富"，被称作"20/80"法则。

在商品结构的管理中也存在这个规律，往往种类较少的商品销售额非常大，而其他多数商品销售额一般，根据商品销售量的多少把它们划分为A、B、C三大类，称为ABC分类法。A类商品，品种占15%左右，销售额为75%左右；B类商品，品种占30%左右，销售额为20%左右；C类商品，品种占55%左右，销售额为5%左右。三种物资的重要程度很明显。

对于A类商品，是最重要的，要实行重点、严格控制；尽量缩短供应间隔时间，绝对杜绝缺货，选择最优的订购批量。

对于C类商品，重要性一般，实施一般控制。正常情况下，根据供应条件，规定该物资的最大储备量和最小储备量。当储备量降到最小时，一次订货到最大储备量，以后照此办理。

对于B类商品，重要性介于A和C之间，对其管理控制也应引起重视，应适当地控制，确定合理的排列数量及选择合理的运输方式。

4.2.2 商品品种管理

SKU（存货管理单位）是 Stock Keeping Unit 的缩写，（最小）库存单位，在连锁零售门店中有时称单品为一个SKU，定义为保存库存控制的最小可用单位。

增加SKU数量，一方面可以向供应商收取更多的入场费用，另一方面也可以增加消费者的选择范围，拉动销售额。事实上，SKU数量过多会给企业经营造成巨大的不良影响：从顾客的角度来看，单品数量过多会直接导致商品陈列面积减少，从而增加了顾客寻找商品的时间；从零售企业来看，单品数量过多，容易分散零售管理人员的注意力，降低货架的陈列效率，增加了门店订货的难度，更增加了缺货的概率和商品仓储及补货工作的复杂程度。

零售企业的销售空间是非常有限的，而合理的SKU数量对于门店的竞争能力起着至关重要的作用。企业应当如何根据门店的需求，制定合理的SKU计划，控制SKU的总体规模呢？

1. 制定和完善SKU计划

对于零售商来说，制定适合门店的SKU计划，主要分为两个阶段：门店开业前的SKU计划的设定和营业后的SKU计划调整两个阶段。

1）开店之初的SKU数量确定

以往的零售门店开业前，由于缺乏商品的陈列计划（陈列多少种商品，陈列什么样的商品及陈列数量），因此只能是总部根据配送中心和现有的采购厂商资源，将所有的品类商品逐一塞进这家新开设的门店，直到开业以后才开始对此门店进行SKU商品计划的调整。这样做的结果往往是浪费企业资源，导致商品无法适销对路，无法满足商圈顾客的需求，进而影响到门店的销售计划。这种商品管理方式是粗放式的，就好像是先盖楼，后根据成形的楼房绘制图纸。

正确制定SKU计划的流程是：零售商需要对商圈环境进行分析判断，根据自己所擅长零售业态的市场定位、顾客的需求情况，判断未来的销售预期，然后根据其周边情况，计划未来门店的经营面积和各个区域的可陈列面积。而这个可陈列面积将是影响未来每一个品类SKU数量的基数。

对于新进入的零售商来说，制定SKU计划，需要对商圈范围内本公司业态的门店、其他公司同业态的门店、主要竞争对手门店的经营数据进行收集，其中包括经营品类、SKU数量、品类毛利率、销售额、品类货架数量和经营面积。然后再根据上述的商圈环境情况，设定自己的SKU计划。

通常情况下，SKU计划的制定采取的是自上而下和自下而上两种方式，即采购中心根据门店的市场调查报告选择与其定位相似的门店，参照其经营品类和SKU情况拟订初步的SKU计划，然后由参与市场调查的门店管理人员根据真实商圈环境提出SKU计划的相关建议。

对于零售企业来说，虽然门店作为顾客的代言人有权力提出希望经营的商品，但是长期与厂商进行协商的采购者也有一套自己的经营模式，因此在最终的SKU计划的确认环节上需要双方的协调和努力。

每一个门店所处的商圈可能都有所不同，不可能完全复制其他门店的商品结构，制定符合当地消费者习惯的SKU计划才是商家最终的目的。

2）运营过程中的SKU计划调整

虽然零售门店在开业前已经制定了详细的SKU计划，但是随着门店在该地区影响力的扩大，对商圈环境的了解及目标顾客群体的明确，SKU计划还会随着商圈环境和门店定位的变化而有所调整。

为了保证商品结构 SKU 数量的科学性和准确性，应增加零售企业对顾客和市场的适应性、灵活性。零售企业可以根据年度内每个月的各分类中 SKU 数量制作年度 SKU 目标。

通常情况下，零售企业 SKU 计划的后期调整周期会定期进行，一般不会超过一个季度。SKU 计划调整的周期一方面能够反映出企业对于外部环境的应对能力，另外一方面也有助于门店进行更好的市场定位。

门店制定月度 SKU 计划主要出于商品的季节性和促销计划的考虑，而年度的 SKU 计划则是为了更好地进行 SKU 计划的整体控制。因此，在很多门店中，一个部门某个品类 SKU 清单并不是 1 个，而是 12 个。有些跨国零售企业甚至还会对重要的节假日分别制定单独的 SKU 清单。

但是需要注意的是，SKU 计划的频繁或者大幅度调整也会影响目标顾客群体的购物倾向，可能会造成顾客群体流失的现象发生。

2. SKU 计划的执行和管控

当基本的商品品类结构确定后，剩下的 SKU 计划的维护和执行工作将是非常重要的，这也是零售企业顾客导向和竞争导向的体现。

为什么在很多门店中，SKU 逐年增加，库存也逐年增加呢？这个问题的主要起因就是门店在商品 SKU 计划的执行和应用环节中出现了问题。

零售商应当如何对 SKU 进行管控呢？

1）门店需要对商品的引入进行严格的管理和控制

在日常的采购管理中，往往会定期引入新的商品。如果在新品引进中不加以严格控制，将会导致前面所做工作被弱化。这样，不仅会不断增加 SKU 数量，还会破坏了原来的商品结构。

很多企业采用比较松散的控制方法，这样不利于 SKU 计划的执行。零售企业有必要对新品引进制定较为严格的控制流程。家乐福用"进一出一"的政策（只有出现淘汰商品的时候才能进入新的商品），来保证商品结构的合理性。

2）对 SKU 计划的完成情况进行定期的检查

即使有了引进制度的管理，各个连锁门店在执行过程中还会出现很多的偏差。如果没有完善的 SKU 计划的检查流程，将会给门店带来很多问题隐患。

为了保证对商品结构检查的可靠性和及时性，企业需要制定两个方针对每家连锁门店的商品结构检查流程：一是每周或每月的商品结构完整性订货检查；二是以 3 个月或半年为周期的商品结构完整性现场检查。

（1）每周或每月检查

每周或每月检查的重点是对商品结构中 SKU 订货情况的检查。通过每周或每月的商品结构订货检查，不仅能反映出商品结构的完整性，同时还能使企业看到更多的管理漏洞，以便及时补救。

通过与商品结构 SKU 清单逐一进行订货比较，发现未订货商品，进而探究原因并采取行动，尽快订货。比如可能发现某商品未订货是由于供应商送货的问题，那么就需要采购部门督促此供应商加强送货能力；某个部门的订货率总是最低，那么也许是这个部门主管的管理或方式存在问题，也许是此商品的销售业绩在这个门店不好，而造成门店或系统没有订货等问题。

（2）定期的商品结构完整性现场检查

企业可以以3个月或半年为检查周期，由采购部门对所负责的连锁门店以部门为单位进行现场检查，最终形成商品结构完整性检查报告。同时需要将没有在货架上找到的商品逐一地分析原因，比如是由于未订货、供应商未送货，还是由于仓库有货但没有及时补货等，根据不同情况的原因制定相应的行动计划，以改善当前的状况。

通过SKU计划的检查流程可以保证商品结构的完整性，也就保证了顾客对商品购买的更多选择，依据顾客的需求而得到最合理的商品结构，并不断地调整更新。

3）对滞销商品的控制和清理

滞销商品的控制和清理对于零售企业来说意义重大。虽然大多数零售企业也有滞销商品的管理和控制制度及流程，但是企业仍然不断出现不良库存，而且金额越来越大，这又是为什么呢？

有了制度和流程并不代表是有效的制度和流程，实际上问题还是由于管理流程和制度不够细致，还有很多漏洞和空白所导致的。

控制和清理滞销商品的步骤如下。

首先，应制定判断滞销商品的方法。当商品在门店的销售业绩呈现什么情况时即可被认定为滞销商品，如有些企业将杂货部门超过两个月无销量的商品视为滞销商品。

然后，分析商品滞销的原因，根据滞销商品的问题采取应对措施。比如在门店的日常营运管理过程中，每天店长召开的晨会中要涉及滞销商品跟踪，这需要IT部门每日提交以部门为单位的滞销商品清单，由店长根据清单督促部门经理采取措施尽快处理滞销商品；同时采购部门也会得到同样的滞销商品清单，与供应商召开会议商讨如何解决滞销商品的问题。

所有这些工作目的是尽量减少由于商品滞销而对企业可能带来的损失，通过退货或促销等手段尽快解决。其中，每天跟踪营运与采购部门的共同努力，是滞销商品得以有效控制和清理的关键。

每天跟踪就是要将滞销商品的跟踪作为门店营运和采购部门管理每天必须关注的工作内容之一。门店不能发现滞销商品首先想到的就是退货，而重点是应分析产生滞销的真正原因，是否有更好的解决办法。

当然，在滞销商品的清理过程中，如果确认滞销原因是因为商品本身的问题，那么引进新品替代滞销商品是必须要进行的工作，否则此分类中的SKU数量就会减少。虽然这并不是严格的一进一出原则，但对于维持整个SKU数量平衡，以及对零售企业来说非常重要。如果零售企业在整个管理过程中制定了清晰细致的控制流程和管理制度，并在企业日常经营中很好地去执行，一定能使企业处于高效的运营状态。

本章小结

商品是连锁企业经营的基础，商品开发采购与淘汰是经营活动的重要内容。本章着重讲述了连锁企业商品定位与分类，商品开发与淘汰，商品的结构、组合及品种管理等内容。

基本训练

一、知识题

(一)选择题

1. 影响连锁企业目标顾客因素主要有（   ）。
   A. 地理因素   B. 人口因素
   C. 心理因素   D. 其他因素
2. 滞销商品的选择标准主要有（   ）。
   A. 销售额排行榜   B. 最低销售量或最低销售额
   C. 商品质量   D. 供应商关系
3. 确定门店商品结构的依据有（   ）。
   A. 商品销售排行   B. 商品贡献率
   C. 损耗排行榜   D. 周转率
4. 在商品分类实践中，常用的分类标志主要有（   ）。
   A. 商品的用途   B. 商品的原材料
   C. 商品的加工方法   D. 商品的成分
5. 对于库存商品的 ABC 管理法，下列说法不正确的是（   ）。
   A. 对于 C 类商品，是最重要的，要实行重点、严格控制；尽量缩短供应间隔时间，绝对杜绝缺货，选择最优的订购批量
   B. 对于 A 类商品，重要性一般，实施一般控制。在正常情况下，根据供应条件，规定该物资的最大储备量和最小储备量，当储备量降到最小时，一次订货到最大储备量，以后照此办理
   C. 对于 B 类商品，重要性介于 A 和 C 之间，对其管理控制也应引起重视，应适当地控制，确定合理的排列数量及选择合理的运输方式
   D. 上述说法都正确

(二)判断题

1. 人口多少是决定市场容量的最重要因素。   （   ）
2. 商品组合的广度越宽，其综合化程度就越高。   （   ）
3. 商品的加工方法不能作为分类标志。   （   ）
4. 在商品的销售情况调查中，调查其商品滞销的原因，如果无法改变其滞销情况，无论哪种性质的商品，都应予以撤柜处理。   （   ）

二、思考题

1. 商品组合与定位的含义和内容各是什么？
2. 连锁企业如何进行品种管理？
3. 商品如何分类更方便于顾客？
4. 谈谈进行"SKU"管理的意义。

观念应用

一、案例题

麦德龙商品营销

1. 商品定位

商品内容丰富、品种齐全，通常在20 000种以上，可满足客户"一站式购物"的需求。如麦德龙商品种类中食品占40%，非食品占60%。食品类商品以时令果蔬、鲜肉、鲜鱼、奶制品、冷冻品、罐头、粮食制品、饮料、甜点为主，品种相对稳定。非食品领域的商品则按季节和顾客需要定期调整，涉及范围较广，不仅包括日常生活用品、办公用品，还包括小型机械工具类产品。仓储式超市摆设的绝大多数商品都是捆绑式或整箱销售，除家电类、机械类产品外很少有单件摆设展示的商品。

2. 特色化商品营销

面对零售业内竞争压力逐渐增大，麦德龙不是单纯以价格低廉吸引顾客，而是从商品入手，以独家商品、特色商品及自有品牌商品吸引顾客。在每个麦德龙卖场都有一些诸如奶酪、黄油、咖啡、咖喱粉等特有的进口商品和一些跨地域的特色商品，比如青岛麦德龙是全市最早销售泥螺、腊鸭、糯米藕等南味食品的超市。此外，麦德龙的自有品牌商品除了日常生活用品外，还涉及了五金工具等。

3. 企业套餐服务

麦德龙公司利用"顾客节"来表明企业对小型工商业户的重视，重申以顾客为合作伙伴、与顾客共同发展的服务理念，从而赢得了顾客的好感和信任。2000年4月上海麦德龙举行的"顾客节"活动，推出了10份为工商业户提供具有专业水准的"套餐"，来帮助他们选择最适合的商品，让他们"用最少的钱，配最全的货"；这其中有为小型装修队选配所需电动工具和手动工具提供的商品建议清单；有为小型餐饮业准备的各种套餐餐具；有为企事业单位准备的福利套餐商品建议目录等。

资料来源：http://china.56en.com/Info/19716/Index.shtml，2006-04-03.

问题：

1. 分析麦德龙商品定位特点。
2. 麦德龙商品营销是其成功的重要因素，该企业成功的经验是什么？

二、单元实训

参观当地连锁超市，调查他们的商品分类状况。

第 5 章
连锁门店商品采购管理

【学习目标】

通过本章学习，了解商品采购的原则与采购的方式，熟悉决定商品采购的因素，掌握连锁门店商品采购的程序，重点掌握供应链管理知识，并培养一定供应链环境下的商品采购管理能力。

【案例导入】

日本卡斯美超市的采购管理

日本卡斯美目前拥有 102 家超级市场，年销售额约为 1 480 亿日元，折合人民币 123 亿元，经营品种约为 1.2 万种。在商品的经营和管理上，卡斯美有一套自家已设定的分类框架。按照使用者的用途或 TPOS（时间、场所、动机、生活方式）设定商品分类，建立起自己的 MD 体系（商品体系）。

卡斯美在确定商品陈列面上认为，商品陈列的货架越多、展示越充分，所实现的销售额也就越大。但是摆放多少货架总有个度，并没有现成的计算方法，而这需要采购员对每个小类的陈列面与销售额进行对比、分析。

在导入新品的时候，先要把旧的商品砍掉。由于计算机程序比较完备，采购员在商品底账上敲进一个记号，第一次导入新品时，为了避免风险，一般先选择标准店铺进行试销，作堆头陈列，统计每天的顾客量、销售额、计算 PI 值。试销一星期，如卖况较好可引进，如卖况不好就不再引进。

在卡斯美，老产品的淘汰也是采购员的职责之一。采购员根据计算机系统提供的小分类销售报表、商品销售额及销售量排序、ABC 分析、部门管理表等资料，能够非常精确地淘汰掉那些卖况差的品目。

资料来源：http://www.manager365.com，2005 - 08 - 22.

案例分析：采购管理是连锁企业经营管理的核心内容，是企业获取经营利润的一个重要源泉，也是竞争优势的来源之一。连锁经营企业的采购管理的目的是为了保证商品供应，满足消费者的需要。卡斯美的采购管理是现代零售业态和经营方式下的一种管理模式，是现代零售管理模式的重要标志之一。

5.1 采 购 原 则

随着社会经济发展和人们收入水平的提高，消费者需求呈多样化趋势，消费者对商品的要求越来越高。在买方市场条件下，作为流通业主导者的连锁超市，应主动承担起引导消费、引导生产的重任，积极开发新的供应商、新的产品，不断地适应消费者的需求变化，更好地满足消费者的需要。商品采购是超市向其他企业、公司购进商品的业务经营活动，它是超市一项十分重要的经营活动，是其经营的起点，对于做好商品采购工作具有重要的意义。

5.1.1 从采购管理到供应管理

一般来讲，连锁经营企业是满足顾客的生活需要，需要依赖很多厂商供货，才能对顾客做到完整无缺的供应。连锁企业的供应商可能有 500～600 家，甚至有的高达上千家，在目前中国的物流尚未成熟和配送体系相对落后的情形下，一定要加强对厂商进行管理，否则业务的推动必定窒碍难行。为了加强供应商管理，企业必须去了解、选择、开发供应商，合理使用和控制供应商，与其建立起一支关系融洽、互相支持、协调运作的供应商队伍，以便为企业提供稳定可靠的商品和利润来源，提升企业的竞争力。

5.1.2 供应商的开发和管理

供应商的开发和管理是连锁企业营运的重要一环。一般来说，供应商开发的内容有：供应市场竞争分析，寻找合格供应商，潜在供应商的评估，询价和报价，合同条款的谈判，最终供应商的选择。供应商管理是供应商开发、供应商评估、供应商联盟、供应商绩效管理等的总称。其中，供应商评选是供应商管理的重中之重。

1. 供应商开发的基本准则

在大多数的跨国公司中，供应商开发的基本准则是"QCDS"原则，即质量、成本、交付与服务并重的原则。对连锁企业来说，也应遵循此准则。

在这四者中，质量因素是最重要的。首先，要确认供应商是否已建立有一套稳定有效的质量保证体系，确认供应商是否具有生产所需特定产品的设备和工艺能力。其次是成本与价格，要运用价值工程的方法对所涉及的产品进行成本分析，并通过双赢的价格谈判实现成本节约。在交付方面，要确定供应商是否拥有足够的生产能力，人力资源是否充足，有没有扩大产能的潜力。最后，要做好供应商的售前、售后服务的记录。

2. 供应商开发流程

在供应商开发的流程中，首先要对特定的分类市场进行竞争分析。要了解谁是市场的领导者，目前市场的发展趋势是怎样的，各大供应商在市场中的定位是怎样的，从而对潜在供应商有一个大概的了解。

(1) 寻找潜在供应商

经过对市场的仔细分析，可以通过各种公开信息和渠道得到供应商的联系方式。这些渠道包括供应商的主动询问和介绍、专业媒体广告、互联网搜索等方式。在这个步骤中，最重要的是对供应商做出初步的筛选。

(2) 供应商的实地考察

这一步骤至关重要，必要时在审核团队方面，可以邀请质量部门和工艺工程师一起参与。他们不仅会带来专业的知识与经验，而且共同审核的经历也会有助于公司内部的沟通和协调。

(3) 发出询价

在供应商审核完成后，对合格供应商发出询价文件，一般包括图纸和规格、样品、数量、大致采购周期、要求交付日期等细节，并要求供应商在指定的日期内完成报价。在收到报价后，要对其条款仔细分析，对其中的疑问要彻底澄清，而且要求用书面方式作为记录，包括传真、电子邮件等。

(4) 报价分析

报价中包含大量的信息，如果有条件，应要求供应商进行成本清单报价，并让其列出材料成本、人工、管理费用等，将利润率明示。比较不同供应商的报价，会对其合理性有初步的了解。

(5) 价格谈判

价格谈判是一个持续的过程，每个供应商都有其对应的价格曲线。在供货一段时间后，其成本会持续下降。与表现优秀的供应商达成策略联盟，促进供应商提出改进方案，以最大限度地节约成本。实际上，每个供应商都是所在领域的专家，多听取供应商的建议往往会有意外的收获。通过策略联盟，参与设计，供应商可以有效地帮助降低成本，保证货源。

5.1.3 供应商的选择

不同企业的不同发展阶段，对供应商的选择和评价指标也不尽相同。那么，怎样才能通过量化的指标来客观地评价和选择供应商呢？

1. 制定筛选与评定供应商的标准

① 质量水平。物料优良率，质量保证体系，样品质量，对质量问题的处理。

② 交货能力。交货的及时性，样品的及时性，增、减订货的适应能力。

③ 价格水平。优惠程度，消化涨价的能力，成本下降空间。

④ 技术能力。技术的先进性，后续研发能力，产品设计能力，技术问题的反应能力。

⑤ 人力资源。经营团队的员工素质。

⑥ 现有合作状况。合同履约率，合作年限，合作融洽关系。每类物料由采购部调研后提出5~10家候选供应商名单。公司成立一个由采购部、审计部、财务部、相关物料的使用部门组成供应商评选小组，依据上述标准对供应商进行评定，最终制定出本年度公司的合格供应商。核准为供应商的，可以采购；没有通过的，请其继续改进，保留未来候选资格。并在每年对供应商予以重新评估，不合要求的予以淘汰，从候选队伍中再行补充合格供应商。

2. 建立供应商阶段性评价体系

采取阶段连续性评价的方式，将供应商评价体系分为供应商进入评价、运行评价、供应商问题与改进评价及供应商战略伙伴关系评价几个方面。供应商的选择不仅仅是入围资格的选择，而且是一个连续的可累计的选择过程。

（1）建立供应商进入评价体系

可对供应商管理体系、资源管理与采购、产品实现、设计开发、生产运作、测量控制和分析改进等7个方面进行现场评审和综合分析评分，评出合格的供应商。

（2）建立供应商运行评价体系

一般采取日常业绩跟踪和阶段性评比的方法。采取QSTP加权标准，即供货质量Quality（35%评分比重）、供货服务Service（25%评分比重）、技术考核Technology（10%评分比重）、价格Price（30%评分比重）。根据有关业绩的跟踪记录，按照季度、年度对供应商的业绩表现进行综合考核。

（3）供应商问题的辅导和改进工作

这是通过专项专组辅导和结果跟踪的方法实现的。采购中心设有货源开发组，根据所负责采购物料特性把货源开发组员分为几个小组，该小组的工作职责之一就是对供应商进行辅导和跟进。

（4）供应商战略伙伴关系评价

这是通过供应商的进入和过程管理，对供应商的合作战略采取分类管理的办法。采购中心根据收集到的信息，由专门的商务组分析讨论，确定有关建立长期合作伙伴的关系评估，提交专门的战略小组进行分析。伙伴关系不是一个全方位、全功能的通用策略，而是一个选择性战略。是否实施伙伴关系和什么时间实施要进行全面的风险分析和成本分析。

阶段性评价体系的特点是流程透明化和操作公开化。所有流程的建立、修订和发布都通过一定的控制程序进行，保证其相对的稳定性。评价指标尽可能量化，以减少主观干扰因素。

3. 体现网络化管理

网络化管理主要是指在管理组织架构配合方面，将不同的信息点连接成网的管理方法。连锁经营环境下的采购平台，需要满足不同门店的采购需求，需求的差异性必须统一在一个更高适应性的统一体系内。对新供应商的认证，应由公司级的质量部门和采购中心负责供应商体系的审核；而对于产品相关的差异性需求则应由各门店的质检部和营销部提出明确的要求。

建立一个评审小组来控制和实施供应商评价。小组成员由采购中心、公司质量部、门店、质量部的供应商管理工程师组成，包括研发工程师、相关专家顾问、质检人员、生产人员等。评审小组以公司整体利益为出发点，独立于单个门店，组员必须有团队合作精神并具有一定的专业技能。

网络化的管理也体现在业务的客观性和流程的执行监督方面。监督机制体现在工作的各个环节，应尽量减少人为因素，加强操作和决策过程的透明化和制度化。可以通过成立业务管理委员会，采用ISO 9000的审核办法，检查采购中心内部各项业务的流程遵守情况。

4. 体系的维护

供应商管理体系的运行需要根据行业、企业、产品需求和竞争环境的不同而采取不同的细化评价。细化的标准本身就是一种灵活性的体现。短期的竞争招标和长期的合同与战略供应商关系也可以并存。

学习型的组织通过不断的学习和改进，对于供应商的选择评价、评估的指标、评估的工具与技术都需要不断地更新。采购作为一种功能，它的发展与制造企业的整体管理架构、管理阶段都有关系。需要根据连锁企业的整体战略的调整而不断地调整有关采购方面的要求和策略，对于供应商选择的原则和方法也同样适应。

5.1.4 供应商绩效评估

供应商绩效评估是供应商管理的重要环节。它既是对上一次谈判结果和供应商战略实施的衡量，又是下一次对供应商关系调整的基础，其主要工具是"供应商评分卡"。建立评分卡的工作主要分三方面：

① 从该供应商关系纲要和供应商具体情况出发确定评分卡的主要指标和评分方法；
② 评分卡的报告机制包括考查机构、考查频率、监督机制、奖惩措施、特别事件处理等；
③ 要对评分系统进行"实施—改进—再实施"。

供应商绩效评估后，要注意采取措施，加强对供应商的激励和控制。企业与供应商之间是合作关系，而不是上下级命令与被命令的关系，所以供应商的激励和控制是十分复杂的。企业应该根据评估结果，采取适当措施，保证与供应商的合作及商品供应业务有条不紊地运作，保证企业的利益不受影响。

5.1.5 采购原则

俗话说"采购好商品等于卖出一半"，"只有错买，没有错卖"。零售企业如果想采购到适销对路、品质优良的商品，采购过程中就应遵循一定原则。

1. 以需定进

以需定进是指根据目标市场的商品需求状况来决定商品的购进。对零售企业来说，买与卖的关系绝不是买进什么就可以卖出什么商品，而是市场需求什么商品，什么商品能卖出去，才买进何种商品。所以以需定进的原则又称之为"以销定进"，卖什么就进什么，卖多少就进多少，完全由销售情况来决定。

以需定进原则可以解决进货与销售两个环节的关系，又能促进生产厂家按需生产，避免了盲目性。

坚持以需定进原则时，还要对不同的商品采取不同的采购策略。

① 对销售量一直比较稳定、受外界环境因素干扰较小的日用品，可以以销定进，销多少买多少，销什么买什么。
② 对季节性商品要先进行预测，再决定采购数额，以防止过期造成积压滞销。
③ 对新上市商品需要进行市场需求调查，然后决定进货量。销售时，商店可采取适当的广告宣传引导和刺激顾客消费。

2. 适价

大量采购与少量采购，长期采购与短期采购，在价格上往往有较大的差别。界定一个合适的价格又经过以下几个步骤。

① 多渠道询价。多方面打探市场行情，包括市场最高价、一般价格等。

② 比价。要分析各供应商提供商品的性能、规格、品质要求、用量等，以建立比价标准。

③ 自行估价。自己成立评价小组，由采购、技术人员、成本会计等组成，估算出符合品质要求的、较为准确的底价资料。

④ 议价。根据底价的资料、市场的行情、供应商用料的不同、采购量的大小、付款期的长短等与供应商议定出一个双方都能够接受的合理价格。

3. 适时

现代企业竞争非常的激烈，时间就是金钱。采购计划的制定要非常准确，太晚采购会造成店铺缺货，从而增加管理费用，影响销售和信誉；太早采购又会造成商品和资金的积压、场地的浪费。所以依据销售计划制定采购计划，按采购计划适时地采购商品，既能使销售顺畅，又可以节约成本，从而提高市场的竞争力。

4. 适质

采购商品的成本是直接的，所以每个公司的领导层都非常重视；而品质成本是间接的，所以许多公司领导层就忽略了。"物美价廉"才是最佳的选择，偏重任何一方都会造成最终的产品成本的增加。

① 品质不良，经常性的退货，造成各种管理费用增加；

② 经常退货，造成经常性的销售计划变更，增加销售成本，影响交货期，降低信誉和产品竞争力；

③ 品质不良，需增加大量检查人员，增加成本；

④ 品质不良，商品品质不良率高，顾客投诉及退货增多，付出的代价就高。

5. 适量

采购量多，价格就便宜，但不是采购越多就越好，因为资金的周转率、仓库储存的成本都直接影响采购总成本，所以应根据资金的周转率、储存成本等综合计算出最经济的采购量。

6. 适地

供应商离公司越近，运输费用就越低，机动性就越高，协调沟通就越方便，成本自然就降低了；反之，成本将会增加。

另外，连锁企业进货时一般应坚持"五不进一退货"的原则，以保证消费者和自身利益。"五不进一退货"具体是：

① 不是名优商品不进；

② 假冒伪劣商品不进；

③ 无厂名、无厂址、无保质期的"三无"商品不进；

④ 无生产许可证、无产品合格证、无产品检验证的"三无"商品不进；

⑤ 商品流向不对的不进；

⑥ 购进商品与样货不符合的坚决退货。

> **小资料 5-1**
>
> **联华与供应商：构筑三大平台、确立监督保障机制**
>
> 　　中国的零售业竞争相当激烈。在现阶段，谁能和供应商建立良好的战略伙伴关系，谁就能够在商品上增加竞争力，在经营上增强竞争力，就能赢得市场。因此，各自都要给对方提供优惠的条件。比如，供应商给超市提供好的商品、比较低的价格和有力度的促销支持等；超市则提供好的货架位置。物流和门店营运要配合好，这样做对大家都有利。供应商在联华做大销售，意味着联华从中获取的利润就丰厚，这是一种双赢双惠的关系。
>
> 　　为把与供应商的战略伙伴关系固定在一定的载体上，联华构筑了三个平台。
>
> 　　其一是和供应商平等协商的采购平台。王宗南说："我认为和供应商平等的协商是很重要的。"这几年联华形成制度，每年必须和销售前 100 位的大供应商交流，和他们平等、友好地洽谈一年的销售计划、交易条件。
>
> 　　其二是建立一个好的信息平台，双方能够沟通商品信息、订货信息及门店的存货信息，战略伙伴关系建立在 IT 的技术平台上。联华把这个平台称为"供应商综合服务平台"，供应商可以看到自己的商品在联华门店的销售情况和在物流中心的存货情况。这样，门店缺货和物流中心缺货的情况，就容易避免了。
>
> 　　其三是建立供需双方共同开发产品平台。一般超市都会有定牌产品。联华现在的定牌商品开发已经改变了过去传统的"拿来主义"办法，不是简单地把供应商的产品拿来贴上超市的牌子就是定牌了，而是依据市场需求，和供应商共同研究产品的开发。还有特供产品，主要体现在包装上，是根据联华大型综合超市、超级市场和便利店三大业态的要求来分别设计的。建立这样的平台后，使得商家掌握的第一线消费者的需求信息，能够及时传递给供应商。可口可乐饮料的供应商上海申美表示，联华这样的渠道是与消费者之间沟通的桥梁，同超市保持良好的长期合作伙伴关系是保证供应商信息传达连贯性、项目执行正确性的关键所在。王宗南认为，这三个平台巩固了与供应商的战略伙伴关系。
>
> 资料来源：http://www.cnretail.com，2004-12-31。

5.2　采 购 方 式

　　实行集中统一的商品采购是实施规模化、集约化经营的主要手段。统一采购、大批量进货有利于提高连锁企业与供应商谈判中的议价地位，从而得到更好的进货价格。同时，集中统一的采购还有利于连锁企业节约人力物力资源，降低商品采购成本；集中统一的采购有利于企业完善采购组织机构建设，进行有效监控，规范企业采购行为。总之，正是由于集中统一的采购，连锁企业才能得到优惠的进货价格、可靠的商品质量，以及畅销品种和服务等方面的充分保证，使连锁企业在激烈的竞争中处于相对有利的地位。

5.2.1 连锁店的统一采购职能

统一采购机构是连锁企业界的重要业务部门之一。其主要职责是保质、保量、经济、高效地采购企业需要的各类商品，满足企业商品销售的要求。其主要业务包括以下几个方面。

1. 常规商品的补充采购

即日常销售的商品的补货采购。这类商品已有确定的供应渠道，有些商品已与供应商签订了供货合同，采购部门只需要执行或续签已经与供应商签订的供应货合同，完成商品的补充订货。目前，一些企业的信息系统已经能够根据实时的销售情况，按照事先规定的缺货警戒线自动完成日常销售商品的补充订货，很多企业的电脑系统可以自动生成补货单。采购部门的工作就是根据补货单与供应商确认并执行，以保证企业不出现断货。

2. 开发新商品，寻找新的供应商

开发新商品与新的供应商，指的是采购部门要去寻找相对连锁企业而言没有销售过的商品或没有合作过的供应商，这是采购部门的一项重要职责。只有不断地更新商品，满足消费者不断变化的消费需求，才能保证连锁企业的正常经营；同时新产品能够给企业带来比老商品更高的毛利率，这也是新产品、新供应商开发的另一个重要原因。

3. 控制采购费用、降低成本

低价格策略是很多零售企业通常采取的营销策略，而低价是以低成本作保证的。集中采购可以有效地控制采购费用、降低商品进货费用和成本，如通过进货方式、付款条件、采购数量、次数的选择和严格控制来降低整个采购费用，通过规范企业采购行为防止"人情"采购等。

4. 控制进货渠道，保证商品质量

连锁店经营的商品少则几千种，多则几万种。对于如此众多的商品种类，在质量控制上，需要借助生产厂家、供应商的力量。选择良好的进货渠道，并控制好进货渠道，是控制和保证商品质量的重要手段之一。统一采购为企业控制进货渠道、保证进货商品质量提供了良好的条件。

5. 滞销商品和不良供应商的淘汰

连锁店不仅要开发新的产品、新的供货渠道，同时也要注重对滞销商品、不良供应商的淘汰，这是商品结构优化、进货渠道优化的前提。滞销商品、不良供应商的淘汰问题后面还要进一步探讨。

6. 处理与供应商的关系

供应商与消费者一样是连锁店的"顾客"，企业视消费者为上帝，同样也应视供应商为上帝。连锁店企业与供应商是一种合作竞争关系，良好的合作能够达到企业与供应商"双赢"的效果。如果没有供应商的配合与合作，连锁店很难立足于激烈的竞争市场。与供应商的良好合作关系是连锁店的核心竞争力之一，为此连锁店企业要改变传统观念，特别是采购部门要处理好与供应商的合作竞争关系。

5.2.2 连锁店的统一采购机构

鉴于连锁店采购部门的上述主要职能，在采购组织的设置上就要充分考虑如何完成这些职能的需要，并结合连锁经营规模、经营品种数量，合理设置统一的采购机构。

多数连锁店是按商品类别（如按生鲜食品部、一般食品部、百货杂品部、电器部等）分别设立各类商品采购人员和采购机构的。在此基础上企业可根据自身规模以及商品结构妥善进行分组或组合。这样的机构设置往往是每名业务人员分工负责一部分商品品种，从日常补货、新品种开发、新供应商开发以及滞销产品、不良供应商的淘汰都由其一人负责。这种机构设置的优点是可以进行专业化分工，便于业务人员业务能力和工作效率的提高。但往往因为缺少相应的制约机制，容易产生不良采购行为。为此一些企业将日常商品的补货与新产品的开发机构分设或由不同的业务人员负责。

有些具备先进 POS、MIS 系统的企业已经可以完成日常补货的自动化，即每日营业结束后，企业的 MIS 系统可以根据预先设置的警戒线，自动生成补货订单。补货工作由合同管理部门监督执行。也有些连锁店，特别是大规模的连锁店，通过设立商品采购委员会的办法来规范企业的采购行为。这种采购委员会由采购部门、财务部门、营运部门以及各连锁分店的有关负责人组成。

5.2.3 连锁店商品采购方式

零售企业在经营活动中，应当根据企业本身经营的任务、规模大小、经营范围、专业化程度等情况，选择适当的采购方式。现阶段，零售企业的进货方式大致有以下几种。

1. 市场选购

零售企业可以根据市场需要，直接通过市场向生产者或其他零售企业自由选购，协商定价。一般适用于花色品种复杂，规格不一的商品，且生产部门备有现货，企业选购不受任何限制，有充分的进货自主权。这种方式有利于生产企业以需定产，提高产品质量。

2. 合同订购

合同订购是零售企业为了掌握某些商品的货源，通过与生产部门协商签订的合同，预先向生产部门订购一定数量的商品。生产部门按照合同规定的品种、规格、数量、质量进行生产并按期交货。零售企业按照合同规定的内容、标准、验收商品和交付货款。零售企业可以订购生产企业现在生产的产品，也可以提出自己的样品、设计或要求，由生产企业专门生产，这种方式适合于大批量期货交易。

3. 预购

零售企业在商品生产前同生产单位协商，签订预购合同，并预付一定数量的订金。一般多用于农产品收购。

此外，还有接收进口商品或选购进口商品，接收国家储备商品等方式。

小资料 5-2

家乐福的商品采购

凡是和家乐福打过交道的人都说："你要有无穷的耐心和韧性。和家乐福打交道，你会深切地体会到'坚持就是胜利'这句话是多么的正确。"其实，家乐福一直在培养其员工养成一种"进攻型"的态度来面对供应商。这一点,从家乐福的采购哲学就可见一斑。

① 让销售人员对得起他们的工作,让他们"出汗",并且永远不要忘记:在谈判中的每一分钟,要一直持怀疑的态度,显得对所谈的事情缺乏热情,或者不愿意做出决定。

② 对供应商第一次提出的条件,要么不接受,要么持反对意见。采购员的反应是:"什么?"或者"你不是开玩笑吧?"从而使对方产生心理负担,降低谈判标准和期望。

③ 永远要求那些不可能的事情。对于要谈判的事,要求得越离谱越好,说不定和供应商实际条件比较吻合;这些不可能的要求有助于获得更大的操作空间,作出最小的让步,并让对手感觉似乎已经在谈判中"得到了"我们的让步。

④ 告诉供应商:"你需要做得更好"。不断重复这个说法,直到供应商开始认为自己现在做得真的很差;在我们的眼中,这些供应商永远不可能做得最好。

⑤ 采用"去皮"原则。80%的谈判在最后的20%时间取得成效,在谈判开始时提出的要求可以被忽略。

资料来源:http://www.cnretail.com,2006-07-22.

5.3 采购流程

5.3.1 新产品引进业务流程

新产品引进是连锁企业经营活力的重要体现,是保持和强化企业经营特色的重要手段,是企业创造和引导消费需求的重要保证,是企业商品采购管理的重要内容。

市场营销观念认为,产品是一个整体概念,它包括三个层次:一是核心产品,即顾客所追求的基本效用;二是实体产品,如品质、款式、品牌、包装等;三是附加产品,如销售后的运送、安装、维修保证等服务。只要是产品概念中任何一部分的创新、变革与调整,都可称之为新产品。不仅新发明是新产品,如改进型新产品、新品牌产品、新包装产品都可称之为新产品。

1. 典型的新产品引进业务流程模式

连锁企业引进新产品一般都要经过一定的程序,如图5-1所示。

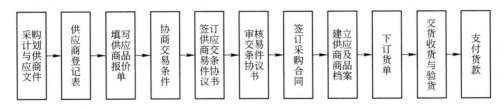

图5-1 新品引进业务流程图

2. 新商品引进的控制

新商品引进的控制管理关键是建立一系列事前、事中和事后的控制标准。

1) 事前控制标准

连锁企业采购业务人员应在对新引进商品市场销售前景进行分析预测基础上,确定该新引进商品能给企业带来的既定利益,这一既定利益可参照目前企业经营的同一类畅销商品所获得的利益或新品所替代淘汰商品获得的利益。如规定新引进商品在进场试销的3个月内,销售额至少不低于替代商品销售额,方可列入采购计划的商品目录之中。

2) 事中控制标准

在与供应商进行某种新商品采购业务谈判过程中,要求供应商提供该商品详细、准确、真实的各种资料,提供该商品进入连锁企业销售系统后的促销配合计划。

3) 事后控制标准

负责该新商品引进的采购人员,应根据新商品在引入卖场试销期间的实际销售业绩(销售额、毛利率、价格竞争力、配送服务水平、送货保证、促销配合等)对其进行评估,评估结果优良的新商品可正式进入销售系统,否则中断试销,不予引进。

3. 自有品牌的开发

自有品牌(private brands),又称商家品牌,是指由零售商自己拥有并在自家商店内使用的品牌。

1) 连锁企业开发自有品牌的意义

① 有利于连锁企业同时掌握产品制造与销售两个市场的主动权,增强零售商在流通中的主导和控制作用。连锁企业自有品牌的开发经营,是由企业依据顾客的需求信息,提出商品的设计、品质要求,以企业名称(或其他名称)作为商品品牌,选择合适的制造商定牌生产,因而它更贴近消费需要。连锁企业自有品牌具有品种选择上的优势,其开发经营是零售业对工业企业如何更贴近市场的一种"设计"与导向,体现了流通的主导作用。

② 有利于连锁企业实现商品低价格,提高对商品价格的控制力。由于自有品牌商品是企业直接向生产厂家定牌生产的,减少了诸多中间环节,其交易费用与流通成本大大降低;同时,由于自有品牌商品全部在自家连锁店销售,无须像一般供应商进入连锁销售系统时要支付巨额的通道费和市场推广费。所以,自有品牌商品价格通常比同类商品价格低30%。

③ 有利于增加利润。在自有品牌开发、经营过程中,连锁企业除了获得正常的销售利润之外,还会获得部分制造利润。

④ 由于自有品牌商品的品质标准由连锁企业制定,因而自有品牌开发有利于保证连锁企业经营商品的质量,保证商品货源供应的稳定性。

⑤ 在自有品牌商品低价格、高品质的保证下,有利于连锁企业知名度和顾客信任度的提高,有利于企业经营规模的扩大和自身实力增强,有利于企业抵抗经营风险能力的增强。

2) 自有品牌开发商品的选择

在实践中,连锁企业根据其开发的目标,对自有品牌的载体商品的选择,主要集中在以下三个商品群:

① 目前企业经营中高周转率、高购买频率商品群的替代商品;

② 高竞争性、高成长性商品群;

③ 普通供应商与配送中心无法生产加工的商品群(如部分生鲜食品的加工包装,只能在卖场内的加工场进行)。

5.3.2 滞销品淘汰业务流程

1. 典型滞销品淘汰业务流程模式

由于卖场空间和经营品种有限，所以每导入一批新商品，就要相应地要淘汰一批滞销商品。选择和淘汰滞销商品，成为连锁企业商品管理的一项重要内容。如图5-2所示。

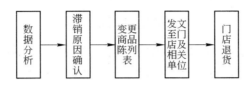

图5-2 滞销品淘汰业务流程图

① 数据分析。根据滞销品的标准进行数据分析。例如，以销售额排行榜最后3％为淘汰基准等，找出销售不佳、周转慢或品质有问题的商品作为淘汰品。

② 滞销原因确认。采购人员应了解淘汰商品的真正原因，究竟是商品不佳，还是人员作业疏失，如缺货未补、订货不准确、陈列定位错误等，然后再确认是否淘汰。

③ 告知门店。淘汰滞销品之前，总部应至少在10天前向门店告知滞销品的项目、商品陈列表的变更情况，以及退换货作业的程序。

2. 淘汰商品的选择标准

① 销售额排行榜。根据本企业POS系统提供的销售信息资料，挑选若干排名最后的商品作为淘汰对象，淘汰商品数大体上与引入新商品数相当。

② 最低销售量或最低销售额。对于那些单价低、体积大的商品，可规定一个最低销售量或最低销售额，达不到这一标准的，应将其列入淘汰商品。

③ 商品质量。对被技术监督部门或卫生部门宣布为不合格商品的，理所当然应将其淘汰。

3. 退货的处理方式

滞销商品淘汰的核心问题之一是退货的处理方式。关于退货的处理方式，传统的做法主要有以下两种。

① 总部集中退货方式，即将各门店所有库存的淘汰商品集中于配送中心，各自将自己的库存淘汰商品统计、撤架、集中，在总部统一安排下，由供应商直接到各门店和配送中心取回退货。传统退货处理方式是一种实际退货方式，其主要缺陷是花费连锁企业和供应商大量的物流成本。

② 为了降低退货过程中的无效物流成本，目前连锁企业通常采取的做法是在淘汰商品确定后，立即与供应商进行谈判，商谈2个月或3个月后的退货处理方法，争取达成一份退货协议，按以下两种方式处理退货：一是将该商品作一次性削价处理；二是将该商品作为特别促销商品。这种现代退货处理方式为非实际退货方式（即并没有实际将货退还给供应商），它除了具有大幅度降低退货物流成本的优点之外，还为连锁企业促销活动增添了更丰富的内容。

需要说明的是：选择非实际退货方式还是实际退货方式的标准，是削价处理或特别促销的损失是否小于实际退货的物流成本；对那些保质期是消费者选择购买重要因素的商品，连锁企业与供应商之间也可参照淘汰商品（虽然该商品本身不属于淘汰商品）的非实际退货处理方式，签订一份长期"退货处理协议"，把即将到保质期的库存商品的削价处理或特别促销处理办法纳入程序化管理轨道。

小资料 5-3

沃尔玛的全球采购秘密

在 2002 年 2 月 1 日，沃尔玛要求刚刚加盟沃尔玛的全球副总裁兼全球采购办公室总裁崔仁辅利用半年时间做好准备，接过支撑 2 000 亿美元营业额的全球采购业务。结果，他不但在紧张的时间里在全世界成立 20 多个负责采购的分公司，如期完成了全世界同步作业的任务，而且使全球采购业务在一年之后增长了 20%，超过了整个沃尔玛营业额 12% 的增长率。那么沃尔玛全球采购业务的秘密何在？

1. 全球采购的组织

在沃尔玛，全球采购是指某个国家的沃尔玛店铺通过全球采购网络从其他国家的供应商进口商品，而从该国供应商进货则由该国沃尔玛公司的采购部门负责采购。崔仁辅的全球采购网络首先由大中华及北亚区、东南亚及印度次大陆区、美洲区、欧洲中东及非洲区等四个区域所组成。其次在每个区域内按照不同国家设立国别分公司，其下再设立卫星分公司。

2. 全球采购的流程

在沃尔玛的全球采购流程中，其全球采购网络就像是一个独立的公司，在沃尔玛的全球店铺买家和全球供应商之间架起买卖之间的桥梁。

崔仁辅解释说，全球采购网络相当于一个"内部服务公司"，为沃尔玛在各个零售市场上的店铺买家服务——只要买家提出对商品的需求，全球采购网络就尽可能在全球范围搜索到最好的供应商和最适当的商品。全球采购网络为店铺买家服务还体现在主动向买家推荐新商品。沃尔玛全球采购的流程分为重复采购和新产品采购两种。对于新产品，沃尔玛没有现成的供应商，就需要全球采购网络的业务人员通过参加展会、介绍等途径找到新的供应商和产品。

3. 供应商伙伴关系

在全球采购中，全球采购网络不仅要服务好国外的买家，还要在供应商的选择和建立伙伴关系上投入。"不管是哪个国家的厂商，我们挑选供应商的标准都是一样的。"崔仁辅介绍说，第一个标准是物美价廉，产品价格要有竞争力，质量要好，要能够准时交货。第二是要求是供应商要遵纪守法。沃尔玛非常重视社会责任，所以我们希望供应商能够像我们一样守法。还有一点就是供应商要达到一定规模。"我们有一个原则，就是我们的采购不要超过任何一个供应商 50% 的生意。"崔仁辅解释说，虽然从同一个供应商采购的量越大，关于价格的谈判能力就越强，但是供应商对采购商过分信赖也不完全是好事。如果供应商能够持续管理和经营，那还可以；如果供应商在管理和经营上出现波动，那就不仅仅是采购商货源短缺的问题。

资料来源：http://www.cnretail.com，2003-07-22.

5.4 供应链管理

供应链管理（SCM）是帮助企业建立新的采购供应关系，直接涉及整个供应链上产品的生产、运输、销售等各环节中的物流和信息流的管理。它有效地建立和管理企业业务伙伴网，共同分享库存、结算等商业数据，共同进行产品分类和管理。

采购是企业的一项基本职能，供应链管理是在市场条件和经济形势日益变化、在采购理论和实践不断发展的基础上逐步形成的。当今时代，由于市场竞争激烈，企业越来越重视供应链管理，企图从整体供应链绩效的提升上面获取竞争的优势。具体到采购，它是供应链管理的重要内容之一。采购是沟通消费者需求和物资供应的纽带，可以通过加强采购管理来增强供应链的系统性和集成性，提高企业的敏感性和响应性，从而使供应链系统实现无缝连接，为提高供应企业的同步化动作效率打下基础。

为全面认识采购与供应链的深刻联系，我们先对传统采购模式的特点和供应链环境下采购的特点进行分析，在一个动态的过程中了解采购和供应链的关系。

5.4.1 传统采购模式

在传统管理方式下的采购中，企业考虑的最主要的问题是采购的价格和以何种方式与供应商进行交易。一般而言，是通过与多个供应商进行报价，充分利用多头竞争，从中选择价格最低的供应商作为合作者。虽然采购物资的质量、数量和交货期也是采购企业关心的问题，但是与价格比较却处于次要地位，而且这些问题都是通过一些事后验证的方法来实现，及时性很差，经常造成生产上的重大损失。归纳起来，传统的采购模式具有如下几个特点。

1. 典型的非信息对称的博弈过程

供应商的选择是传统采购的一个首要任务。而在采购过程中存在着两种信息非对称现象：其一是采购方与供应商的信息非对称。这是因为采购一方为了从多个竞争性的供应商中选择一个最佳的供应商，往往会保留私有信息。若供应商获得的关于采购的信息越多，在竞争中获胜的机会就越大，这样对采购方是不利的。其二是供应商也存在着信息不对称。因为各供应商都想在竞争中获胜，而自己的信息被其他供应商知道得越多，自己被击败的可能性就越大。这样，供需双方及供方之间都不能进行有效的信息沟通，这是传统采购过程的一大特点。

2. 质量控制不及时

商品质量与交货期是采购一方要考虑的另外两个重要因素。在传统的采购模式下，由于采购方很难参与供应商的生产组织过程和有关质量控制活动，供应商的产品质量信息在采购前很难被采购方知晓，而采购方只有在采购后的验收过程中才能知道所购商品的质量是否符合预定的标准，这是再换货、退货或另外寻找其他供应商有可能给企业的生产造成的巨大损失。所以，缺乏合作的质量控制会导致采购方对采购商品质量控制难度加大。

3. 供需双方合作关系短暂

在传统采购模式中，供需双方之间的关系是临时性的，二者竞争往往多于合作。正是因为供需双方的信息不对称，缺乏有效的沟通，二者间缺少合作气氛，相互抱怨，扯皮的事情较多，很多时间消耗在解决日常问题上，没有更多的时间来做长期性预测和计划工作。

4. 响应用户需求的能量迟钝

由于供应与采购双方在信息的沟通方面缺乏及时的信息反馈，在市场需求发生变化的情况下，采购一方也不能改变供应一方已有的订货合同。因此，采购一方在需求减少时，库存增加；需求增加时，则会出现供不应求，重新订货又需要增加谈判过程。供需之间对用户需求的响应没有同步进行，缺乏应付需求变化的能力。

了解了传统采购模式的特点后，下面我们介绍供应链管理环境下采购的新特点，从中可以发现采购与供应链的紧密联系。

5.4.2 供应链管理环境下采购的特点

在供应链管理模式下，对采购工作的要求一般可以用5个"恰当"来描述。
① 恰当的数量。实现采购的经济批量，既不积压又不会造成短缺。
② 恰当的时间。实现准时化采购管理，既不提前，给库存带来压力；也不滞后，造成缺货。
③ 恰当的地点。实现最佳的物流效率，尽可能节约采购成本。
④ 恰当的价格。达到采购价格的合理性，价格过高则造成浪费，价格过低可能质量难以保证。
⑤ 恰当的来源。力争实现供需双方的合作协调，达到双赢的效果。

我们可以看出，传统采购和供应链管理环境下的采购具有完全不同的思想。因此可以说，采购的理论和实践是随着供应链思想的发展而不断发展的。为了实现上述5个恰当，供应链环境下的采购必须对传统采购模式做出一些新调整和改变。具体说来，供应链环境下的采购呈现以下特点。

1. 从库存驱动向订单驱动转变

在传统的采购模式中，采购的目的很简单，就是为了补充库存，防止经营停顿，即为库存而采购，可以说传统的采购是由库存驱动的。采购部门并不关心企业的生产过程，不了解生产的进度和产品的需求变化。在供应链管理模式下，采购活动是以订单驱动的——制造订单，采购订单的采购方式有如下特点。

① 信息传递方式发生变化。在传统采购方式中，供应商对制造商的生产过程不了解，也无需关心制造商的生产活动。但在供应链环境下，供应商能共享制造商信息。在订货过程中不断地进行信息反馈，修正订货计划，使订货与需求保持同步。
② 缩短了对用户的响应时间。在同步化供应链计划的协调下，制造计划、采购计划、供应计划能够并行，从而缩短了对用户的响应时间，实现了供应链的同步化动作。
③ 签订供应合同的手续大大简化。信息沟通的及时、合作关系的建立，使供需双方之间不再需要询盘、报盘的反复协商，交易成本也大为降低。
④ 采购物资直接进入制造部门。可以减少采购部门的工作压力和不增加价值的活动过程，实现供应链的精细化动作。

可见，在供应链环境下，采购工作的思路发生了根本的变化。

2. 采购管理向外部资源管理的转变

在传统的采购模式中，供应商对采购部门的需求有一个时滞。另外，采购部门对产品质量的控制也只能进行事后把关，不能实行实时控制，这些缺陷使供应链企业无法实现同步化动作。如何才能使这种事后把关变成事中控制呢？可以采用供应链外部资源管理的形式加以解决。

所谓在供应链管理中应用外部资源管理，是指把供应商的生产制造过程看作是采购企业的一个延伸部分，采购企业可以"直接"参与供应商的生产和制造流程，从而确保采购材料质量的一种做法。外部资源管理是实现供应管理的系统性、协调性、集成性和同步性，实现供应链企业从内部集成的重要一步。但要实现外部资源管理，采购企业一般应从下面几个步骤入手。

① 与供应商建立一种长期的、互利合作的协作伙伴关系。这种合作关系保证供需双方能够有合作的诚意和参与双方共同解决问题的积极性。

② 通过提供信息反馈和教育培训支持，在供应商之间建立质量改善和质量保证机制。在个性化需求的今天，产品的质量是由顾客的要求决定的，而不是简单地通过事后把关所能解决的。质量管理工作需要在下游企业提供相关质量要求的同时，及时把供应商的产品质量问题反馈给供应商，以便其及时改进。对个性化的产品质量要提供有关技术培训，使供应商能够提供合格的产品和服务。传统采购管理的不足之处，就在于供应商缺少下游企业关于本企业的产品质量的信息要求和信息反馈。

③ 参与供应商的产品设计和产品质量控制过程。同步化运营是供应链管理的一个重要思想。通过同步化的供应链计划使供应链各企业在响应需求方面取得一致性的行动，从而增加供应链的敏捷性。连锁经营企业应该参与供应商企业的产品设计和质量控制过程，共同制定有关产品质量标准等，使需求信息能够很好地在供应商的业务活动中体现出来。

④ 协调供应商计划。一个供应商有可能参与多条供应链的业务活动，在资源有限的情况下必然会造成多方需求争夺供应商资源的局面。在这种情况下，下游企业的采购部门应主动参与供应商的协调计划。在资源共享的前提下，保证供应链的正常供应关系，维护企业的利益。

⑤ 建立一种新的、有不同层次的供应商网络，对供应商的数量进行管理。一般而言，供应商的数量越少越有利于双方的合作。但是，企业的产品对零部件或原材料的需求是多样的，因此企业应根据自己的情况选择恰当数量的供应商，建立自己的供应商网络。

应该注意的是，外部资源管理并不是采购一方单方面的努力就能够实现的，还需要供应商的配合和支持。例如，对下游企业的问题做出快速反应；基于用户的需求，不断改进产品和服务质量等。

小资料 5－4

肯德基不断提高集成程度的供应链管理

事实上，企业价值链活动的成效发挥很大程度取决于供应链的状况，再强调 Quality 供应商没有 Quality 也是枉然。肯德基通过供应商的本地化、支持性培训和星级系统评估三大策略以实现与供应商的战略合作伙伴关系。

1. 供应商的本地化

目前肯德基采用的鸡肉原料100%全都来自国内，85%的食品包装原料都由国内的供应商提供。肯德基的供应源本地化主要有两大措施。

第一是国内供应商的规模化。肯德基采取积极的措施使得其分布在全国27个城市和地区的25家鸡类供应商如今基本都成为国内鸡类行业中的佼佼者。例如山东诸城市对外贸易集团公司（全国最大的县级外贸集团公司）与当地70%的农户建立了产销联系。

第二是国外供应商本地化。肯德基一直积极鼓励尚未进入中国的国外供应商在中国当地建厂，在过去的几年中肯德基促使17个原来依靠进口的产品达到了本地化。例如美国蓝威公司在中国的农业生产上投入巨资以开发土豆和玉米增高产量的方法。

2. 供应商的星级系统评估

肯德基的供应商经常说"经过肯德基星级系统（STAR SYSTEM）评估过的厂家，能轻而易举地通过国家ISO 9002质量认证"，肯德基的STAR SYSTEM是一项专门针对供应商管理的全球评估体系，从1996年开始对中国的供应商全面实施。STAR SYSTEM的评估内容非常细节化而且可操作性非常强，极大提高了供应商的质量水准。

3. 供应商的支持性培训

肯德基公司的技术部和采购部除了以STAR SYSTEM对供应商进行评估之外，同时也针对供应商的弱点和不足进行相应的培训，技术部主要负责技术支持，比如对各家禽厂家推行养殖技术中"公母分饲"技术、鸡肉深加工技术、分阶段屠宰技术等；采购部则经常拜访供应商，与其积极举办交流会（安排一些经验不足的小型企业参加有经验的大型供应商的交流会），从而把餐饮业的国际标准质量要求带给肯德基的供应商。不少小供应商在其中得益显著，例如福建光泽鸡业有限公司在1993年与肯德基合作时仅是一个小规模的私营企业，随着肯德基每年相应的技术支持和培训，目前该供应商已迈入全国私营企业五百强之列。

资料来源：http：//www.cb-h.com，2003-11-11.

【补充阅读材料】

来自沃尔玛的威胁首先会出现在供应链上

作为连锁第一巨头的沃尔玛，进场费一分不收。进入沃尔玛体系，不仅意味信誉度的提高、"量"的扩张，更重要的是能够分享沃尔玛提倡的与供应商之间的"伙伴关系"：沃尔玛不仅不收回扣，不要进场费，相反沃尔玛为压缩采购成本，会帮助供应商改进工艺、提高质量、降低劳动力成本、控制存货，甚至分享沃尔玛的信息系统，根据沃尔玛库存组织生产……在今年深圳、南京、上海举行的几次跨国采购活动中，我们看到，当沃尔玛张开"嘴巴"时，国内供应商便争先恐后向沃尔玛抛"绣球"。

遗憾的是，目前本土超市与供应商之间却不是这样的伙伴关系。供应商抱怨超市"不念'鱼水'情"，新品上架要交上架费，超市店庆要交店庆费，节日活动要交赞助费，厂家促销要交广告费，新店开业要交折扣费，加上最低折扣价、损耗补偿金、价格保护费、滞销退货款等，除此之外，以回扣为特征的灰色收入，更成为少数采购人员发财致富的手段。最严重的是货款结算遥遥无期，有些欠款甚至变成了"百年不赖账，千年不还钱"的结局，严重影响了企业的扩大再生产。一家休闲食品企业的负责人对记者愤愤道，一个小小店长，就可以对供应商掌握着"生杀大权"。对于本土超市来说，沃尔玛争夺客户不是最值得警惕的，因为它的对手本来就不是联华、华联、农工商，而是家乐福、麦德龙。专家指出，争夺供应商才是沃尔玛对本土零售行业的致命一击。

资料来源：http：//business.sohu.com，2003-07-13.

本章小结

商品是连锁门店经营的基础，商品采购原则与商品采购方式是经营活动的重要内容。本章着重讲述了连锁企业商品组合和定位，商品开发与淘汰，供应商管理和自有品牌开发等内容。

基本训练

一、知识题

（一）选择题

1. 采购管理作为一项管理活动，在它的职能中，首要的职能是（　　）。
   A. 计划职能　　　B. 组织职能　　　C. 协调职能　　　D. 控制职能
2. 供应商开发的基本准则是"Q.C.D.S"原则，即质量、成本、交付与服务并重的原则（　　）。
   A. 质量　　　　　B. 成本　　　　　C. 交付　　　　　D. 服务
3. 滞销商品的选择标准主要有（　　）。
   A. 销售额排行榜　　　　　　　　　B. 最低销售量或最低销售额
   C. 商品质量　　　　　　　　　　　D. 供应商关系
4. 传统的采购商与供应商的关系主要体现为（　　）。
   A. 双方是一种长期关系　　　　　　B. 双方利益是对立的
   C. 双方信息充分共享　　　　　　　D. 双方对彼此的依赖性很强
5. 自有品牌战略优势（　　）。
   A. 无形资产优势　　B. 成本优势　　　C. 特色优势　　　D. 领先优势

（二）判断题

1. 加入WTO后，关税、进出口的难度以及其他外部规则的改变，是属于采购风险中的政治风险。　　　　　　　　　　　　　　　　　　　　　　　　　　　　　　（　　）

2. 供应链管理的主要特点是：需求性、竞争性、协同性、完整性、紧密性、双赢性、复杂性、交叉性和动态性。   （   ）

3. 沃尔玛在中国的店铺从中国供应商进货，是沃尔玛中国公司的采购部门工作，这是本地采购。   （   ）

4. 采购的理论和实践是随着供应链思想的发展而不断发展的。   （   ）

5. 外部资源管理并不是采购单方面的努力就能够实现的，还需要供应商的配合和支持。
                                                                    （   ）

二、思考题

1. 商品采购的原则有哪些？
2. 连锁店商品采购方式有哪几种？
3. 供应链管理环境下采购的特点是什么？
4. 连锁企业开发自有品牌的意义是什么？

观念应用

一、案例题

延期交货

Joanna Stores 公司是一家拥有 500 家店铺的妇女服装连锁门店，它注重销售大众价位的货物。由于它对待供应商的政策有点松懈，于是供应商们经常利用这家公司的这一缺点延迟装运货物，而且总能顺利地逃脱惩罚。

然而，这一年秋季情况开始变糟了。销售额平淡而且服装部门的存货要比往常高得多。当临近 8 月底时，采购人员 Karen Clark 在清点她散乱的文件时，发现有一个来自 Marie Modes 公司订单的数目非常庞大，这批货大约有 20 000 件，但仍然没能到货。她打电话给 Marie 公司以确定这些货物什么时候能够准备好，但却被告知这些服装可能要比订单中规定的到货日期 8 月 30 日晚几天送到。听到这些后，她叫来了销售部经理 Martin Craft，并且通知他如果这些货物不能在 8 月 30 日前到达的话，商店将拒绝接收订单。而 Craft 的回答是模棱两可的："在几种类型的服装上我将延期交货，但是 9 月 2 日，我将拥有你公司 80% 的订单，根据这些订单我在纺织品和劳动力方面进行了庞大的投资，而且我正在装运货物。"

Clark 立刻寄去了一份坚持在 8 月 30 日取消订单的通知，Craft 回答说："我仍然有一部分货物短缺，同时我正在装运我已经准备好的货物，取消还是不取消？"果然，18 000 件来自 Marie 公司的服装在 9 月 2 日送到 Joanna 公司门口。但是像保证的那样，Joanna 公司拒绝了全部的货物，这些服装在载货汽车上没有卸下。

当 Craft 听到这个消息后，他非常愤怒："我怎么处理这些货物？你公司开给我们一份订单，我们在宽限时间内送到了这些货物，因此你公司应该接受它们，否则的话我们在法庭上见。"

Clark 回答道："你如果那样做，我们将再不和你继续合作了。你非常清楚那份订单的截止日期是什么时候。如果你完成它有困难的话，你应该在此之前让我早些知道。你知道我们对你是个大客户，你需要我们，因此你应该会想办法处理这堆废品，而且我保证在下个季节给你一份很大额的订单。"

资料来源：http：//www.cnretail.com，2006－09－30.

问题：

1. 作为这一案例的一名旁观者，你认为他们应当怎么做呢？
2. 你对这个案例中的两个主要角色的所作所为有何建议呢？

二、单元实训

你所熟悉连锁企业的商品采购情况，他们是采用何种采购方式和采购原则采购商品的？

第6章 连锁门店商品进货与存货管理

【学习目标】

通过本章学习,了解商品的进货模式与原则,熟悉商品的验收与存货控制,掌握连锁门店进货管理和存货管理,培养进存货管理能力。

【案例导入】

上海华联股份有限公司进货管理

商品进货费用占整个商品成本比例的行业平均值为 4.5%~5%。上海华联股份有限公司是如何进行控制的呢?公司建立了探索采购集约机制。在进货管理上实行职权交叉,把握住了"四关":一是进货关,公司成立了进货管理委员会,商品进货必须经过进货管理委员会严格审核,坚决杜绝人情货,并根据优胜劣汰的原则,半年对商品的单品销售量和销售额进行排名,被列为倒数 1~3 名的自行淘汰;二是质量关,新增品种必须由计划业务部办理质检手续,通过产品质检后才可核价;三是核价关,计划业务部根据市场调研情况,结合公司的实际统一核定价格,业务员无权定价;进货过程中的食物折扣、现金折扣、厂方提供的销售奖金等,一律要求供货商换成应收账项的折扣,以求降低进货价格,公司的宗旨是用最低的进货成本采购到最好的适销对路的商品;四是付款关,就是货款由业务部付款小组根据"购货合同"上规定的付款日期,以及商品销售情况决定付款次数等,并输入电脑,实行计算机管理;付款的方式、时间由付款小组严格审批,业务员个人无权决定支付货款的时间和方式。此外,超市公司与经营业务人员还签定了一份"廉价协议",作为劳动合同的补充约定。约定规定,供应商在洽谈业务时带来的样品,业务员不得擅自赠送他人或挪为己有,要办理登记和集中处理。收到现金、实物、礼券等必须上缴组织统一处理。不准私自接受业务单位的邀请、旅游等,若违反约定,按情节轻重予以经济处罚,直到解除劳动合同。上海华联股份有限公司就是这样控制商品的进货费用。

资料来源:中华零售网,2006-10-12.

案例分析:连锁经营企业得以生存和发展的关键点就是组织适销对路的商品。此案例说明了连锁超市组织货源、决定进货、付款等关键环节的控制。企业要正确预测顾客的需求,确定商品组合、定位,及时补充货物,确保超市正常经营。

6.1 门店商品进货管理

传统百货业走向集约和连锁经营的基础就是进销分离、集中采购。这是连锁企业经营的一个重要环节。各个连锁门店必须根据自身的实际销售情况或根据公司总部的促销档期合理安排向总部要货或自行向由总部统一规定的供货商要货。连锁企业要在竞争中获胜，必须在采购环节中，严格控制采购成本，建立合理的进货制度。采购成本下降不仅体现在企业现金流出的减少，而且还体现在商品成本的下降，以及企业竞争力的增强。

6.1.1 进货概念、模式及原则

1. 进货概念

进货是连锁企业从编制进货计划开始，经过供应商的选择到确定供应商、进行合同的签订和执行，到商品到货经过验收入库这样一个完整的业务经营过程。每个门店的进货就是依据订货计划向总部配送中心或总部指定的厂商及自行采购单位进行点叫货物的活动。

连锁总部会对各个门店统一规定每天的订货时间，以保证订货作业的计划性。一般采用的订货方式有人工、电话、传真、电子订货等多种形式。随着我国连锁经营规范化的发展，最终将采用 EOS 订货系统。EOS 系统是发达国家在推行零售业电脑自动化过程中所采用的电子订货系统，它的功能主要是运用于商店的订货管理和盘点管理。订货信息汇总总部或传达厂商后，由总部来配送商品或由厂商直接配送。

2. 进货模式

超市采购的模式按超市是否连锁可分为单店采购模式和连锁采购模式。其中连锁采购模式，又可按集权与分权的程度可细分为集中采购模式和分散采购模式。

1）单店采购模式

尽管超市越来越趋向于大规模连锁型发展，但单体的超市仍广泛地存在着。在这种超市里，商品采购常由一个采购部负责，直接与众多的供应商打交道，一般进货量较小，配送成本较大。此模式必须努力实现采购的科学管理。

2）连锁采购模式

连锁采购模式分为集中采购模式和分散采购模式。

（1）集中采购模式

集中采购模式是指超市设立专门的采购机构和专职采购人员统一负责超市的商品采购工作，如统一规划同供应商的接洽、议价、商品的导入、商品的淘汰以及 POP 促销等。超市所属各门店只负责商品的陈列以及内部仓库的管理和销售工作。对于商品采购，各分店只有建议权，可以根据自己的实际情况向总部提出有关采购事宜。中央采购制度则有利于规范企业的采购行为，为超市营造良好的交易秩序和条件。

集中统一的商品采购是连锁超市实现规模化经营的前提和关键，只有实行统一采购，才能真正做到统一陈列、统一配送、统一促销策划、统一核算,才能真正发挥连锁经营的优势,这样有利于提高超市与供应商谈判中的议价能力。集中采购是实施规模化经营的基本保证。连锁零售企业实行了中央采购制度,大批量进货,这样就能充分享有采购商品数量折扣的优惠价格,可以大幅度减少进货费用;再辅以配套的统一配送机构与制度,就能有效控制连锁零售超市的采购总成本。保证了超市在价格竞争中的优势地位,同时也能满足消费者求廉的心理需求。

(2) 分散采购模式

分散采购模式是超市将采购权力分散到各个分店,由各分店在核定的金额范围内,直接向供应商采购商品。从超市的发展趋势来看,分散采购是不可取的,因为它不易控制、没有价格优势以及采购费用高。分散采购模式有以下两种具体形式。

① 完全分散采购。完全分散采购形式是超市总部根据自身的情况将采购权完全下放给各分店,由各分店根据自己的情况灵活实施采购。它最大的优点是灵活,能对顾客的需求做出有效的响应,比较有利于竞争。例如,法国的家乐福公司曾经在很长一段时间都是实行分散采购。由于,其单店规模巨大,同样也有效。但完全分散采购的最大弊端在于不能发挥规模采购的优势,不利于压低价格,不利于控制采购。因此,就连家乐福这样的超市公司也逐渐向集中采购模式转变。

② 部分分散采购。部分分散采购形式是超市总部对各分店的地区性较强的商品(如一些地区性的特产就只适合于该地区销售),以及一些需要勤进快销的生鲜品实行分散采购,由各分店自行组织进货,而总部则对其他的商品进行集中采购。如某一分店的目标消费者有特殊的饮食习惯,而总部又不了解市场行情,在这种情况下,由分店进行商品采购决策就比较适宜。比如中国西部的地区,人们普遍喜欢面食,超市就可以准备"锅盔"这种面制品,而这种食品在南方是肯定没有销路的。这种制度具有较强的灵活性,使分店可以根据自身的特征采取弹性的营销策略,确保了分店效益目标的实现。

6.1.2 进货管理的工作内容

1. 采购的预测能力

连锁门店经营系统要求的对采购工作必须做周到的准备、充分的调查、缜密的计划性,把商品采购的各个环节按一定的制度和程序运行。决策要求透明化,将集中的权力分散化,信息内部公开化,监控程序化,由不同的部门分别承担"三审一检"职能,即审核采购计划、审核价格、审核票据、检查质量。

(1) 进货方针

减少流通环节、互惠互利、长期合作、共同发展。

(2) 进货方式

主要有经销、代销、联营。

(3) 决定进货因素

① 供应商供货能力;

② 商品知名度、质量优劣、价格优势、包装大小、失窃可能性;

③ 缩短流通环节,要求提供最低的进价,最佳的服务;

④ 能多提供双方互利的促销方案；

⑤ 多提供多毛利或让利（含各种赞助广告费及折扣）的商品。

2. 实现采购的目标

连锁系统内部作业流程是以销售管理为核心，将采购、存货、财务与人事管理紧密结合。采购人员必须明白采购工作是所有系列工作的基础。其采购控制的目标如下。

1) 确定采购渠道

商场的供货渠道主要是分为三个方面：一是企业自有供货者；二是原有的外部供货者；三是新的外部供货者。

（1）企业自有供货者

有些超市集团自己附设有加工厂或车间，有些企业集团设有商品配送中心。这些供货者是商场首选的供货渠道。连锁商场经过调研，按照预测结果，为了满足市场需要，组织附属加工厂加工或按样生产，自产自销，既是商品货源渠道，又有利于形成企业经营特色。像华联这样大型超市都有自己的品牌产品在店内销售。

（2）商场原有外部供货者

商场与经常联系的一些业务伙伴，已经有多年的合作，在这种基础上，对供货单位的商品质量、价格、信誉等比较熟悉了解。双方都愿意继续合作，遇到困难相互支持，以求"共赢"。因此，这些老客户是连锁超市的稳定的商品供应者。

（3）新的外部供货者

随着商场业务扩大，企业需要增加新的供货者。选择新的供货者是商品采购的重要业务决策，需从以下方面做比较：货源的可靠程度；商品质量和价格；交货时间。

连锁门店的商品采购必须建立供货商资料档案，并随时增补有关信息，以便通过信息资料的比较对比，确定选择供货商，以求货源的质量、数量稳定。

2) 甄别商品

作为长期合作的供应商必须同时具备下列有关质量的文件：质量合格证；商检合格证。采购人员应该向供应商索取这些资料的法律材料，以确保交易合作的双方互利。在可能的情况下，对一些产品，如大米、衣服、家纺用品、鞋类等商品，应要求供应商提供样品封存，以避免以后的纠纷，甚至法律诉讼。对于瑕疵品或在仓储运输过程损坏的商品，采购人员在采购时应要求退货或退款，并用合同保证相关权利。是否经营某种商品，正确的做法应该是通过反复的试销进行验证，并确定其经营的数量。正式的订货必须有慎重科学的事先调查，大量的实验、分析和测算，并对其有效性和真实性进行确认。为实现更廉价的商品采购，谋求最优惠的采购才是正确的努力方向。

3. 降低采购成本的方法

1) 完善制度建设

这里所说的制度建设，又分为建立供应商档案和准入制度、建立价格档案和价格评价体系。这是采购成本控制的基础工作。

完善制度建设不仅能规范企业的采购活动，提高效率，杜绝部门之间产生矛盾，还能预防采购人员的不良行为。采购制度就是规定商品采购的申请、授权人的批准权限、商品采购的流程、相关部门（特别是财务部门）的责任和关系、各种商品采购的规定和方式、报价和价格审批等。

对企业的正式供应商要建立档案，供应商档案除有编号、详细联系方式和地址外，还应有付款条款、交货条款、交货期限、品质评级、银行账号等，每一个供应商的档案应经严格的审核才能归档。企业的采购必须在已归档的供应商中进行，供应商档案应定期或不定期地更新，并由专人管理。企业要制定严格的考核程序和指标，达到标准者才能成为归档供应商，同时要建立供应商准入制度。重点材料的供应商必须经质检、物流、财务等部门联合考核后才能进入，如有可能要实地到供应商生产地考核。

企业采购部门要对所有采购商品建立价格档案，对每一批采购物品的报价，应首先与归档的材料价格进行比较，分析价格差异的原因。如无特殊原因，原则上采购的价格不能超过档案中的价格水平，否则要作出详细的说明。对于重点材料的价格，要建立价格评价体系，由公司有关部门组成价格评审组，定期收集有关供应价格信息，以进行分析、评价现有的价格水平，并对归档的价格档案进行评价和更新。这种评议视情况可一季度或半年进行一次。

2) 降低商品成本的具体手段

① 通过付款条款的选择降低采购成本。如果企业资金充裕，可采用现金交易或货到付款的方式，这样往往能带来较大的价格折扣。

② 把握价格变动的时机。价格会经常随着季节、市场供求情况而变动。因此，采购人员应注意价格变动的规律，把握好采购时机。

③ 选择信誉佳的供应商并与其签订长期合同。这不仅能保证供货的质量、及时交货，由于是签订长期的合同，还应该能争取到更多的价格优惠。

④ 充分进行市场调查和信息收集。必须对供应商的产品成本或服务状况有所了解，只有这样，才能充分了解市场的状况和价格的走势，才能在价格谈判中使自己处于有利地位。

小资料 6-1

某大型连锁超市的采购人员须知

对客户是有选择性的，选择基准为来店率高且每次均大量采买的顾客群。从顾客角度出发，门店分析为以下几个因素。

1. 顾客到我们的店来采购的目的

① 一次购足。为此，门店必须提供大约 70% 的日常所需商品，以及要注意商品的组合。

② 大量采购。大部分的顾客拥有现金及交通工具，只要包装清楚，价格具有吸引力，店内环境干净、明亮，气氛愉悦，顾客均欲大量购买。

③ 物超所值。相似的产品，只要包装尺寸相同或相似，价钱就必须比任何地方便宜。

2. 公司对供应商的贡献所做的回馈

① 增加市场占有率；

② 协助做促销；

③ 介绍新产品；

④ 减少后勤、销售及行政费用。

公司与有品牌的固定供应商大约每三个月讨论一次（当然是在建立平稳的合作之后），

洽谈内容有销售拓展、后勤、产品汰旧换新、市场趋势等。

3. 组合

为成功地区分商品，每一商品群必须至少包含下列各点两点以上：品牌选择、品质、设计、质料、价格水平、包装尺寸、型式。

商品群中的品目多寡决定于：消费/使用的频率（市场大或小）、品牌知名度（是否为市场上重要品牌）、市场上品质/形式的多样性、包装尺寸的多样性。

对不同的商品，公司所选用的商品品种的种类多寡取决于商品的型式：大量促销的品牌（饮料、电视、清洁剂）——多样商品；日用品（酱油、醋、卫生纸、牛仔装）——限制数目；流行性商品——此处定位为一个小市场，主要因为是风险及无服务性的生意。

4. 包装

包装的品质应适于自助销售，公司对准备采购入库的商品包装的要求为：

① 坚固，不易被顾客轻易折开或破坏；
② 标示清楚（尺寸），文字易于了解；
③ 如果包装后不能看见内装物，可在包装上印上产品的照片；
④ 透明罩或收缩包装是理想的包装方式。

资料来源：中华零售网，2007－09－21。

6.2　门店商品验货管理

6.2.1　进货作业

进货工作内容包括对货物的接收，从货车上把货物卸下，核对该货物品名、数量及状态，对其进行品质检查，将必要的信息予以书面化等。

1. 进货商品分类

超级市场的特点是品种繁多。一般而言，下面所列出的商品均包含在内。第一大类为食品类，包括蔬菜水果类、粮油制品类、水产品、畜产品类、冷冻食品类、乳制品、糖果饼干类、饮料类、烟酒类、调味品类等。第二大类为日用杂品，包括厨房用品、卫生间用品和卧室用品。第三大类为洗涤用品、化妆用品、卫生用品、棉纺织品、小五金、小家电、玻璃器皿、餐具等。所以，进货的工作必须分门别类，按各自的特点进行操作管理。

2. 进货作业过程

首先，根据门店的采购计划，应进行进货目标的分析，估计出货物到达的时间，掌握大概的到货日、货品、货物数量及送货车型，尽可能地预测送货车到达的时间，配合停泊协调好货车的交通问题。为方便卸货及搬运，应预先计划好人员的安排，预先计划好临时存放位置等。然后是根据来货的品种，参见商品的形状、特征、包装形态、单位货物尺寸及重量，是否具危险性进行卸货、拆装作业。参见商品的标识，并对大类货物进行分类，同时仔细检查单据、传票，进行核对。接着是正确的记录进货数量，负责货物验收，交由相应部分负责人，注意超额、短缺及损坏的货品，并做好详细记录。必须维持所有进货活动的正确记录，与相应部门的负责人一起，确定指派后续入库的位置。

工作过程中，尽可能将多样活动集中在一个工作站，以节省必要的空间。对货物行进的路线，即从码头月台到储存区的活动尽量保持直线流动，按照相关性安排活动，达到距离最小化。如果是少量进货，或特别昂贵、需要专门盘点的单件物品，应准备好进出灵活的小车，以便于在门店内的运输。还要注意可流通容器的大量使用，以节省更换容器的动作。

3. 进仓商品编号原则

对收进仓库的货物必须进行编号。其原则有以下几点。

① 简易性。将商品化繁为简，便于处理商品。
② 完全性。要使每一项商品都有一种编号代替。
③ 单一性。每一个编号只能代表一项商品。
④ 一贯性。要统一而有连贯性。
⑤ 充足性。其所采用的文字、记号或数字，必须有足够的数量来编号。

4. 收货工作原则

门店收货时还有几个注意事项（如技能培训、心理培训的工作）不能忽略。一般而言，以下几个工作原则是必须要保证的。

(1) 数量

数量的盘查当然是进货工作的首要任务。进货时，要保证对方送来的单据与我方订购的单据上的本批货物数量相同，还要与进到本仓库的实际数量一致。

(2) 品质

这里含多项的指标需要考核，如品名、条形码、克重、保质期、中文标识、说明书、防伪标记、检验合格证。每一项都得保证符合要求，如果有不符合的，就不能入库，不能完成进货工作。

(3) 商品拒收原则

对于不符合以上数量和质量要求中的任何一条的商品，原则上都必须拒绝进入仓库。如果有特殊情况，则应该马上记录清楚，要求送货人员签字，并立即汇报上级，请示处理结果。

6.2.2 验收作业

门店控制进货商品质量的主要工作在于验收作业。货品的验收工作，实质上包括品质的检验和数量的点收双重任务。验收工作的进行，有两种不同的情形：第一种情形是先行点收数量，再通知负责检验单位办理检验工作；第二种情形是先由检验部门检验品质，认为完全合格后，再通知仓储部门，办理收货手续，填写收货单。

1. 验收作业分类

验收作业可按进货的来源，分为厂商配送验收、总部配送验收和自行进货验收。

由于总部配送在出库时已经查点清楚，所以总部配送的商品送到门店后，不需当场验收清点，仅由门店验收员盖店章及签收，若事后店内自行点收发现差误，可通知总部查清和调补。厂商配送和自行采购的要当场查点清楚，出具相关凭证；总部指定厂商直接配送的，由总部统一结算，自行进货则由门店自行结算。

2. 验收标准

商品要达到公司满意程度才准许进验入库，因而验收要符合预定的标准。验收货品时，可根据下列几项标准进行检验：

① 采购合约或订购单所规定的条件；
② 以订立合约时封存的样品为依据；
③ 各种产品的国家品质标准。

3. 商品验收的方法

商品整理分类要清楚，在指定区域进行验收。按照标准验收货物，可将货品验收方法分为两个方面来进行。

① 在品质检验方面，包括物理试验、化学分析及外形检查等。
② 数量的点收方面，除核对货品号码外，还可依据采购合约规定的单位，用度量衡工具，逐一衡量其长短、大小和轻重。

验收后有些商品直接进入卖场，有些商品则进内仓或进行再加工。注意对变质、过保质期或已接近保质期的商品拒收。

6.2.3 退换货作业

退换货是超级市场根据检查、验收的结果，对不符合进货标准和要求的商品采取退货或换货的业务活动。主要原因有商品品质不良、订错货、送错货，产品为过期品、滞销品等。退换货作业可与进货作业相配合，利用进货回程顺便将退换货带回。退换货时，首先要查明退换商品的来源；其次要填清退换单，如注明品名、数量、退换原因、要求等；最后，要事先告知厂商，以便厂商及时处理。

退换货业务应注意以下事项：
① 确认厂家，即先查明待退换商品所属的厂家或送货单位；
② 填写退货申请单，注明其数量、品名及退货原因；
③ 退换商品应注意保存；
④ 及时联络各厂商办理退换货；
⑤ 先退货再进货，以免退调商品占用店内仓位；
⑥ 退货时应确认扣款方式、时间及金额。

6.3 门店商品存货管理

6.3.1 门店存货管理的工作重点

商品存货是必不可少的环节，在门店管理中，不可能做到零库存。存货意味着流通的停滞和资金的占用。不仅要占用资金,还要占用场地,会给门店带来成本费用的增加,因此科学的存货管理十分必要。

1. 存货管理

门店的存货管理主要包括存货结构管理、存货数量管理和存货时间管理。

(1) 存货结构管理

无论是仓库空间还是资金,都是有限的。如何使这些有限的空间和资金取得更大的效益,加强商品库存结构管理是非常重要的。有的超市将商品分为 A、B、C 三类,分别采取不同的管理方式,通常将这种方法称为 ABC 分类管理法。在超市的经营中,实际上大部分的销售额只来自一小部分的商品,所以要不断发掘创造大比例销售额的小比例商品,精心培育顾客并产生利润的 A 类商品。

(2) 存货数量管理

存货数量与商品流转相适应,是最佳效益点。存货量过小,会造成商品不足,市场脱销,影响销售额。存货量过大,会造成商品积压,浪费效益。商品存货数量管理必须采用科学的方法,按照往年的销售数据,结合市场调研,得出现在季节的保险存量。这是商品存量的下限,低于此限,将会引起缺货,由此带来的损失轻则影响正常销售,重则流失顾客。如果给顾客心目中形成一个印象,就很难扭转形象,局势就十分被动。但若不合理地过多进货,就势必导致积压,资金被占用,库房重地被占用,这也是不利于企业的。

(3) 存货时间管理

加快商品周转等于加快资金周转,这样自然会提高商业动作效率,这是超级市场能否获得利润的关键,所以应加强存货的时间管理。

2. 存货管理的工作

门店存货管理的工作主要有仓库管理和盘点作业两项内容。仓库管理是负责门店商品储存空间的管理;而盘点则是关于库存商品的清点和核查。盘点的目的是及时计算出店铺真实的存货、费用率、毛利率、货损率等经营指标,便于门店经营决策和业绩考核。因此,仓库管理与盘点作业是相辅相成的,及时准确的盘点可以科学地控制库存。科学、合理、安全而卫生的仓库管理,不仅可以便于进行盘点作业,还可减少库存费用及损坏商品的数量。

3. 防止缺货

防止缺货是门店工作的重点。顾客到超市购买商品,如果遇到缺货,其不满意是理所当然的。顾客的满意度与缺货率成反比,即缺货次数越多,顾客越不满意。"缺货要付出代价"、"缺货会影响超级市场形象"、"缺货会导致顾客流失"等这些观念是必须时刻记住的。缺货防止业务管理的内容包括以下几方面。

1) 事先预防缺货

应加强卖场巡视,掌握存货动态,订货周期尽量与商品销售相适应。

① 销售量急剧扩大。因为促销等原因,销售量大量增加,应每日检查销售情况,据此补充订货;通过对消费趋势分析,调整订货量。

② 订货量不足。应制定重点商品安全库存量表;根据商品实际销售情况,扩大畅销品陈列空间;扩大重点商品陈列空间。

③ 订货而未到。应建立厂商配送时间表,确保安全库存;应要求厂商固定配送周期;

寻找其他货源或替代品。

2）事后及时补救

由于缺货的发生往往是不可避免的，所以事后补救工作也非常重要，应通过"查明原因，分清责任，及时上报，及时补救"等措施做好缺货防止管理工作。

6.3.2 门店仓储存货控制

1. 门店仓储存货控制概述

1）门店仓储存货控制概念

门店存货是指门店在日常活动中持有以备出售的商品、处在生产过程中的在产品、在生产过程或提供劳务过程中耗用的材料和物料，主要包括各类材料、在产品、半成品、产成品、商品等。门店仓储存货控制是指对以上物料的控制。

2）门店仓储存货岗位分工与职权划分

企业应当建立存货业务的岗位责任制，明确内部相关部门和岗位的职责、权限，确保办理存货业务的不相容岗位相互分离、制约和监督。存货业务的不相容岗位至少包括：存货的请购与审批，审批与执行岗位；存货的采购与验收、付款岗位；存货的保管与相关会计记录岗位；存货发出的申请与审批，申请与会计记录岗位；存货处置的申请与审批，申请与会计记录岗位。

企业应当配备合格的人员办理存货业务。办理存货业务的人员应当具备良好的业务知识和职业道德，遵纪守法，客观公正。企业要定期对员工进行相关的政策、法律及业务培训，不断提高他们的业务素质和职业道德水平；企业应当对存货业务建立严格的授权批准制度，明确审批人对存货业务的授权批准方式、权限、程序、责任和相关控制措施，规定经办人办理存货业务的职责范围和工作要求；审批人应当根据存货授权批准制度的规定，在授权范围内进行审批，不得超越审批权限；经办人应当在职责范围内，按照审批人的批准意见办理存货业务；企业内部除存货管理部门及仓储人员外，其余部门和人员接触存货时，应由相关部门特别授权。如存货是贵重物品、危险品或需保密的物品，应当规定更严格的接触限制条件，必要时，存货管理部门内部也应当执行授权接触。企业可以根据业务特点及成本效益原则选用计算机系统和网络技术实现对存货的管理和控制，但应注意计算机系统的有效性、可靠性和安全性，并制定防范意外事项的有效措施。

2. 门店存货控制特点

门店存货控制管理与处于供应链其他环节的存货控制管理有不同之处，主要表现在以下几方面。

① 存货控制管理目的。门店存货控制管理的目的不仅是以改变商品时间作为增加商品价值的手段，而且也依靠合理控制物流环节的存货流量，实现商品流通的顺畅化，通过合理物流来实现商品增值的目的。

② 门店存货的多品种是发展的趋势，同时也对门店的存货控制提出了挑战。商品种类的增加是现代信息技术发展所带来的结果之一，它决定了存货控制离不开现代信息系统的支持。另外，众多品种的存货控制又要求使用 ABC 控制、永续盘点等方法来实现存货管理的最优化和准确性。

3. 门店存货控制的业务流程

门店存货业务主要完成仓库调拨、内部报损、内部领用、仓库盘点、库存自动报警（安全库存报警、超额库存报警）、库存实时查询等业务。

门店存货业务流程，如图6-1所示。

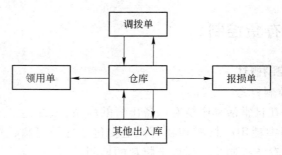

图6-1 门店存货业务流程

4. 存货报警

存货管理时可设置两种库存报警模式：库存上下限报警和安全库存报警。

库存指标设置用于设置仓库中各种商品的库存下限和库存上限。当库存小于或大于库存预设的上下限时，经过盘点提示库存状况向有关人员报警。

安全库存量报警：对库存低于安全库存量的商品，进行库存报警。

安全库存报警条件：现有库存＜日均销量×（到货周期＋N 天）

5. 商品调拨

商品调拨指将商品从一个仓库移至另一仓库，或者总店向分店配送商品时使用。调拨单可记录仓库库存变动情况。程序一般为：选择出货仓库，选择调入仓库；记录申请人、车牌号、司机；选择商品，记录调拨数量。

6. 商品报损与领用

（1）商品报损

仓库有些商品会因为包装问题或其他原因损坏，需要申请报损。报损单经审核后，方可确认商品报损出库。程序一般为：选择报损商品所属仓库；选择报损商品，记录报损商品数量。

（2）商品领用

需要因内部需要领用商品时，需填写领用单，经审核后方可领用出库。

小资料6-2

IBM Rochester存货控制方式的重大变革

使用AS/400跟踪并控制97 000件物品，同时还可为员工提供对他们使用的其他17 000件物品的跟踪控制服务，MAPICS系统改善了存货清单的精确率，使之提高到近99％。在MAPICS系统出现之前，传统方法是靠物品批号和位置跟踪系统来控制仓库中的存货。现在，任何一件货物，无论它在总占地360万平方英尺的仓库和厂房中被怎样移动,用 MAPICS 都能准确地跟踪它的每一个移动乃至具体的生产操作。

这使得公司很少有意外的储运损耗,缩小了缓存区的占地,把三分之一的库存从仓库转移到了生产线上,并且使得存放安全标准降低了十五到二十五个百分点。

从成本方面来说,过去每周计算一次费用,但结果总是要晚 10 天左右才能出来。而现在 MAPICS 系统本身就集成了成本计算系统,MAPICS 系统能够提供实时的成本分析。生产计划是根据订单定制的,MAPICS 系统可同时跟踪上万条项目配置,加速了数据汇集过程,做到数据即需即得,省去了巨额的文书工作并使得成本分析的费用减少了 15%。

MAPICS 系统本身容易进行信息访问。以往数据查询工具大多是非常抽象的,需要学习各种语言和命令,需要有程序设计的经验才能使用查询系统。现在在 MAPICS 系统的帮助下,只需几分钟就可以通过查询系统生成假设方案,也可以改变一些条件和参数让系统在数秒内再次查询并给出结果,也可以通过软件提供的语句控制功能访问不同的文件进行连锁查询,构建新的数据文件,能够非常快地生成任何我们所需的报表。MAPICS 系统结构可以优化 AS/400 的查询功能,使它具有非常友好的用户界面。它是我们用过的报表生成软件中最容易上手的。

不管市场需求是扩大还是减少,MAPICS 系统总能帮助企业很快地根据不断变化的市场需求调整生产。

MAPICS 系统带来的利益无所不在,使得整个生产过程的效率提高了许多,我们现在可以做出更快和更明智的决定,我们能对客户的要求做出更快的响应。如果有必要,我们能在货物被装运之前两分钟更改系统上的配置。

MAPICS 系统使得 IBM Rochester 在运作方式上发生了巨大的变化。人们能够在一台终端或 PC 上完成他们需要完成的任何工作。

资料来源:http://www.chinabyte.com/182/7576682.shtml,2007-09-26.

本 章 小 结

严格控制采购成本,建立合理的进货制度,是企业竞争力增强的主要内容。本章先介绍了门店采购的模式分为单店采购模式和连锁采购模式,然后对进货、验收、退换货都做了详细的阐述。最后分析了门店的仓库管理工作,重点介绍了存货管理知识。

基 本 训 练

一、知识题

(一)选择题

1. 作为长期合作的供应商必须同时具备下列有关质量的文件是(　　)和商检合格证。

A. 营业执照　　　B. 质量合格证　　　C. 经济合同　　　D. 结算合同

2. 超级市场的特点是品种繁多，一般分类是把（　　）作为第一大类；第二大类为日用杂品；第三大类为洗涤用品、卫生用品等。

A. 蔬菜类　　　B. 水产品类　　　C. 食品类　　　D. 生活用品类

3. 商场的供货渠道主要是分为三个方面：一是企业自有供货者；二是原有的外部供货者；三是（　　）。

A. 新的外部供货者　　　　　　B. 原有内部供货者
C. 企业合作伙伴　　　　　　　D. 企业参股单位

4. 连锁总部会对各个门店统一规定每天的订货时间，以保证订货作业的计划性。一般采用的订货方式有人工、电话、传真、（　　）等多种形式。

A. 固定间隔期　　　B. 不定期　　　C. 电子订货　　　D. 书面联系

5. 仓库有些商品会因为包装问题或其他原因损坏，需要申请（　　）。

A. 调拨　　　B. 报损　　　C. 领用与发出　　　D. 盘点与处置

（二）判断题

1. 连锁门店根据自己的地理位置、周边地区的特色，决定怎么样的商品定位。并跟随着商品的定势而定位，围绕着商品的定位而转化，伴随着商品的转化而调整的原则是商品转化原则。（　　）
2. 门店存货控制要注意整个供应链水平上协调进行库存管理。（　　）
3. 验收分为厂商配送验收、总部配送验收和自行进货验收。（　　）
4. 在一定的时段内测定出商品标准销售额（如3 000元），达不到标准销售额的即可淘汰的方法是销售量法。（　　）

二、思考题

1. 请描述超市的进货流程。
2. 门店在收货时，要遵循什么原则？
3. 超市如何防止缺货？
4. 门店仓储存货控制业务流程是什么？

观 念 应 用

一、案例题

家乐福商品进货与存货管理

大型国际连锁零售企业如沃尔玛、家乐福等在近年的发展中都形成了很好的进货与存货管理经验，在发展中形成了良好的需求预测、购料订货、存货控制、仓储管理、信息管理的系统。这些经验为我国连锁企业进货与存货管理提供了良好的借鉴。结合零售业家乐福的做法进行具体的阐述。

1. 需求估算阶段

第一个环节是计划环节（Plan）。预先周全的计划，可以防止各种可能的缺失，可以使人力、设备、资金、时机等各项资源得到有效充分的运用，可以规避各类可能的大风险。制订一个良好的商品计划可以减少公司不良库存的产生，又能最大效率地保证生产的顺利进行。在商品的管理模式上，家乐福实行品类管理（Category Management），优化商品结构。一件商品进入之后，会有POS机实时收集库存、销售等数据进行统一的汇总和分析，根据汇总分析的结果对需求的商品进行分类。然后，根据不同的商品分类拟订相应适合的需求计划。对于各类型的不同商品，分类制订不同的订货公式的参数。根据安全库存量的方法，当可得到的仓库存储水平下降到确定的安全库存量或以下的时候，该系统就会启动自动订货程序。

2. 订购阶段

计划层面（Plan）的下一个层面即为实施层面（Do），也就是购料订货阶段。在选用合理的存货管理模式后，根据需求估算的结果来实施订货的动作，以确保购入的货物能够按时、按量的到达，保证以后生产或销售的顺利进行。

家乐福的购料订货模式：在家乐福有一个特有的部门——OP（ORDER POOL），也就是订货部门，是整个家乐福的物流系统核心，控制着整个企业的物流运转。在家乐福，采购与订货是分开的。由专门的采购部门选择供应商，议定合约和订购价格。OP则负责对仓库库存量的控制；生成正常订单与临时订单，保证所有的订单发送给供应商；同时进行库存异动的分析。作为一个核心控制部门，它的控制动作将它的资料联系到其他各个部门。对于仓储部门，它控制实际的和系统中所显示的库存量，并控制存货的异动情况；对于财务部门，它提供相关的入账资料和信息；对于各个营业部门，它提供存量信息给各个部门，提醒各部门根据销售情况及时更改订货参数，或增加临时订量。

3. 仓储作业阶段

家乐福的做法是将仓库、财务、OP、营业部门的功能和供应商的数据整合在一起。从统一的视角来考虑订货、收货、销售过程中的各种影响因素。因此，家乐福仓储作业的管理就必须联系它的OP、财务、营业部门，这是一个严密的有机体。仓库在每日的收货、发货之外会根据每日存货异动的资料，将存量资料的数据传输给OP部门，OP则根据累计和新传输的资料生成各类分析报表。同时，家乐福已逐步将周期盘点（Cycle Count）代替传统一年两次的"实地盘点"。在实行了周期盘点后，家乐福发现最大的功效是节省了一定的人力、物力、财力，没有必要在两次实地盘点时大规模地进行行动了；同时，盘点的效率得到了提高。

4. 账务管理阶段

账务管理是进货与存货管理循环的最后一个环节，同时也是下一个循环的开始。其包含两部分的内容：一是指仓储管理人员的收发料账；另一部分则是财务部门的材料账。对于这两类账的日常登记、定期的检查汇总，称之为物料的账务管理。账务管理最主要的目标是保证料、账准确，真实反映库存物料的情况。

家乐福的账务管理是从整体的角度出发，考虑仓库、财务、采购各个部门的职责和功能，减少不必要的流程，最大限度地提高效率和减少工作周期。在家乐福，账务管理的基本结构包括三个部分：一是库存管制，由仓管制订；二是异动管理，由OP部门负责入库、出库、物料增减情况的登录；三是库存资讯，包括库存量查询在内，OP提供有关管理需求的账面报表，财务提供有关财务需求的报表。

资料来源：http://guide.ppsj.com.cn/art/2294/22943，2007-10-26.

问题：

1. 请结合本案例内容，系统分析一下家乐福的订货、收货、销售过程中的各种影响因素。
2. 从家乐福进货与存货管理经验中，得到哪些启示？

二、单元实训

到某一具体连锁超市考察其商品订购、仓储与销售情况，写一个实训报告，要分析公司在此方面的得失，提出自己的建议。

第 7 章 商品陈列管理

【学习目标】

通过本章学习，了解卖场商品配置的方法，熟悉门店陈列的技巧，掌握卖场生动化设计的有关策略，重点掌握陈列的基本原则与现场操作的要点。

【案例导入】

家乐福商品的陈列

当我们把货架的位置都确定了以后，接下来的问题是，如何把商品放在上面？

一个1万平方米的超市可能有2万个品种，对顾客而言已经很丰富了，但是为什么卖场的销售业绩还是不尽如人意？为什么门店的客单价会很低？这是因为门店的商品结构不合理。比如说塑料盆，只有十几元钱的，没有七八元钱、五六元钱的，这就导致商品结构不合理。当顾客进来了以后，他还是买不到合适的商品。只有丰富的品种数是不够的。经验表明，每一个分类下的单品数，如果没有一个高、中、低价位的组合，卖场会损失掉80%的顾客。

尤其是在中小城市开店的时候，应该特别侧重于百货和纺织品的经营。因为当地的百货商场，在非食品类的经营上都不是很健全，而且价位都很高。所以在这里的卖场中搞百货和纺织品可能会卖得特别火。

家乐福在河北涿州开了一家店，其中第三层卖非食品，包括百货、家电和纺织品，结果第三层的客流量是最多的，因为当地老百姓在百货商场里购买的非食品都是一些中高价位的，品种数也满足不了需求，所以家乐福涿州店的非食品放在较高层依然销售火暴。

资料来源：张艳婷. 销售与市场，2004（3）.

案例分析：在现代商业企业里，商品陈列已不再是纯粹为了展示商品那么简单。商品陈列的方法更加多元化，也被赋予了更多的附加值。恰当的商品陈列不但可以提高销售，还可以更好地提升品牌形象。通过商品的合理布局、品牌含义的运用、色彩适宜的搭配、新老款式的组合、新颖的细节构思等方法，往往能产生一些意料之外的新奇效果。

7.1 商品配置

商品配置是关系到连锁门店经营成败的关键环节。如果商品配置不当，会造成顾客想要的商品没有，不想要的商品却太多，不仅空占了陈列货架，也积压了资金，导致经营失利。

7.1.1 商品位置的配置

要合理地确定商品的面积分配，必须对前来门店购物的消费者的购买比例作出正确的判断与分析。下面是一份超级市场的商品面积分配的大致情况：水果与蔬菜面积10％～15％、肉食品15％～20％、日配品15％、一般食品10％、糖果饼干10％、调味品与南北干货15％、小百货与洗涤用品15％、其他用品10％。

商品位置的配置应该按照消费者购买每日所需商品的顺序作出规划，也就是说，要按照消费者的购买习惯和客流走向来分配各种商品在卖场中的位置。一般来说，每个人一天的消费总是从"食"开始，所以可以以菜篮子为中心来设计商品配置。通常消费者在超级市场的购物顺序是这样进行的：蔬菜水果—畜产水产类—冷冻食品类—调味品类—糖果饼干—饮料—速食品—面包牛奶—日用杂品。

为了配置好超级市场的商品，可以将超级市场经营的商品划分为以下商品部。

(1) 面包及果菜品部

这一部门常常是超级市场的高利润部门。由于顾客在购买面包时，也会购买部分蔬菜水果，所以面包和果菜品可以采用岛屿式陈列，也可以沿着超级市场的内墙设置。在许多超级市场中，设有面包和其他烘烤品的制作间，刚出炉的金黄色的、热气腾腾的面包，常常让顾客爽快地掏腰包，因而现场制作已成为超级市场的一个卖点。

(2) 肉食品部

购买肉食品是大多数顾客光顾超级市场的主要目的之一。肉食品一般应沿着超级市场的内墙呈U形摆放，方便顾客一边浏览一边选购。

(3) 冷冻食品部

冷冻食品主要用冷柜进行陈列，它们的摆放既可以靠近蔬菜，也可以放置在购物通道的最后段，这样冷冻食品解冻的时间就最短，给顾客的携带提供了一定的便利性。

(4) 膨化食品部

膨化食品包括各种饼干、方便面及各种膨化食品等。这类食品存放时间较长，只要在保质期内都可以销售。它们多被摆放在卖场的中央，用落地式的货架陈列。具体布局以纵向为主，突出不同的品牌，满足顾客求新求异的偏好。

(5) 饮料部

饮料与膨化食品有相似之处，但消费者更加注重饮料的品牌。饮料的摆放也应该以落地式货架为主，货位要紧靠膨化食品部。

(6) 奶制品部

超级市场中的顾客一般在其购买过程的最后阶段才购买奶制品，所以奶制品一般摆放在面包及果菜部的对面。

(7) 日用品部

日用品包括洗涤用品、卫生用品和其他日用杂品，一般摆放在超级市场卖场的最后部分，采用落地式货架，以纵向陈列为主。顾客对这些商品有较高的品牌忠诚度，他们往往习惯于认牌购买。这类商品的各种以价格为主的促销活动，会使顾客增加购买次数和购买数量。

第7章 商品陈列管理

> **小资料 7-1**
>
> ### 如何确定各部门、各品类货架数量
>
> 例如某家商场有货架 400 个,膨化食品销售额占 3%,销售数量占 4%,确定膨化食品的货架数量。
>
> 计算:$400×(0.03+0.04)/2=14(个)$
>
> 销售区域划分的意义是促进销售额和降低库存费用。货架个数最终是从商场主题及对消费者的需求上判断的,对需求扩大的品类,分配更多的面积;对需求下降的品类,要毫不犹豫地缩小商场面积。
>
> 资料来源:超市周刊网,2005-12-13.

7.1.2 商品群配置

商品群配置是一种跨分类的新的商品组合。富有特色的商品群对顾客偏好会产生最直接的影响。门店应当不断推出和强化有创意的商品群组合,以吸引更多的顾客。商品群的组合方法有以下几种。

① 按消费季节组合。如在夏季可将凉席、灭蚊剂、蚊帐等组合成一个夏令商品群。

② 按节庆假日组合。如在情人节前夕,可将玫瑰花、巧克力、情侣表、心形工艺品等组合成一个"情人节系列"商品群。

③ 按消费便利性组合。如将罐头、面包、方便面、包装熟食、矿泉水、塑料布、方便袋等组合成一个"旅游食品"系列商品群。

④ 按商品用途组合。如将浴巾、拖鞋、肥皂、洗发水、沐浴露、剃须刀等组合成"常用沐浴用品"商品群。

⑤ 按供应商组合。如将"光明乳业"生产的不同品质商品(如鲜奶、酸奶、高钙奶)、不同目标顾客商品(如婴儿奶粉、学生奶粉、孕妇奶粉、老人奶粉)、不同包装(盒装、袋装、瓶装)、不同容量(250毫升、750毫升)的奶制品组合成一个"光明乳制品"的商品群。

7.1.3 商品配置表

1. 商品配置表的含义

商品配置表的英语名称叫"facing",日文名称叫"棚割表"。在日文中,"棚"意指货架,"割"则是适当的分割位置,也就是商品在货架上获得适当配置的意思。

因此,**商品配置表**可定义为:把商品的排面在货架上做出一个最有效的合理分配,并以表格的形式规划出来。

2. 商品配置表的功能

1)商品陈列定位管理

商品陈列定位管理是使每一种商品在货架上的陈列方位、陈列位置及所占的排面数确定

下来,以达到商品定位的作用。可以加强陈列的规则性,防止盲目陈列;可以通过事前规划给超市中的周转快、毛利高的主力商品留有较好的陈列位置和较多的排面数,以提高卖场的销售效率。

2) 畅销商品保护管理

畅销商品销售速度较快,若没有商品配置表对畅销商品排面的保护管理,常常会发生这种现象:当畅销商品卖完了,又得不到及时补充时,就容易导致不畅销商品甚至滞销商品占据畅销商品的排面,形成了滞销品驱逐畅销品的状况,使商品陈列背离了原来的初衷。这种状况一方面会降低商店对顾客的吸引力,另一方面会使商店失去售货机会并降低竞争力。

有了商品配置表,畅销商品的排面就会得到保护,滞销商品驱逐畅销商品的现象会得到有效控制和避免。同时,畅销商品排面的空缺和不足也可以成为检查和反映门店商品补货与商品陈列质量好坏的"重点",成为发现和分析畅销商品断档原因并加以改进的"关注点"。

3) 商品销售目标管理

超市商品销售目标有两个:一是追求利润最大化,二是追求市场占有率最大化,即尽量扩大销售额,成功的经营是在追求销售额增长的前提下追求利润增长的。

一个企业不论选择侧重于追求利润或是侧重于销售额增长,都必须通过商品的合理配置来实现。如某企业销售额很高,但是利润不高,这时超市应把高毛利的商品放在好的陈列位置销售;如果企业毛利率较高,但销售额太小,这时应把周转快的商品放在好的陈列位置销售,以提高企业的市场占有率。

要想随销售目标的不同而对陈列位置进行调整,就需要依靠商品配置表来给商品以妥当的配置陈列。

4) 经营标准化管理

连锁公司有众多的分店,保持分店的商品陈列一致、促进陈列工作的高效化,是连锁公司标准化管理的重要内容。有一套标准的商品配置表来对分店进行陈列管理,整个连锁体系内的陈列管理就比较易于开展,有利于连锁企业统一的经营风格的形成。同时,商品陈列的改进、调整和新产品的增设及滞销品的淘汰等管理工作,就会有计划、高效率地开展。

3. 商品配置表的制作办法

1) 商品配置表的制作原理

给予每一种商品相对稳定的空间,主要是考虑该商品在商品结构中的地位,并考虑商品配置对商品销售效果的影响,同时也应注意商品的关联性配置对销售效率的影响。制作商品配置表最重要的依据是商品的基本特征及其潜在的获利能力。其应考虑的因素包括以下五个方面。

① 周转率。高周转率的商品一般都是顾客要寻找的商品,其位置应放在较明显的位置。

② 毛利。毛利高的商品应放在较明显的位置。

③ 单价。高单价商品的毛利可能高也可能低,高单价又高毛利的商品应放在明显位置。

④ 需求程度。在非重点商品中,具有高需求、高冲动性、随机性特征的商品,一般陈列在明显位置。销售力越强的必需品,给顾客的视觉效果越好。

⑤ 空间分配。运用高需求或高周转率的商品来吸引顾客的视线,贯穿于整个商品配置表;避免将高需求商品放在视线的第一焦点,除非该商品具有高毛利的特性;高毛利且具有较强销售潜力的商品,应摆在主要视线焦点区内;潜在的销售业绩越大的商品,就应该给予最多的排面。

2）商品配置表的内容

商品配置表分为商品平面配置图和商品立体陈列表。包括货架安排、卖场内各类商品的部门配置、各部门所占面积的划分、商品价格、商品排面数、最小订货单位、商品空间位置、商品品项构成等内容，如表 7-1 所示。

表 7-1 商品配置表样

商品分类 No. 洗衣粉									
货架 No. 制作人：×××									

180 170 160	白猫无泡洗衣粉 1000 克 4F 120001 12.2			奥妙浓缩洗衣粉 750 克 4F 12005 18.5			奥妙浓缩洗衣粉 500 克 4F 12006 8.5		
150 140 130 120	白猫无泡洗衣粉 500 克 2F 12002 6.5			奥妙超浓缩洗衣粉 500 克 3F 12007 12.5					
110 100 90 80	白猫无泡洗衣粉 45 克 2F 12003 2.5			奥妙手洗洗衣粉 180 克 6F 12008 2.5					
70 60 50 40	佳美两用洗衣粉 450 克 4F 12004 2.5			碧浪洗衣粉 200 克 6F 12009 2.8					
30 20 10	奇强洗衣粉 500 克 4F 12011 12.8			汰渍洗衣粉 450 克 4F 12010 4.9					
厘米	10		20		30		40		50

商品代码	规格	售价	单位	位置	排面	最小库存	最大库存	供应商
12001	1000	12.2	桶	E1	4	3	8	
12002	500	6.5	袋	D1	2	15	30	
12003	450	2.5	袋	C1	2	20	32	
12004	450	2.5	袋	B1	4	32	50	
12005	750	18.5	盒	E2	4	12	40	
12006	500	8.5	盒	E3	4	8	20	
12007	500	12.5	袋	D2	3	15	45	
12008	180	2.5	袋	C2	3	25	90	
12009	200	2.8	袋	B2	6	35	90	
12010	450	4.9	袋	A2	4	4	40	
12011	500	12.8	袋	A1	4	12	42	

注：1. 位置是最下层为 A，二层为 B，三层为 C，四层为 D，最高层为 E，每一层从左至右，为 A1，A2，A3，…，B1，B2，B3，…，C1，C2，C3，…，D1，D2，D3，…，E1，E2，E3，…；
2. 排面是每个商品在货架面向顾客陈列的面，一面为 1F，二面为 2F，依次类推；
3. 最小库存以一日的销售量为安全存量；
4. 最大库存为货架放满的陈列量。

3）商品配置表的制作程序

① 通过市场调查，决定商品组合及卖场面积。

② 将商品进行分类，并规划大、中、小类商品应占的面积。

③ 根据商品的关联性、需求特征、能见度等因素确定每一类商品的位置，制作商品平面配置表。

④ 根据商品平面配置图配置设备，前、后场设备应构成一个整体，应注意陈列设备的数量及规格的确定，并参照商品品项资料。

⑤ 收集商品品项资料，包括价格、规格、尺寸、成分、需求度、毛利、周转、包装材料、颜色等，据此决定经营品项。

⑥ 在商品配置表上详细列出每一类商品的空间位置，每一个货架对应一张商品陈列表。

⑦ 按商品配置表进行陈列，并挂好价签，把实际陈列效果拍照留存。

⑧ 观察并记录顾客对商品配置与陈列的反应，以便修正。

7.2 陈列原则

所谓**陈列**，是指把具有促进销售机能的商品摆放到适当的地方。其目的是创造更多的销售机会，从而提高销售业绩。

科学的商品陈列可以起到如下作用：增加销售利润；终端生动化；促进消费者的购买欲望；改善商品库存；陈列美观、突出企业形象；尽量充分利用卖场空间。

在商品的经营中，陈列是一项重要的技术，借助陈列的手法，可将商品的魅力展现在顾客面前，激发顾客的购买欲望。另外，连锁经营的商品也可借助陈列方法使整体形象趋于统一，并使经营管理达到标准化。

作为商品的现场广告，商品陈列的促销作用要比电视广告、报纸广告更有效。商品陈列能将商品的外观、性能、特征和价格迅速地传递给顾客，由其自主比较、选择，可减少询问，缩短挑选时间，加速交易过程。商品陈列经过一系列艺术处理，能起到改善店容店貌、美化购物环境的作用。

7.2.1 商品陈列的九字方针

在零售行业竞争越来越激烈的今天，各种促销手段均以最大程度地被零售商利用，同时在卖场里各尽所能地采用各种技术手段来烘托气氛以促进销售。商品陈列更成为考核零售商素质的一个重要指标，商品陈列要遵循基本的九字方针。

（1）"量"

这是陈列的首要原则，俗话说："货卖堆山"，意思是说商品陈列要有量感才能引起顾客的注意与兴趣，同时富有量感的陈列也是门店形象生动化的一个重要条件。这种做法可增加25%以上的营业额。而如果货架太空，不仅是对空间的浪费，也是直接向顾客显示自己的商品力很弱。

(2)"集"

同类别商品要集中陈列在邻近的货架或位置,让顾客能更容易地按类别找到自己所需要的商品。

(3)"易"

易拿、易取、易还原是商品陈列的条件之一。因为即使再美观、大气的陈列,若顾客拿取不方便,或者拿了再放回去极为麻烦,那么再好看的陈列也无法起到促进销售的目的。

(4)"齐"

商品陈列时尽量保证一个品牌或系列的商品能配套齐全,同时集中陈列,这样才能让顾客有更大的选择余地,在陈列上也能体现整齐、美观的效果。

(5)"洁"

卫生、整洁是顾客对商品陈列乃至整个卖场环境的一个要求。卖场人员在陈列商品的同时要及时清理商品及货架,以体现商品的新鲜度。

(6)"联"

很多商品在顾客心目中是有关联性的,当顾客购买某一商品时需要与其相关的商品来配套,所以关联的商品陈列就显得很有必要,如牙膏与牙刷、茶具与茶叶、垃圾篓与垃圾袋等。

(7)"时"

卖场人员在进行商品陈列时需要注意商品的保质期与有效期等问题。特别是保质期较短的商品如面点、冷藏食品等,卖场人员要遵循"先进先出"的陈列原则,补货人员应该先将后排的商品推到前排,然后将生产日期新鲜的新品补到后排空处。

(8)"亮"

商品陈列的位置要尽量摆放在光线较好、视觉效果好、亮度足够的位置,以保证商品的易见易找。

(9)"色"

很多顾客在卖场购物属于冲动性购买,而引起顾客冲动性购买欲望的因素除价格、品种、量感等原因外,商品外包装的美观及视觉上的冲击也是重要因素之一。因此,在陈列商品时卖场人员应注意各种商品陈列时的色彩搭配,冷暖色调组合适宜,避免同种色彩的不同商品的并列集中陈列,以免造成顾客视觉上的混淆,包装雷同的商品更要注意区分开来。

小资料 7-2

购买行为常被忽视的借势契机

大凡卖场的管理者都知道沃尔玛的这个故事。

沃尔玛曾在对卖场的销售数据进行分析时发现一个很奇怪的现象:尿不湿和啤酒的销售额增幅极其相近,增幅曲线几乎完全吻合,并且发生时段一致。卖场经理很奇怪:这两个完全没有关系的产品的销售变化情况怎么会如此一致?

他们做了很多分析和调查,最后发现:很多年轻的父亲被妻子打发出来给孩子买尿不湿,他们都有喝啤酒的习惯,每次都会顺带着买些啤酒回家。

> 于是，卖场干脆将这两种产品陈列在一起，以方便消费者。从消费者购买习惯出发，组合卖场的某些陈列，也是一个不错的借势方式。消费者的购买习惯其实也是有规律的，关键是我们能不能发现其中的规律并恰当利用。比如，卖场靠近出口和入口的通道上的客流要比别的地方多很多，这是所有消费者在卖场行走购物的规律，那么可不可以根据这个习惯来陈列商品呢？
>
> 比如，消费者的购买习惯分为冲动型和目的型。对于前者，商品自然应该放在客流最为密集的地方，消费者走过商品时，往往很习惯地就将这些商品放进了购物车。这些商品有饮料、面包等商品。再如，消费者在卖场的行走方向绝大多数是单向行走，很少人会在一个卖场的一个通道里来来回回地走动。卖场的单向人流是不是值得利用？当然可以——东方人的方向感绝大多数偏右，会对右手的商品更加留意。所以，同一个通道，往往是客流方向右边的货架的销售要比左边的好。
>
> 当然，消费者还有很多购物习惯可以借势，只要我们仔细观察、科学分析，是完全可以找到其中的规律的。这样的借势用好了，也可以起到意外的效果。
>
> 很显然，搭乘相关产品便车、借旺销产品推广、紧贴弱势产品来突出自己优点等，都是在借产品之势，这样的借势比较容易把握。
>
> 资料来源：企业管理学习网，2005-09-02。

7.2.2 商品陈列的原则

1. 安全性原则

排除非安全性商品（超过保质期的、鲜度低劣的、有伤疤的、味道恶化的），保证陈列的稳定性，保证商品不易掉落，适当地使用盛装器皿，并进行彻底的卫生整理，给顾客一种清洁感。

2. 易见易取原则

谁的商品能够抓住消费者的注意力，谁就是赢家。商品陈列要让消费者显而易见，这是达成销售的首要条件，让消费者看清楚商品并引起注意，才能激起其冲动性的购买心理。所以要求商品陈列要醒目，展示面要大，力求生动美观。

所谓**易见**，就是要使商品陈列容易让顾客看见，一般以水平视线下方25°点为中心的上10°下20°范围，为容易看见的部分；所谓**易取**，就是要使商品陈列容易让顾客触摸、拿取和挑选，一些易碎的商品，应陈列于平胸的高度，避免顾客产生损坏的顾虑。

目前普遍使用的陈列货架一般高165～180厘米，长90～120厘米，在这种货架上最佳的陈列段位不是上段，而是处于上段和中段之间段位，这种段位称之为**陈列的黄金线**。以高度为165厘米的货架为例，将商品的陈列段位进行划分：黄金陈列线的高度一般在85～120厘米之间，它是货架的第二、三层，是眼睛最容易看到、手最容易拿到商品的陈列位置，所以是最佳陈列位置。此位置一般用来陈列高利润商品、自有品牌商品、独家代理或经销的商品。该位置最忌讳陈列无毛利或低毛利的商品，那样对零售店来讲是利润上一个损失。

依陈列的高度，可将货架分为三段。

① 中段为手最容易拿到的高度，一般用于陈列主力商品或企业有意推广的商品。

② 次上、下段为手可以拿到的高度。次上段男性为 160～180 厘米，女性为 150～170 厘米；次下段男性为 40～70 厘米，女性为 30～60 厘米。一般用于陈列次主力商品。

③ 上、下段为手不易拿到的高度。上段男性为 180 厘米，女性为 170 厘米以上；下段男性为 40 厘米以下，女性为 30 厘米以下。一般用于陈列低毛利、补充性和体现量感的商品，上段还可以有一些色彩调节和装饰陈列。

3. 满陈列原则

商品陈列的目标是占据较多的陈列空间，应尽可能增加货架上的陈列数量，要让商品摆满陈列架，做到满陈列，这样可以增加商品展示的饱满度和可见度。据美国的一项调查显示：陈列丰富的超市，销售额平均增长 24％。

4. 垂直集中陈列原则

垂直集中陈列不仅可以抢夺消费者的视线，而且容易做出生动有效的陈列面，因为人们视觉习惯是先上下、后左右。垂直集中陈列，符合人们的习惯视线，使商品陈列更有层次、气势。

系列产品应该呈纵向陈列，如果它们横向陈列，顾客在挑选商品某个商品时，就会感到非常不便。因为人的视觉规律上下垂直移动方便，其视线是上下夹角 25°，顾客在离货架 30～50 厘米距离间挑选商品，就能清楚地看到 1～5 层货架上陈列的商品。而人视觉横向移动时，就要比前者差得多，人的视线左右夹角是 50°，当顾客距货架 30～50 厘米距离挑选商品时，只能看到横向 1 米左右距离内陈列的商品，这样就会非常不便。实践证明，两种陈列所带来的效果是不一样的。纵向陈列能使系列商品体现出直线式的系列化，使顾客一目了然，系列商品纵向陈列会使 20％～80％ 的商品销售量提高。另外，纵向陈列还有助于给每一个品牌的商品以公平合理的竞争机会。

5. 下重上轻原则

将重的、大的商品摆在下面，小的、轻的商品摆在上面，便于消费者拿取，也符合人们的审美观。

6. 重点突出原则

在堆头或陈列架上陈列一系列产品时，除了全品项和最大化的原则之外，一定要突出主打产品的位置，这样才能主次分明，让顾客一目了然。

7. 统一性原则

所有陈列在货架上的产品，标签必须统一将中文商标正面朝向消费者，可达到美观醒目的展示效果，商品整体陈列的风格和基调要统一。

8. 价格醒目原则

标示清楚、醒目的价格牌，是增加购买的动力之一，既可增加产品陈列的宣传效果，又使消费者对同类产品进行比较，还可以写出特价和折扣数字以吸引消费者。

9. 先进先出原则

按出厂日期将先出厂的产品摆放在最外一层，最近出厂的产品放在里面，避免产品滞留过期。专架、堆头的货物至少每两个星期翻动一次，把先出厂的产品放在外面。

10. 堆头规范原则

堆头陈列与货架陈列不同的是，它更集中、更突出地展示某厂家的商品。不管是批发市场的堆箱陈列还是超市的堆头陈列，都应该遵循整体、协调、规范的原则。特别是超市的堆头往往是超市最佳的位置，是厂家花高代价买下做专项产品陈列的，从堆围、价格牌、产品摆放到 POP 配置都要符合上述的陈列原则。

11. 区分定位原则

所谓**区分定位**，是指要求每一类、每一项商品都必须有一个相对固定的陈列位置。为了便于顾客选购商品，应注意以下四个方面。

① 按商品群的分类向顾客公布货位布局图。同时，标示牌的形式也可以灵活多样，依商品类别与陈列位置的不同而设立便民服务柜，实施面对面销售。

② 相关商品邻近布置，以便顾客相互比较，促进连带购买，如录像机与录像带、录音机与录音带、照相机与胶卷，再如，果蔬与肉禽蛋、调味品与肉制品等可存放在临近区域。

③ 把不同品类的商品纵向陈列，从上而下的垂直陈列使同类商品平均享受到货架上不同段位的销售利益。

④ 分区定位并不是一成不变的，要根据商品流行期的变化随时调整，但调整幅度不宜过大。除了根据季节及重大的促销活动而进行整体布局调整外，大多数情况下不做大的变动，以便利老顾客凭印象找到商品位置。

12. 前进梯状原则

所谓**前进陈列**，是指要按照先进先出的原则补货。营业高峰期之后，货架陈列的前层商品被买走后，会使商品凹进货架的里层，这时超市管理人员就必须把凹进里层的商品往外移，从后面开始补充货源，使其前进陈列以保持陈列丰满，保证商品不过期积压。

所谓**梯状陈列**，是指要求陈列商品的排列应前低后高，呈阶梯状，使商品陈列既有立体感和丰满感，又不会使顾客产生被商品压迫的感觉。

一般说来，过分强调丰满陈列和连续性，被商品压迫的感觉就增强，应采取倾斜、阶梯、突出、凹进、悬挂、吊篮等多种方法，能使顾客产生舒适感和亲切感。

7.2.3 商品陈列的几个要素

1. 陈列面的整体调配

① 把回转快的产品摆在中间，可使消费者在购买此产品前浏览其他相关产品；

② 弱势产品放在两旁，强势产品放中间，以保护品牌在货架上的陈列空间；

③ 新产品置于强势产品旁边，可增加新产品与消费者接触的机会。

2. 陈列高度

① 由货架底层调至第二层，商品销量可增加 34%；

② 由第二层调至黄金带，商品销量可增加 63%；

③ 直接由底层调至黄金带，商品销售可增加 78%。

3. 黄金分割商品陈列线

商品放满陈列要做到以下几点。

① 货架每一格至少陈列 3 个品种（畅销商品的陈列可少于 3 个品种），保证品种数量。就单位面积而言，平均每平方米要达到 11~12 个品种的陈列量。

② 当商品暂缺货时，要采用销售频率高的商品来临时填补空缺商品的位置，但应注意商品的品种和结构之间关联性的配合。

③ 提高门店日常销售最关键的是货架上黄金段位的销售能力。根据一项调查显示，商

品在陈列中的位置进行上、中、下 3 个位置的调换，商品的销售额会发生如下变化：从下往上挪的销售一律上涨，从上往下挪的销售一律下跌。这份调查不是以同一种商品来进行试验的，所以不能将该结论作为普遍真理来运用，但"黄金段"陈列位置的优越性已经显而易见。

7.3 陈列方法

7.3.1 大量陈列

所谓**大量陈列**，是指在门店内大面积陈列数量足够多的单一品种或系列商品，或者将这些商品呈堆积状陈列，以吸引顾客的目光，同时营造出一种廉价感和热销感，以达到刺激购买的目的。这种陈列方法是有选择、有重点地用适量的商品陈列出较佳的量感效果，能更好地烘托超市的购物氛围，达到促销的目的。实践证明，如果引导得当，顾客最终的购买量可能比正常消费量提高 3 倍左右。这种陈列法的关键在于，能使顾客在视觉上感到商品很多。

国外一项消费心理调查证明：如果逐渐加大某一种商品在货架上的陈列数量，就会发现在陈列数量未达到一个临界值以前，商品销售的总量并没有明显的变化；而只有陈列数量超过了某个临界值，该商品的销售总量才可能呈现突破性的急剧增长。这一现象就是购买心理学中的所谓**临界爆发理论**。实践证明，有些商品在其他促销条件相同的情况下，仅靠陈列大于临界爆发点的商品，即可增加销售额几倍甚至几十倍。因此商家必须努力实践，寻找和发现特定商品陈列数量的临界点。

1. 大量陈列法的要点

大量陈列一般适用于食品杂货，以亲切、丰满、价格低廉、易挑选等特征来吸引顾客。一般应用于下列情况：低价促销、季节性促销、节庆促销、新品促销等。

① 选择适宜的商品。最好选择那些顾客习惯于批量购买且认知度较高的商品，以及用途简单、消费价格适中的商品。

② 有些类似的商品或相关的商品群，也可以采取在一个展卖台混合堆放的方式，以引起顾客争相选购的轰动性效果，但这种情况下最好采取均一售价的方式。

③ 选择超市的差别化商品和具有经营优势的商品进行大量陈列。

④ 独家经营的特色商品及因供货渠道优势而价格相对便宜的商品，应轮番使用大量陈列方法进行促销。

⑤ 在采用大量陈列的同时配合价格上的优势。如果属于顾客尚未熟悉的商品，也可以先按照略高的价格进行普通陈列，待顾客对这一价格产生初步认同感后再推出折扣，同时配合大量陈列进行促销。

2. 大量陈列法的种类

1) 岛型陈列

这是最常用的一种大量陈列方法。在主通道附近设置平台或推车堆放商品，可以起到吸引顾客注意、刺激购买的作用。如果平台的四面都能被顾客看到，可以大量陈列3~4种商品以吸引来自不同方向顾客的注意。但面对顾客所面向的主要方向的正面位置，应陈列最重要的商品，同时陈列的数量也应最多。

2）落地式陈列法

采用这种陈列方法多适用于带外包装箱的商品。顾客在取货时不会造成商品垮塌，并且取货也比较方便。也可以采用在主通道附近堆叠多层商品的方法，这样在售出部分商品以后仍然能够保持足够的量感。

具体操作时可将商品的非透明包装箱的上部切除（可用斜切方式，一般从上部切除1/3左右），或将包装箱底部切下来，作为托盘式的商品陈列。

这种陈列法适用于整箱的饮料、啤酒、调味品等，可以充分显示商品的促销效果。

3）货架式陈列法

在通道两侧货架的较大空间上陈列同一种商品，也能起到很好的陈列效果。尤其是使用宽度较大的货架，密密麻麻地排列足量的商品，能给人很强的视觉冲击效果。但这时一定要对售出的商品及时进行补充，以免产生凌乱的感觉。

7.3.2 展示陈列

展示陈列是指商店内为了强调特别推出的商品而采取的陈列方法。这种陈列一般适用于百货类和食品类，虽然陈列成本较高，但能吸引顾客的注视和兴趣，营造店铺的气氛。

常用的陈列场所有橱窗、店内陈列台、柜台及端架等。

1. 展示陈列的基本要求

① 明确展示主题，弄清楚要表现什么或要向顾客诉求什么。如新鲜还是营养，时尚还是廉价。

② 要求商品陈列的空间结构、照明与色彩相互有机配合。如正三角形的空间结构给人以宁静、安定的感觉，而倒三角形则给人以动态感、不安定感和紧张感。

③ 注意表现手法，采用一些独特的展示手法吸引顾客的注意。

2. 展示陈列的表现手法

1）突出陈列

即将商品放在篮子、车子、箱子或突出板（货架底部可自由抽动的搁板）内，陈列在相关商品的旁边销售，主要目的是诱导和招揽顾客。

突出陈列应注意以下问题。

① 突出陈列的高度要适宜，既要能引起顾客的注意，又不能太高，以免影响货架上商品的销售效果。

② 突出陈列不宜太多，以免影响顾客正常的动线。

③ 不宜在狭窄的通道内做突出陈列，即使比较宽敞的通道，也不要配置占地面积较大的突出陈列的商品，以免影响通道顺畅。

2）悬挂陈列

即用固定或可以转动的装有挂钩的陈列架，陈列缺乏立体感的商品。一般适用于日用小商品，如剃须刀片、电池、袜子、手套、帽子、小五金工具、头饰等。

3）树丛式陈列

即用篮、筐或桶，将商品随意插在里面，陈列于出入口或端头处，能使顾客产生实惠感。常用十分低廉的价格以整篮、整筐或整桶出售。

4）散装或混合陈列

即把商品的原有包装拆下，单一品项或几个品项组合在一起，以岛型陈列出售。其往往是以一个统一的价格出售，这种陈列方式也能使顾客产生实惠感。

7.3.3 端头陈列

端头即货架两端，这是销售力极强的位置。端头陈列可以是单一品项，也可以是组合品项，以后者效果为最佳。端头陈列做得好可以极大刺激顾客的购买冲动。端架陈列可以引导顾客购物，缓解顾客对特价商品的怀疑和抵触感，同时起着控制卖场内顾客流动路线的作用。

1. 在端架陈列商品的分类

① 特卖商品。配合促销活动进行特卖的商品。

② 大量陈列商品。按照某一主题进行促销活动，或者为某种新商品的上市而布置。

③ 店铺规划商品。由店铺根据实际情况进行规划，设计与促销活动有关的主题销售。

2. 主题性端头的主题设计

无论是哪一类商品组合，都要有精心的主题设计，其内容包括：

① 季节性陈述；

② 品种陈述；

③ 用途的陈述；

④ 厂家、品牌的陈述；

⑤ 价格的陈述；

⑥ 地区性特销活动的陈述。

3. 端架陈列的主题模式

① 对大型活动的宣传和介绍；

② 开展销售；

③ 拟定题目、强调商品；

④ 在展览会上做宣传突出商品群；

⑤ 以项目单和信息为中心，将销售条款化、形象化；

⑥ 有力的吸引（降价、特卖等）。

4. 端架陈列的具体方法

① 单品大量陈列，体现出量感，给人以物美价廉之感。

② 纵向分段陈列，每类商品占一纵列以体现色彩的调节作用。

③ 横向分段陈列，在突出某一主力商品时使用。

④ 拍卖式陈列，提供不同类别、价格一致的商品，让顾客随意挑选。

⑤ 平台式陈列，将商品放在平台上，一般为配合某一主题而进行促销。

⑥ 变化式陈列，经常保持商品陈列的变化。

⑦ 侧面陈列，体积较小的商品悬挂在货架侧面，刺激随机购买。

⑧ 关联相配陈列，突出主力推荐的商品，配以相关商品，巧妙搭配，突出平衡性和紧凑性，扩大视觉效果。

⑨ 交叉陈列，错落有致地搭配，给人以新鲜、丰富的感觉。

5. 端头陈列的注意事项

① 品项不宜太多，一般以 5 个为限。

② 品项之间要有关联性，不可将互无关联的商品陈列在同一端架内。

③ 在几个品项的组合中可选择一个品项作为牺牲品，以低廉价格出售，目的是带动其他品项的销售。

④ 端头陈列应不断推陈出新，每次端架陈列时间以 3～7 天为最好，最长不要超过 10 天。

⑤ 端架周围有充分宽敞的通道。

⑥ 尽可能地向消费者明确优惠点。

各个部门的端架陈列需要注意不同的方面。如食品加工部应注意食谱的提供，调味品的价格，明确主力品目等方面；而糕点部则要注意场面氛围，表现新鲜感和温馨的气氛；日用品部要注意表现色彩和谐、价格陈述等；杂货部要求注重场面，体现购物便利性等。

7.3.4 比较陈列

门店把相同商品，按不同规格、不同数量予以分类，然后陈列在一起，这种陈列法叫作**比较陈列法**。

比较陈列法所要表现经营者的意图是，促使顾客理解店铺薄利多销的特点，从而更多地购买商品。例如一袋方便面售价为 1.6 元，而旁边陈列的 6 袋装方便面卖 8.8 元，12 袋装方便面售价为 15.2 元，这样的比较陈列，就可使顾客比较出买的越多就越便宜，因而刺激顾客购买包装量较多的方便面。

值得注意的是，在进行比较陈列的作业时，陈列量上要多陈列包装量大的该商品，而包装量小和单品量就相应地少一些，以明确为顾客指出购买的方向。一般来说，比较陈列必须事先计划好商品的价格、包装量和商品的投放量，这样才能保证既达到促销的目的又提高了连锁企业的整体赢利水平。

变化性的陈列方法能打破卖场陈列的单调感，活跃营业现场的气氛。尤其是对不处在主通道上的中央陈列货架更显重要，因为它能够把顾客吸引进去。变化性的陈列是打动顾客，刺激其购物欲望的利器。连锁超市经营者必须多动脑筋，合理正确地运用陈列技巧，才能创造出更高的利润。

7.3.5 几种常见的陈列分类方法

1. 色彩分类

人们对色彩的敏感度很高，和谐的色彩最能打动顾客，引起顾客购买欲望。因此，色彩分类法常常被女装品牌作为卖场分类的首选。色彩分类法比较适合色彩较多，并将色彩作为主要设计点的服装品牌。卖场商品的色彩配置不仅要考虑单柜的效果,而且要考虑整个卖场的效果,要使整个卖场呈现和谐的状态。

2. 性别分类

根据顾客的性别进行分类。如休闲装、童装都是先按男女分区,这样既可以方便顾客挑选,同时可以非常快地把卖场的顾客分流到两个部位。

3. 品种分类

这种分类的方式源于大批量销售,就是把相同形式的商品归属一类。如把卖场分成毛衫区、T恤区、裤区等。特点是方便顾客挑选,并且具有可比性,店铺的管理也方便,如进行盘存、统计等工作。比较适合服装配搭性强、款式简单、类别较多、销售量较大的品牌,如中低档的休闲装等。而弱点是色彩搭配比较难做,容易混乱,系列感不强,需要导购员进行引导,或在卖场中局部进行搭配陈列,以弥补这种不足。

4. 价格分类

将卖场的货品按价格进行分类。常用于清货打折时,由于顾客对价格的敏感度增加,采用价格分类的方法会达到较好的效果。

5. 风格分类

这种分类主要适用于风格和系列较多的服装。如可以按照不同场合的不同穿着而分类。一般可分为休闲、职业、运动等类别,这样便于顾客选购,也为顾客前往某个场合的服装提供了方便。

6. 原料分类

按服装面料进行分类,如皮衣专柜、毛衣专柜、牛仔专柜等。这种分类方式,一般要求卖场中同种面料的商品达到一定数量,同时其面料风格与其他产品差别较大,有特殊的卖点。如把皮衣专柜独立陈列成系列,就是要突出皮衣的高贵感觉,在价格上形成差异;把牛仔独立成柜,一方面是突出牛仔粗犷与休闲的感觉;另一方面,给顾客以较大的挑选余地。

依原料分类不宜太细,因为很多顾客对面料的认知度很低,因此一般分成大类,然后再使用其他分类法进行细分。

7.4 陈列技巧

7.4.1 商品陈列技巧

1. 包装展示

在门店里,包装不仅能保护商品,而且兼有展示功能,是卖场无声的推销员。一般来说,顾客在超市将用25分钟浏览约5 000个品种的商品,而最能吸引顾客购买的因素是包装。

2. 货位相对固定

货位相对固定,不轻易变更,这样可以保证老顾客很容易地找到相应的货物,节省购物时间,如果货物发生变更,应及时做好顾客服务。

3. 变化性陈列

变化性陈列,是超市行销中相当重要的一环,不但门店经营者对此很重视,具有通路行销概念的供货厂商也对此相当重视,往往会全力争取在超市中获得变化性陈列的机会。

研究发现,如果在标准的货架上加一个像双手一样伸出的延伸网架,不仅可以扩大商品的陈列量,而且可以使顾客更加容易地看到商品,可增加180%的销售额。

不规则的陈列,就是把商品杂乱地放在一个大网筐里,顾客可以无拘无束地拿取,不仅可以更仔细地查验商品,而且还会产生实惠的感觉,极具诱导性,这种不规则陈列比规则陈列增加的销售额达到一倍左右。

4. 降价标牌

在特卖活动中安置特卖标牌是必要的。在同样的特卖活动中,安置特卖标牌的销量是不安置特卖标牌时的6倍。

5. 充分利用关联陈列

当看到某种事物时,我们会根据自己的经验、知识进行联想。比如,看到皮鞋想到鞋油,看到礼物想到包装纸。如果将这部分用途相关的产品或品类进行相邻陈列,就很容易刺激顾客的冲动性购买和连带销售,使顾客在买A品时也会顺便购买B品。例如在超市农产部门的芹菜、莴苣、红萝卜旁常会陈列沙拉酱;在畜产部门的牛排旁常会陈列牛排酱,这些皆是典型的关联陈列的例子。

关联陈列可以促进卖场活力,也可以使顾客的平均购买点数增加,是一个好的陈列技巧。关联陈列实现了附加销售,使几种相关产品的销售量比单独陈列时更高。

小资料 7-3

就 近 陈 列

运动鞋旁边,不是需要一双很匹配的运动袜吗?枕头应该放在哪儿?当然是床上,让顾客在购买床单时很方便地选到合适的枕头。摩托车旁可以放置什么?头盔。鞋柜旁边陈列相应的鞋油;浴衣旁边陈列洗浴用具;录音机旁陈列一些磁带;DVD机旁陈列一些影视光碟;剃须刀可与须后水相邻陈列;婴儿纸尿裤和婴儿湿巾就近摆放;洗衣粉和柔顺剂陈列在一起……

总之,只要是相关性很强的,在使用时需要同时出现的物品,商家就可以大胆陈列。这样做等于变相给顾客一个购买更多商品的理由,使他们不再因为害怕寻找商品太麻烦而放弃购物。

事实上,顾客很喜欢将整套物品带回家。日本某商场将一种名为"丘比"的调料放在菠菜旁边出售后,原本一星期只能销售658把的蔬菜,增加至1 650把,业绩增长161%;该调料原本一星期只销售19瓶,现在增加到300瓶。

目前,国外出现了早餐食品品类、海滩度假用品品类等新的品类概念,都是顺应消费者新的需求而产生的。所以,零售商要密切关注消费者生活方式的变化以便快速反应。

当然，并非所有的相关性品类都可以做到就近陈列。在满足了关联陈列程度较强的品类相关陈列后，还可以考虑在某些品类进行更加生动化的二次陈列，以刺激冲动性购买。

资料来源：超市168网，2006-10-31.

6. 裸露陈列法

好的商品摆放，应为消费者观察、触摸及选购提供最大便利。部分商品应采取裸露陈列，允许消费者自由接触、选择、试穿试用或亲口品尝，以减少其心理疑虑，降低购买风险，坚定顾客的购买信心。

7. 季节与节日陈列法

季节性强的商品，应随季节的变化不断调整陈列方式和色调，尽量减少店内环境与自然环境的反差。这样不仅可以促进季节性商品的销售，而且使消费者产生与自然环境和谐一致、愉悦顺畅的心理感受。这在时装、烹调产品上体现得尤为明显。

8. 艺术陈列法

这是通过商品组合的艺术造型进行陈列的方法。各种商品都有其独特的审美特征，如有的款式新颖、有的造型独特、有的格调高雅、有的色泽鲜艳、有的包装精美、有的则气味芬芳。在陈列中，应在保持商品独立美感的前提下，通过艺术造型，使各种商品之间巧妙布局、相映生辉，达到整体美的艺术效果。可以采用直线式、形象式、艺术字式、单双层式、多层式、均衡式、斜坡式等多种方式进行组合摆放，赋予商品陈列以高雅的艺术品位和强烈的艺术魅力，从而对消费者产生强大的吸引力。

9. 重点陈列法

现代商店经营商品的品种繁多，少则几千种，多则上万种。尤其是大型零售超市，品类多且每个品类又有许多单品。要使全部商品都引人注目是不可能的，可以选择消费者大量需要的商品为陈列重点，同时附带陈列一些次要的、周转缓慢的商品，使消费者在先对重点商品产生注意后，附带关注到大批次要产品。

10. 背景陈列法

将待销售的商品布置在主题环境或背景中，这在卖点很强的节日中体现得尤为明显。例如，情人节将巧克力、玫瑰花、水晶制品等陈列在一起；圣诞节将松树、圣诞老人、各种小摆件摆放在同一卖场，效果都不错。

11. 购物决策树

在购买产品的过程中，影响购物者作出购物决策的有一系列因素。这些因素有优先层次，也就是说购物者的思维过程是有一个序列的，我们将其称为**"购物决策树"**。例如购买洗发水时，购物者会考虑品牌、功能、价格等因素，但对购物者的调查表明，74%的购物者会优先考虑品牌，然后考虑功能；只有26%的购物者会优先考虑功能，后考虑品牌。

有了购物决策树后，我们还需要注意以下一些问题。

① 购买决策过程是下意识的，购物者很难说出其中的步骤，我们需调查影响顾客购买决策的因素，再经过专业人员的综合分析，才能得到最终结论。

② 不同品类有着不同的购买决策树。如洗发水、纸尿裤及空调，它们的决策树就各有特点，互不相同，其陈列分类也就有所区别。

③ 在很多品类的购买决策中，品牌都占据着重要的位置，如化妆品、服装、洗化品等，

但商品陈列并不是一定要按照品牌进行，而是要充分考虑顾客的需要，并结合商品的用途和功能进行。

7.4.2 生鲜商品陈列要点

1. 陈列的标准

① 新鲜感。

② 量感。货架丰满有序，以达到销售目的。

③ 卫生感。食品卫生可使顾客产生可靠的感觉，也反映出生鲜区的管理水平。除商品陈列要整洁外，还包括陈列设备和工作台、陈列器具和包装物、陈列区环境如地面、墙面的整洁。

2. 陈列的基本方式

1）常规陈列

商品配置与商品陈列图确定之后，陈列位置相对固定，则不需做经常性调整，以日常性陈列状态来表现门店整齐规范的形象。常规陈列是整体陈列的主体，常规陈列形态包括柜台陈列、堆头陈列、挂架式陈列、网篮陈列等。

2）原位变化陈列

以常规陈列为基础，陈列位置不做大的变动，根据客流、季节和促销活动进行特别陈列，适当增加陈列排面和数量。

3）大量陈列

常用于销售量很大、季节性强的农产品、水果、蔬菜等。如根据销售量预计，将上百箱苹果、橙子进行堆头集中陈列，突出新鲜和量感，目的是在短时间内将某个品种或品类的销量提高到上限。大量陈列堆头陈列有两大忌：一是一个堆头由若干品种使用；二是堆头长时间不变。

4）特别促销陈列

随季节和节假日的变化，或基于某个有创意的促销主题做特别促销陈列，将对促销结果产生很大影响。

5）特色陈列

特色商品的概念是，每个超市都应该有反映自己特色的商品，如上海农工商超市中的鸡蛋，某些城市中好卖的肉馅、豆制品及蛋糕等。对特色陈列的要求是：位置稳定，货位丰满，在常规陈列中装饰鲜明并容易被顾客所捕捉到。

3. 陈列要点

① 蔬菜水果类商品最富有色彩的变化，其天然的鲜艳色彩，加上种类繁多，在陈列架上的吸引力之大，为其他商品所不及。

② 蔬菜水果的陈列，首先应注重的是量感的魅力，应造成数量充足、内容丰富的感觉。往往在陈列中强化其色彩，使其形成鲜明的对比，以显示货色齐全。例如，红色的苹果与黄色的柠檬紧邻陈列，则可深化产品鲜美与丰富的感觉。

③ 商品陈列的环境装饰，如图片、样品（面包、蛋糕、水果、海鲜等）、灯光、气味等。

④ 商品组合，关联性较强的商品进行配合陈列，同时强调变化。商品组合方式有季节

组合法，如煲汤料、腊肠；节庆组合法，如情人节蛋糕和卡片；消费便利组合法，如调味品；商品用途组合法，如牛奶和面包；主题促销组合法，如烧烤节时，调味肉、料、烧烤用具一起组合销售。

⑤ 重视商品的推介。顾客不买商品的原因之一是因为对商品不了解，特别是新产品，需要通过 POP 或其他方式做出商品的要点介绍，来吸引顾客尝试新的产品，关键是要以各种不同的方式，让顾客了解和知道商品及其用法。

⑥ 商品陈列形象管理。要持续不断地进行检查、整理、补货，商品就是在这样反反复复的形象维护中销售出去的。

7.4.3 生鲜商品的具体陈列技巧

1. 蔬菜水果的陈列

1）蔬菜分类

① 根茎类：胡萝卜、白萝卜、马铃薯等。

② 叶菜类：白菜、菠菜、卷心菜、大白菜、小白菜等。

③ 花果类：豌豆、花菜、青椒、西兰花等。

2）生鲜蔬果经常面临的四种损耗

蔬果类从采摘到运销的过程中，会将水分不断地排出，因此极容易腐烂。蔬果类的四种损耗包括：腐坏（腐烂）；干化（枯萎）；作业处理不良；修剪不当。

蔬果在陈列以前必须经过以下程序：冲洗、分类、分级、修剪、包装、商品化，并区分为可常温保存的蔬菜水果、需立即冷藏的蔬菜水果、需特殊处理的蔬菜水果几类，以确定储藏与陈列方式。

2. 肉类生鲜品的陈列

据调查，一般消费者在超市购买肉类生鲜品的比例为 14.5%，超市的肉类生鲜品（包括猪肉、牛肉、小牛肉、羊肉、熏肉、便餐肉、家禽肉及其他肉食品等）的销量呈与日俱增之势。

由于肉类食品的人工附加值和包装材料成本占了 60%，所以必须提高效率，超市经营对于其处理作业与管理应给予高度重视。

1）温度管理

适当的温度有利于肉品的维护与处理，而且可以减少损耗，延长肉品的销售时间。通常在适当的温度管理与控制下，能使耗损平均降 5% 左右。

① 冷藏库的温度最好控制在 $-1\ ℃ \sim -5\ ℃$ 之间；

② 切割处理区与肉品包装区的温度最好在 15 ℃ 左右；

③ 陈列柜（冷藏柜）的温度应维持在 3 ℃ 左右；

④ 熏肉、加工肉食品区则以 $1\ ℃ \sim 2\ ℃$ 为宜；

⑤ 经过 $-3\ ℃$ 冷冻的肉品，不适宜用保鲜膜包装。

2）肉品陈列应注意的其他事项

① 要保持每一商品的最低陈列量并整理排面，使之整齐；

② 经常检查陈列的商品，如有不良的商品应剔出。检查项目有：肉品是否发生质变；

包装是否完整；标示是否完整明确；肉色是否有变化；肉汁（血水）是否渗出；

③ 冷藏肉品的单品应避免重叠而影响冷气对流及挤压造成的变形；

④ 陈列面不要超越装载线，以免堵塞通风而影响了展示柜的冷气对流；

⑤ 商品标示要面向顾客，使顾客容易了解商品的包装日期、单价、总量及重量；

⑥ 不同单品要以分隔板间隔，以明确种类；

⑦ 牛肉、羊肉、鸡肉、鸭肉等肉品要划分单独陈列区域，关联产品要陈列在一起。

一般来说，体积大且重的商品要置于下层，以使顾客易选、易拿、易看，并依家禽肉、猪肉、羊肉等大类来陈列。

3. 奶制品、烘焙制品的作业管理

1）奶制品

奶制品可谓顾客的"必需性商品"，其最大的效益在于吸引客流，因为奶制品可与其他商品如面包、奶油、果酱、点心、饼干等产生关联性购买。奶制品由于极易腐坏，必须定时检视陈列柜。其相关的商品组合举例有：牛奶与麦片、小西点；奶油与面包；冰淇淋与点心、蛋糕；奶油与饼干、煎饼；乳酪与通心粉。

2）烘焙制品

烘焙制品在超市中，可分为两类：面包和现做西点类；饼干、小甜心与其他烘焙制品类。在整个烘焙食品的销售量中，以面包类的销售为最高，约为总销售量的55%；西点次之，约为总销售量的31.7%。面包是形成价格印象的最佳商品，而西点则较易于刺激购买欲。因此，必须使其更商品化，以促进全部销货的增加与贡献度。烘焙制品必须注意，要方便需大量购买的顾客，并且安排在消费者购物过程中的开端，以诱使消费者在购物预算之外作冲动性购买。

通常超级市场在开始营业后，应迅即补充或保持适度的面包存量，使顾客产生有利的商店印象，而品质良好的烘焙制品更能促进消费者作冲动性购买。

4. 水产品陈列技术

超级市场中的水产品可以分为三大类：新鲜的水产品、冷冻的水产品及盐干类水产品。新鲜的水产品又可以分为活着的水产品和非活着的水产品。不同类型的水产品其陈列方式各不相同。

1）鲜活的水产品陈列法

活鱼、活虾、活蟹等水产品要以无色的玻璃水箱进行陈列，以满足顾客对新鲜度的需要。在日常生活中，水中游弋的鱼虾常常备受消费者的喜爱，它们的价格明显高于非活着的同类水产品。

2）新鲜的非活着的水产品陈列法

新鲜的非活着的水产品是指出水时间较短、新鲜度比较高的水产品。这种水产品一般用白色托盘或平面木板进行陈列。陈列时在水产品的周围撒上一些碎冰，以确保其质量和新鲜度；摆放时整鱼鱼头朝里，鱼肚向下，碎冰覆盖的部分不应超过鱼身长的1/2；不要求整齐划一，但要有序，以突出鱼的新鲜感。

3）段、块、片鱼的陈列法

一些形体较大的鱼无法以整鱼的形式来陈列，则可分段、块、片来陈列，以符合消费者一餐的消费量。对这种商品，应该用白色深底托盘来陈列，盘底铺上3~5厘米厚的碎冰，冰上摆鱼，顶层鱼段少，底层鱼段多，要有一定的层次感，以体现其品质的优良。

4) 冷冻水产品陈列法

冷冻水产品一般被陈列在冷柜中，产品的外包装应该留有窗口，或者用透明的塑料纸包装，使消费者能够透过包装清楚地看到产品实体。冷柜一般应是敞口的，并连续制冷，以确保冷柜内必要的温度水平。

5) 盐干类水产品陈列法

盐干类水产品短期不会变质。这类水产品应使用平台陈列，以突出其新鲜感。由于地域的差异，我国北方许多消费者不习惯食用贝壳类水产品，因此超级市场应提供调味佐料，提供烹饪食谱，必要时还可以提供烹饪好的食物照片，以增加产品的销售。

小资料 7-4

商品陈列的表现技巧

1. 商品陈列的主要因素

（1）明亮度

店内的基本照明须保持一定的明亮度，使顾客在选购参观时能看得清楚，而商品本身也可借此凸显其独特之处。

（2）陈列高度

商品陈列架的高度一般以 180 厘米最为普遍，而顾客胸部至眼睛的高度是最佳陈列处。

（3）商品种类的概念

按照商品本身的形状、色彩及价格等不同，适合消费者选购参观的陈列方式也各有不同。

一般而言，可分为：

① 体积小者在前，体积大者在后；

② 价格便宜者在前，价格昂贵者在后；

③ 色彩较暗者在前，色彩明亮者在后；

④ 季节商品、流行品在前，一般商品在后。

2. 商品陈列要领

① 隔板的有效运用，用以固定商品的位置，维持货架的整齐度。

② 面朝外的立体陈列，可使顾客容易看到商品。

③ 标价牌的张贴位置应该一致，并且要防止其脱落。若有特价活动，应以POP或特殊标价牌标示。

④ 商品陈列：由小到大、由左而右、由浅而深、由上而下。

⑤ 货架的分段：

● 上层，陈列一些具代表性的商品，如分类中的知名商品；

● 黄金层，陈列一些有特色、高利润的商品；

● 中层，陈列一些销售较为稳定的商品；

- 下层，陈列一些较重的商品，以及周转率高、体积较大的商品；
- 集中焦点的陈列，利用照明、色彩和装饰来制造气氛，集中顾客的视线。

3. 商品陈列的规格化

① 商品标签向正面，可使顾客一目了然，方便拿取，也是一种最基本的陈列方式。
② 安全及安定性的陈列，可使开架式的卖场无商品自动崩落的危险。
③ 最上层的陈列高度必须统一。
④ 商品的纵向陈列，即所谓的垂直陈列，眼睛上下移动比左右移动更加自在及方便，也可避免顾客漏看陈列的商品。
⑤ 隔板的利用，可使商品容易整理，且便于顾客选购。尤其是小商品，更应用隔板来陈列。
⑥ 根据商品的高度，灵活地调整货架，可使陈列更富变化，并有平衡感。
⑦ 保持卖场清洁，并注意卫生，尤其是食品，更要注意这一点。
⑧ 割箱陈列的要点是切勿有切口不平齐的情形，否则会给人不佳的印象。

4. 为使陈列有变化的特别陈列

利用壁面、柱子、柜台进行大量陈列，如悬挂式陈列或进行布置性陈列及POP展示。

5. 商品展示的基本方法

（1）放置性陈列
① 并排。陈列架、展台。
② 堆积。销售台、陈列台、花车、手推车。

（2）粘贴式陈列
① 张贴。墙壁、画框网子。
② 捆绑。细强绳、棍子。

（3）悬挂式陈列
主要是垂吊、悬挂。

资料来源：超市联盟论坛网，2005－07－31。

7.5 陈列维护

7.5.1 陈列的标准

1. 清洁感

注意去除货架上的锈迹、污渍，实时对地面、货架、商品进行清扫，保持整个卖场干净整洁。清洁的卖场陈列标准包括：

① 明亮的卖场；
② 以适当的高度排列；

③ 随时整理整顿（陈列面要齐全）；
④ 商品容易比较；
⑤ 丰富的商品；
⑥ 清洁；
⑦ 明显地标示出价格；
⑧ 富有安全感（明确表示品质）。

2. 鲜度感

保证商品质量良好，保证商品不带尘土、伤疤、锈迹，使商品的正面面对顾客等。

3. 生动化

按季节变化举行不同的促销活动使卖场更生动化，不断创造出新颖的卖场布置，富有季节感的装饰，设置与商品相关的说明看板，相关商品集中陈列，通过照明、音乐渲染购物氛围，演示实际使用方法促进销售。

4. 立体陈列

① 所陈列的商品要与货架前方的"面"保持一致；
② 商品的"正面"要全部面向通路一侧；
③ 避免顾客看到货架隔板及货架后面的挡板；
④ 陈列的高度，通常使所陈列的商品与上段货架隔板保持可伸进一个手指的距离；
⑤ 陈列商品间的距离一般为 0.5 厘米；
⑥ 在进行陈列时，要核查所陈列的商品是否正确，并安放宣传板及 POP。

5. 考核陈列成本

为了提高收益率，要考虑将高品质、高价格、收益性较高的商品与畅销品搭配销售，在提高效率的同时，防止了商品的损耗。

7.5.2 陈列检查的要点

陈列检查的要点主要有：
① 商品是否有灰尘；
② 棚板、隔物板贴有胶带的地方是否弄脏；
③ 标签是否贴在规定位置；
④ 标签及价格卡的售价是否一致；
⑤ POP 是否适用；
⑥ 商品最上层高度是否太高；
⑦ 商品是否容易拿，容易放回原位；
⑧ 棚架是否间隔适中；
⑨ 商品分类别标示板是否正确；
⑩ 是否遵守先进先出的原则；
⑪ 商品是否做好前进陈列；
⑫ 商品是否快过期或有损毁、异味等不适销售的状态；
⑬ 样品是否和实际商品有差异；

⑭ 陈列位置是否位于热卖点；
⑮ 陈列位置的大小、规模是否合适；
⑯ 是否有清楚、简单的销售信息；
⑰ 价格折扣是否突出、醒目并便于阅读；
⑱ 是否妥善运用了陈列辅助器材。

小资料 7-5

某服装商场专柜陈列考核标准十五条

① 专柜是否给顾客留有无阻碍的通道；
② 专柜是否有重点展示的陈列吸引顾客；
③ 专柜上是否有宣传手册供顾客翻阅；
④ 专柜陈列道具高度、POP大小、位置是否正确；
⑤ 商品标示卡位置、大小、内容是否正确；
⑥ 商品陈列是否显得丰满、有序、有条理；
⑦ 货架上的衣服是否折叠整齐，颜色是否遵循一定的规律陈列；
⑧ 挂架两头的第一件衣服是否面向顾客，外套是否配有衬衣、领带等饰品；
⑨ 若在一个挂架上，必须要放同一品种的商品时，是否遵循尺码由小到大、颜色由浅至深，遵循一定的规律；
⑩ 模特的陈列服装是否每周更换两次，以保证新鲜感和不会因陈列过久而造成残损；
⑪ 模特服装是否有同类生活用品予以搭配，如丝巾、皮鞋、皮包等；
⑫ 为方便顾客购买，是否标明商品价格、产地、型号等；
⑬ 灯源，包括天花灯盘、灯箱是否正常；
⑭ 射灯是否打在应强调的特别位置；
⑮ 绿色植物是否在适当的位置并干净整洁。

资料来源：知行经理人之家网，2006-11-29.

【补充阅读材料】

可口可乐的市场生动化

可口可乐公司自1886年诞生，至今已有百年多的历史。可口可乐的产品质量大家有目共睹，而形象质量是通过市场生动化工作来展示的。在可口可乐公司的市场策略中，有效的生动化是其中最重要的部分之一。可口可乐公司的终端建设，非常强调科学化、标准化，其经验值得借鉴。

所谓生动化，是指在售点上进行的一切能够影响消费者购买可口可乐产品的活动。生动化原则的内容包括三个方面：产品及售点广告的位置、产品及售点广告的展示方式、产品陈列及存货管理。

生动化工作的目标包括以下 4 个方面：
① 使消费者容易见到可口可乐的产品；
② 强化售点广告，增加可见度；
③ 吸引消费者对可口可乐产品的注意力；
④ 提醒消费者购买可口可乐的产品。

要达到这些目标，业务员在做生动化工作时必须考虑四个方面的内容——位置、外观、价格牌、产品次序及比例。

（1）位置

可口可乐强调产品要摆放在消费者流量最大、最先见到的位置上。为此，业务员要根据商店的布局及货架的布置，根据客流规律，选择展示可口可乐产品的最佳位置。如放在消费者一进商店就能看见的地方、收银台旁边等，这些地方可见度大，销售机会多。

（2）外观

货架及货架上的产品应清洁、整齐。

（3）价格牌

应有明显的价格牌，所有陈列的产品均要有明显的价格标示，所有产品在不同的陈列设备中的价格均须一致。

（4）产品次序及比例

陈列在货架上的产品应严格按照可口可乐、雪碧、芬达的次序排列，同时可口可乐品牌的产品应至少占 50％的排面，产品在货架上应唾手可得。包装相同的产品必须位于同层货架上，同时要平行，包装轻的放上面，重的在下面。要注意上下货架不同包装的品牌要对应，如上层是易拉罐的可口可乐，则下层的对应陈列就是塑料瓶的可口可乐，这就是所谓的品牌垂直。

资料来源：有效营销网，2007－02－22.

本章小结

一个好的卖场不单要用好的商品来留住顾客的脚步，重要的是能持续保持一种活力，即通过经常对卖场店面、货架等的调整和变更，达到顾客常往常新的效果。本章主要讲述了如何经济而高效地进行卖场陈列的管理，包括陈列的原则、标准和具体方法等。

基 本 训 练

一、知识题

（一）选择题

1. 商品群的组合方法包括（　　）。
   A. 按节庆假日组合　　　　　　　　B. 按商品用途组合
   C. 按供应商组合　　　　　　　　　D. 按商品色彩组合
2. 评价好陈列的标准主要有（　　）。
   A. 清洁感　　　　B. 色彩感　　　　C. 鲜度感　　　　D. 生动化
3. 在端架陈列的商品可分为（　　）。
   A. 特卖商品　　　　　　　　　　　B. 大量陈列商品
   C. 店铺规划商品　　　　　　　　　D. 选购品

（二）判断题

1. 端头陈列的品项越多越好。　　　　　　　　　　　　　　　　　　（　　）
2. 商品放满陈列的要求是货架每一格的品种越多越好。　　　　　　　（　　）
3. 岛型陈列是最常用的一种大量陈列方法。　　　　　　　　　　　　（　　）
4. 采用落地式陈列法的多是带外包装箱的商品。　　　　　　　　　　（　　）
5. 大量陈列不能与普通陈列交叉混放。　　　　　　　　　　　　　　（　　）

二、思考题

1. 展示陈列常用到哪些表现手法？
2. 如何做好比较陈列？
3. 专卖店的主题陈列如何运作？
4. 卖场的生鲜食品应如何陈列？

观 念 应 用

一、案例题

家乐福的陈列经验

1. 分布商品

商品分布的原则是：要根据商品分类表进行布局，每一个部门呈区域性摆放，尽量不要把家电拆开；若要拆开，中间不应间隔其他的无关品类，如文化用品之类。

在门店入口的地方，国际上比较流行的模式是：右侧为文化用品区，这里通常都是矮货架，图书、音像制品可以直接展示其画面和音乐效果，顾客一进入门店就会被热闹的气氛所感染。

分布商品还有两个原则：
① 关联性的商品要陈列在同一个区域，如铅笔盒和笔类要陈列在一起；
② 为了降低成本，通常将生鲜商品都集中在一起。

2. 划分各部类的营业面积

各部类的营业面积该怎样划分？各大类、中类和小类，其经营面积一般是靠销售额的比例来进行划分的（单品不能光靠销售额）。比如说1 000平方米的一个超市，其中干性副食部门营业额占全店营业额比例是14%，整个店的营业额是3 000万元，平均米效就是3万元，货架的使用比例是40%。我们确定一下货区的面积。

首先要确定一下这个部门的营业额是多少，假设是588万元/年，则就用588万元再除以平均米效3万元，得到196平方米。那么这个部门货架应该有多大的面积？因为货架使用比例是40%，所以最终就是78平方米这样的使用面积。这样货架比例就确定了。

资料来源：销售与市场，2004－03－22.

问题：

分析家乐福的陈列经验。

二、单元实训

参照你所在地较有代表性的门店，讨论其商品陈列的优缺点。

第 8 章

商品盘点管理

【学习目标】

通过本章学习，了解盘点的概念、作用，掌握盘点的原则、方法、实施步骤与盘点措施，盘点差异的确认与处理。重点掌握盘点管理的方法、要点和盘点差异的确认与处理，并能结合实际提高盘点管理水平。

【案例导入】

东莞东越服装仓库盘点

东莞东越服装有限公司位于我国最大的服装名城——广东虎门，是一家集品牌经营、产品开发、规模生产、市场营销为一体的大型现代化制衣企业。目前公司已成功运作"以纯""温琦"等多个知名休闲服装品牌，全国各地的营销网点达到几千家，现已发展成为最受欢迎的休闲品牌。

东越公司目前所用的 ERP 系统，通过采集器完成公司及经销商专卖店的成品盘点工作。系统会先将货品的相关信息导入到采集终端中，这样在盘点过程中能显示货品的信息并有效防止错误条码对盘点工作带来的不便。

通过采集器进行盘点，大大减少了以前在公司及专卖店每个月的盘点工作中所花费的时间及人力、物力，使盘点的效率至少提高了 3 倍以上，也让 ERP 系统中的数据与实物更加准确。同时在订货会上通过采集器进行订货也让订货会的效率有了提高，不用再像以前那样在订货会现场摆出几十台电脑专门进行数据录入了。

资料来源：http：//www3.ccw.com.cn/viewthread.php？tid=1034905，2007-04.

案例分析：商品盘点是连锁经营企业经营管理的基础工作之一，是门店管理的重要作业。企业要准确地把握商品库存情况，才能及时进货和补货，减少缺货断货情况的发生，确保企业营业的正常运行。这就需要连锁企业加强商品盘点管理，要不断采用先进的盘点管理工具提高盘点效率。

8.1 盘点概述

商品盘点是门店管理的重要作业之一。由于收发商品的人为作业疏忽、计算机输入资料错误、仓储不当造成商品损失等因素，均会造成商品存量不正确及账物不一致的现象，这就要求把仓库和陈列的商品与账上的数量进行对照，以确定商品的实际数量。通过盘点，可以查明陈列或仓库内有无积压过期商品，查清商品在数量上已有的或潜在的差错事故，达到账、卡、物三者相符，以便更新存量记录、确认损益、采取补救措施、减少损失、评估仓储管理绩效。

8.1.1 盘点的概念

所谓**盘点**，是指将陈列和仓库内现有商品的存量进行实际清点，与账上记录的数量进行对照，以确定商品的实际数量、状况及储位而进行的清点作业。简而言之，盘点就是查核库存商品的实际数量与管理单位的存量账卡上所记载的数量是否相符，也是一种证实某一定期间内储存商品的结存数量是否无误的方法。

8.1.2 盘点的意义

盘点是为了确定仓库内或其他场所内所存商品的实际数量，而对现有商品的数量进行的清点。其意义主要有如下几点。

1. 检查物料与账卡的准确程度

库存商品的种类繁多，经过了长时间频繁地收进发出，难免会产生差额或错误。发生的错误，若不实施盘点，不容易发现。因此，商品管理部门必须常设一人或临时编制盘点小组来办理盘点工作，借以随时发现错误，并查明错误的原因，以避免再次发生，确保公司正常营运。

2. 查核商品储存现状

商品储存在库内或陈列各处，因平时工作繁忙无暇清理商品，疏漏之处在所难免。清点商品时，可以同时检查所放置的商品，如发现确有疏漏之处，则需大力改进，使其恢复原有状态与性能。检查商品有无长期不用的情况，若在某一特定时期内，该商品没有任何拨发异动记录即可视为呆料。盘点可防止商品过期，另外对过期商品需做适当处理。商品收发作业频繁，现储位置是否与现在所登记的位置完全相同，可以利用盘点的机会确认其情形，如果不符合即进行调整等。

3. 检验商品管理绩效，提供整改依据

由于登记差误、计算差误、编号差误、天然差误、原装差误、放置差误、清点差误、保养差误、防损差误等各种自然差误和人为差误的存在，难免会产生商品存量控制不当或商品短缺以及商品舞弊盗窃等现象。盘点所发现的这些误差，有利于分析、检讨其原因，检验商品管理绩效，以便采取必要的各项防范措施，进行矫正。

4. 确定损益

企业损益多寡与商品库存有密切关系，而商品库存金额的正确与否又依赖于存量与单价的正确性。因此，为求得损益的正确性，便利成本的计算及作为编制资产负债等报表的依据，必须通过盘点来确定商品价值。

5. 便于及时调整采购方案

季节、气候、节假日等原因会影响商品销售。商品滞销会导致商品过量库存,商品畅销容易产生脱销,如不经盘点难以及时发现。故仓库必须规定定期或不定期盘点,以随时发现差误,及时调整采购方案。

总之,盘点的作用在于提高库位准确率;消除虚假延期交货;提高配货、上架效率;减少行走路径;降低劳动强度;提高公司运营指标,提高服务质量,增强公司竞争力。

8.1.3 盘点的类型

门店盘点有封闭式和半封闭式两种:封闭式是指门店停业与外界隔绝进行;半封闭式则是营业中局部隔离进行。按盘点实施的时间,门店盘点有如下类型。

1. 日常盘点

日常盘点是指每日工作结束时进行的账、物检查和确认。通过自我检查,以确认一天的收发账目平衡的过程。

1) 日常盘点的工作要素

日常盘点的工作要素包括以下内容。

① 盘点计划:一般作出规定,不需要单独计划。
② 盘点责任人:仓库或商品组负责人员。
③ 盘点内容:仅限当日收、发和移动部分物料。
④ 盘点时间:当日工作结束之后。
⑤ 盘点方式:不限。
⑥ 盘点确认者:仓库班长。
⑦ 盘点记录:一般不需要。

2) 日常盘点的工作内容

日常盘点的工作内容主要有:

① 账、物数量;
② 包装状态;
③ 环境、品质状态;
④ 安全、放置状态的检查等。

2. 月度盘点

月度盘点是指每月工作结束时进行的账、物检查和确认。它的目的是确认当月的工作结果,即收发账目的平衡。与月度盘点类似的还有周盘点、旬盘点、季盘点等,它们的性质基本相同,区别在于盘点周期的长短不同。

1) 月度盘点的工作要素

月度盘点的工作要素包括以下内容。

① 盘点计划:按计划执行。
② 盘点责任人:仓库或商品组负责人员。
③ 盘点内容:主要是当月收、发和移动部分商品。
④ 盘点时间:当月月末合适时间,一般选择在没有顾客的时间段。

⑤ 盘点方式：不限。
⑥ 盘点确认者：仓库责任人或指定人员。
⑦ 盘点记录：按表单格式纪录。
2）月度盘点的工作内容
月度盘点的工作内容主要有：
① 账、物数量；
② 包装状态；
③ 环境，品质状态；
④ 安全，放置状态的检查等。

3. 年度盘点

年度盘点是指每年工作结束时进行的账、物全面检查和确认。它的目的是对当年年度的工作结果进行一次全面检讨，以发现问题，实施预防和纠正，并为决策提供依据。

1）年度盘点的工作要素
年度盘点的工作要素包括以下内容。
① 盘点计划：按计划进行。
② 盘点责任人：仓库或指定负责人员。
③ 盘点内容：当年在库物料的总数目和状态。
④ 盘点时间：当年年底适当时间，一般选在年尾一周内进行。
⑤ 盘点方式：封闭式。
⑥ 盘点确认者：资材部经理。
⑦ 盘点记录：按表单格式记录。

2）年度盘点的工作内容
年度盘点的工作内容如下。
① 总的账、物数量，如，库存原材料、库存成品、库存积压商品、库存不良商品；
② 包装状态；
③ 环境，品质状态；
④ 安全，放置状态。

依据盘点结果作出生产计划决策，评价商品管理效果，评价商品控制效果等，并提出改进措施。

4. 其他盘点

门店盘点的类型除了上面所介绍的日常、月度和年度盘点外，在一些特殊情况下也需要进行盘点，如停业、整顿、结账、审计等盘点。这些盘点往往是随工作进行状态而出现的，可以预见但不便于计划，一般需要在领导的指示下实施。

① 停业盘点。指终止某项业务时，对该项业务的物料进行盘点，以便完全消除其存在的影响。
② 整顿盘点。日常工作中因某项业务出了问题，领导者为了彻底理清而指示的盘点。
③ 结账盘点。某项工作进行过程中当完成一个段落时，为了给关联人员结账或顺利开展下一步的工作而进行的前期盘点。
④ 突击盘点。一般是针对贵重物料进行的突击检查，目的是为了确保贵重物品的安全。

8.1.4 盘点的方法

门店商品盘点的方法可依盘点形式与应用区分为定期盘点法、循环盘点法和联合盘点法三种。

1. 定期盘点法

1）概念

定期盘点法是指选择某一日期，全面盘点所有商品的一种方法。即在规定的日期内，将所有商品加以盘点，通常在一会计期间的期末进行。一般是每半年或一年进行一次这种盘点，应由企业指定盘点管理人员会同会计人员和仓库管理人员一起盘点对账。

2）方法

定期盘点法因为使用工具不同，可分为下列三种盘点方法。

（1）盘点单盘点法

盘点单盘点法是以商品盘点单统计盘点结果的方法。此种方法汇总记录在整理列表上十分方便，在盘点过程中，容易发现漏盘、重盘、错盘的现象。

（2）盘点签盘点法

盘点签盘点法是在盘点中采用一种特别设计的盘点签，盘点后贴在实物上，经复核者复核后撕下。此方法对于货物的盘点与复盘核对十分方便、准确，且紧急商品仍可照发，临时进货也可照收，核账与做报表均很方便。

（3）货架签盘点法

货架签盘点法是以原有的货架签作为盘点工具，不必特意设计盘点的标签。盘点计数人员盘点完毕即将盘点数量填在货架签上，复核人员复核后确认无错误即揭下原有货架签换上不同颜色的货架签。然后清查部分货架签尚未换下的原因，最后依照账单顺序排列，进行核账与报表。

3）优缺点

定期盘点必须关闭门店，做全面性的商品、物料的清点，所以对商品、物料和在制品的核对十分方便准确，可以减少盘点中很多错误。不足之处是企业因暂停营业会造成损失，并且需动用大批员工从事盘点工作。

2. 循环盘点法

1）概念

循环盘点法也称连续盘点法，是指将商品物料逐区、逐类、分批、分期、分库连续盘点，或者在某类物资达到最低存量时，即加以机动盘点。

2）方法

循环盘点法也可细分为三种方法。

（1）分区轮盘法

分区轮盘法是由盘点专业人员将门店和仓库分为若干区，依序清点商品物料存量，一定日期后再从第一区起周而复始盘点。

（2）分批分堆盘点法

分批分堆盘点法是将商品记录签放置于透明塑胶袋内，拴在商品的包装上。一旦发放商品，立即在记录签上记录，并将领货单副本存于该透明塑胶袋内。盘点时对尚未动用的包装件可认定其存量毫无误差，只将动用的存量进行实际盘点，若不相符，则核查记录签与领货单就可了解清楚。

(3) 最低存量盘点法

最低存量盘点法是指当库存货物达到最低存量或订购点时，即通知盘点专业人员清点仓库。盘点后开出对账单，以便核查误差。这种盘点方法对于经常收发的商品相当有效，但对于呆料来说则不适合。

3) 优缺点

门店盘点人员对各自所管的商品品种，按月、季进行有计划、有重点的清查盘点。循环盘点法可以将年度集中清查盘点的繁重工作有节奏地分散到平时进行，既不妨碍商品收发工作的正常进行，又能使门店管理人员充分利用经营的间隙。

另外，循环盘点法盘点时不必关闭门店，可减少停业的损失，但必须有专业人员常年划分商品类别，利用其丰富的经验，连续盘点。

3. 联合盘点法

定期盘点法与循环盘点法各有利弊。所谓**联合盘点法**，是指将定期盘点法与循环盘点法等数种方法联合使用，进行盘点的方法。如同时实行最低存量盘点法和定期盘点法，或实行分批分堆盘点法，同时采用分区盘点法结合运用，可以做到相对完善。联合盘点法利于提高门店盘点实施、盘点结果分析以及盘点后处理等盘点问题的综合管理水平。

小资料 8-1

计算机是如何支持盘点的？

在特定软件支持下计算机能够很大程度上支持盘点，主要可以实现以下功能。

1. 生成盘点账存表

当定义了盘点部门（是食品部、百货部还是针对某一个单品）之后，就可按系统自动生成的盘点日期产生一张账存表，在此可查询生成盘点账存表的商品编码、商品名称、经营部门、经营库位、经营方式、库存数量及盘点日期等有关信息。在打印的盘点账存表中，只显示商品编码、商品名称、经营部门、经营库位、经营方式及盘点日期，而不显示商品的结存数量。商品结存数量不显示是很必要的。其原因一是为了避免作弊，账存的数量一旦公开，将给人以利用计算机盘点数据的机会；二是为使盘点的实物负责人认真负责，以免有些工作人员对盘点的重视程度不够，不能认真准确清点商品的数量。

2. 盘点单录入

① 系统支持用盘点机盘点，首先将盘点的有关数据导入盘点机，在盘点时输入商品编码或扫入供货商条码，然后把实盘的数量输入就可以了。

② 利用生成的盘点账存表将实盘的数量录入，实盘数量可在任意一个时间录入。单据编号自动生成，盘点部门必须是已经生成盘点账存表的部门或小组，盘点库位可以列置。输入所盘点的部门，系统自动将所选盘点库位内的盘点日期、单据日期、商品编码、商品名称、经营方式，单位自动列出，再将实盘的数量输入进去，并加以保存就可以了。

③ 输入实盘数量后，要有权威部门进行确认。就是有专人负责检查或抽查录入是否准确，确保数量录入准确后便可以审核生效，系统自动产生出商品的盈亏。

3. 生成盘点盈亏表

实盘录入后，选择盘点部门、盘点日期，按"生成"，系统就可以生成"盘点盈亏表"了。在此可以查询盈亏的商品编码、商品名称、经营部门、经营库位、经营方式、实际数量、账存数量、盈亏数量、成本单价、盈亏金额及盘点日期。需要强调的是，这里只显示有盈亏的商品（例如，账存是10个而实际是8个或12个，这些账存和实盘不一致的商品将全显示出来，而账存和实盘的数量相同的则不显示）。对数量出入较大的商品还可以进行重盘（例如，账存是100个，实盘90个，对于这样的商品需再次重盘，可以反复进行盘点。通过查询商品的盈亏数量，反映出商品是丢失、盘错还是录入人员录入错误）。

4. 盘点记账

盘点记账不仅是整个盘点确认的过程，还是针对有盘盈和盘亏的商品进行记账。记账后库存就发生了相应的变化。凡是有盈亏的商品会显示出商品编码、商品名称、实盘数量、账存数量、成本单价、盈亏金额等。通过盈亏金额可以看出一个商品盘盈利、盘亏损的金额，每一个商品的盈亏金额都在盘点记账表中体现出来。

系统是这样处理商品盘盈的：一个商品上次结存是10个，在这段时间进货20个，销售25个，此次结存应该是5个；但在盘点时却发现剩了8个。这说明盘盈了3个。这时只要盘点记账，系统会自动将盘盈的商品做处理。如果这时还没有给供货商结账，系统自动将结存报告为5个，库存记盘盈3个，增了3个经销库存，同时自动产生经销商品的入库批次号。

资料来源：寇晓萍. 中国国际物流网，1999 (11).

8.2 盘点准备工作

门店盘点工作必须有充分的准备。准备工作主要有盘点程序和方法的确定，人员的选定，盘点资料的准备，以及盘点人员的培训。

8.2.1 盘点前的清理工作

盘点前清理工作主要包括以下方面。

① 供应商所交来的商品尚未办完验收手续的，或退回供应商还未运走的商品，所有权归供应商所有。不属于本公司的商品，必须与公司商品分开，避免混淆，以免盘入公司商品中。

② 仓库和门店必须在盘点前，确定一个截止时间停止领发商品，避免交叉混淆出错。

③ 清洁、整理仓库与门店陈列商品，使陈列与仓库井然有序，便于计数与盘点。

④ 将有损商品、废弃商品、过期商品预先鉴定，与一般商品划定界限，以便正式盘点时作最后鉴定。

⑤ 将单据、文件、账卡整理就绪，未登记、销账的单据均应结清。

⑥ 仓库保管人员与门店柜组人员应在正式盘点前自行盘点，若发现问题要早解决，必要时应做适当处理，以利于正式盘点工作的进行。

仓库盘点要配合门店柜组盘点工作，柜组退回商品或原料要彻底搞清。在全面盘点前要处理好规格不符合的商品、超发的商品、过期的商品、不良半成品等。

8.2.2 盘点计划

盘点一般要召开盘点会议，必要时要成立盘点领导小组，划分盘点区域及负责人，确定盘点各项工作的分工，用倒计时的方式将盘点所需要进行的工作以清单的形式列印出来。主要要解决以下问题。

1. 确定盘点流程与盘点方法

对于以往盘点工作的不理想情况应先加以检讨修正后，再确定盘点程序与方法。企业的盘点程序与方法应在会议通过后列入企业正式的盘点程序或盘点制度中。

2. 决定盘点日期

通常门店盘点时间的决定要配合财务部门成本会计的决算，具体如下：每月进行重点存货盘点及财务盘点；每半年进行一次全面的存货盘点及财务盘点；每年进行一次全面的财产盘点。要根据实际需要和现实情况确定盘点日期。

3. 确定参与人员与分工

确定盘点参与人员，为防止盘点弊端的产生，盘点应有其他部门人员，尤其是会计和管理人员的参与，根据盘点分工依层次予以培训。制作门店和仓库各区域分布图，对整个门店所有需要盘点的区域的陈列图进行确认，并输入电脑系统；划分非盘点区域，并给出明显标识，将非盘点物品转移至非盘点区域；按照商品陈放区域或商品品类划分盘点责任区，并根据责任区数量分配盘点人员及数量，各个区域负责人安排员工做日常预盘点、库位的整理。

4. 准备相关事宜

充分制作各种盘点登记流转单据，如盘点卡，用于贴示商品；盘点清册，用于汇总商品库存资料。处理完所有手写、借料单据，系统完成所有收货、出库指令。盘点所需工具的购买，检查盘点机、运送车等设备是否处于随时可用状态。如需停止营业，盘点前 2 小时门店停止营业，盘点公告则应在一周前以广播、告示等方式通知顾客。

8.2.3 盘点培训

为保障盘点工作顺利进行，有些盘点工作，必须抽调人手支援。对从各部门抽调来的人手，必须加以组织分配，并进行短期的培训，使每一位人员在盘点工作中确实能够了解并担当好其职责。与之相关的工作主要有以下几点。

1. 确定盘点人员及其责任

仓库盘点人员的确定主要是选定总盘人、主盘人、会点人、协点人及监点人。

（1）总盘人

总盘人负责盘点工作的总指挥，督导盘点工作的进行及异常事项的裁决。其主要职责有确保整个盘点质量进度，合理安排各分区盘点组任务，协调盘点组间工作和出现的问题，解决临时、突发问题，负责与财务、售后服务部门现场协调。

（2）主盘人

主盘人负责实际盘点工作的推动。其主要职责有确保各分区内盘点工作进度与质量，盘点各分区内盘点小组任务分配，审核盘点单，保证盘点单信息完整可读，负责安排盘点单的及时领取与上交，负责现场确定盘点方式（最小包装/称重等方法选择）。

（3）会点（初盘）人

负责数量点计。

（4）填表人

填表人负责填写盘点人的数量记录。其主要职责是保证及时、准确地完成盘点，调整数据的系统录入，负责盘点工作量统计，负责准备盘点单并及时提交盘点分区组长，对盘点单发放和回收进行监控、跟踪。

（5）核对（复盘）人

核对（复盘）人与盘点人分段核对填表人填写情况，确保数据准确性。其主要职责有分析差异产生原因，确定复核商品清单，编写盘点报告，确认系统调整数据。

（6）协点人

协点人负责盘点时的料品搬运及整理工作。其主要负责车辆、餐饮、清洁、库区照明、盘点工具等后勤工作。

（7）抽查（监控）人

抽查（监控）人由店长派人员担任，负责盘点过程的抽查监督。其主要职责有抽查盘点人员盘点质量，检查单据填写是否规范，及时给盘点人员支持，及时与盘点组长沟通商定特殊零件的盘点方式。

2. 培训盘点人员

盘点人员的培训分成两部分，一部分是认识商品的培训，另一部分是盘点方法的培训。

（1）认识商品的培训

对于认识商品的培训，重点在于复盘人员与监盘人员，因为复盘人员与监盘人员大多数对商品品种规格不太熟悉。

加强复盘人员与监盘人员对商品认识的方法有：

① 将易于认识的商品分配给商品认识不足的复盘人员和监盘人员（如财务、行政人员）；

② 对所分配复盘的商品，加强复盘、监盘人员的商品认识培训；

③ 对商品认识不足的复盘、监盘人员，每次盘点所分配的商品内容最好相同或相当接近，每次盘点不要变更。

（2）盘点方法的培训

门店盘点流程与盘点方法经过会议通过后，即成为制度。参与初盘、复盘、抽盘、监盘的人员必须根据盘点管理程序加以培训，必须对盘点的程序、盘点的方法、盘点使用的表单等整个过程充分了解，这样盘点工作才能得心应手。

> **小资料 8-2**
>
> **门店盘点历史、现状与展望**
>
> 盘点是超市收集数据的重要手段,也是超市必不可少的工作。过去的盘点,必须暂停营业来进行手工清点,其间对生意的影响及对公司形象的影响是无法估量的。
>
> 直至现在,还有的超市是利用非营业时间,要求员工加班加点进行盘点,这只是中小型超市的管理模式,不适合长期使用,而且盘点周期长、效率低。
>
> 沃尔玛作为世界性大型超市的代表,其盘点方式正在逐步地完善,其主要分抽盘和整盘两部分。抽盘是指每天的抽样盘点。每天分几次,电脑主机将随意指令售货员到几号货架,清点什么货品;售货员则只需手拿无线手提终端,按照通过无线网传输过来的主机指令,到几号货架,扫描指定商品的条码,确认商品后对其进行清点;然后把资料通过无线手提终端传输至主机,主机再进行数据分析。整盘顾名思义就是整店盘点,是一种定期的盘点。超市分成若干区域,分别由不同的售货员负责,其也是通过无线手提终端得到主机上的指令,按指定的路线、指定的顺序清点货品;然后,不断把清点资料传输回主机,这样盘点期间就不会影响超市的正常运作。因为平时做的抽盘和定期的整盘加上所有的工作都是实时性地和主机进行数据交换,所以,主机上资料的准确性十分高,整个超市的运作也一目了然。
>
> 资料来源:http://hongren.jwhu.com,2007-02-27.

8.3 盘点的实施

门店盘点首先要从实物盘点开始。盘点实物可分库、分区、分类、分组式地进行。常见的方法是通过对商品进行点数、过磅或检尺,来确认实际存储的数量。一般对计件商品要全部清点;货垛层次不清的商品要翻垛清理;对计重商品中的少数或贵重商品应全部过磅;对大量价低量重的散垛、散装商品,可用估计和测量计算方法确定其数量;对包装完整的物资,可凭原始凭证和包装上的数量标记进行校对。对实物进行清查盘点后,要将清查结果按物资品种、规格记入盘点清册中。盘点清册是记录清查盘点结果的凭证,是核对账目、分析物资存储情况的依据。最后由盘点负责人和商品管理人员在清册上签名确定。

8.3.1 盘点实施流程

1. 门店盘点流程

根据门店盘点的过程可将盘点按以下流程实施。

下发盘点执行通知——人员就位领取盘点表格——陈列区域和库存区盘点——监点人复盘——盘点结果的确认——盘点结束——恢复营业。

① 下发盘点执行通知。一般由主盘人负责发号施令,负责盘点表的发出,盘点工具的

准备，核实盘点表是否符合规定等。

② 人员报到领发盘点表。所有参加盘点的各个分控制台长，在盘点小组办公室领取资料，各个盘点成员则分别到各个盘点区域进行报到，明确本次盘点的任务和完成时间。各个分区的组长将盘点资料分发到盘点人和会点人手中。

③ 陈列区域和库存区盘点进行。盘点按盘点方法和程序进行。

④ 监点人复盘。监点人对盘点的品项进行检查，检查有问题的必须重新盘点。

⑤ 回收盘点表。所有完成的盘点表，经过分控制台的审核，完成所有手续后，汇总到总控制台。

⑥ 封存仓库、盘点表。盘点完成后，不仅将所有仓库进行封存，还要将所有盘点表进行封存，以待恢复营业。

2. 门店盘点流程分段

按照门店盘点的阶段可将盘点实施流程分为初盘作业和复盘作业两个阶段。

1）初盘作业

初盘作业是在指定的时间停止仓库与柜组的商品进出。各初盘小组在负责人的带领下进入盘点区域，至少两人一组，并在相关管理员的指引下进行各种商品的清点工作。初盘人员在清点商品后，填写盘点卡，注明商品编号、名称、规格、初盘数量、存放区域、盘点时间和盘点人员，做到一物一卡。盘点卡一式三份，一份贴在商品上，两份转交复盘人员。初盘作业负责人组织专人根据盘点卡资料，填写盘点清册，将商品盘点卡资料填入。盘点清册一式三份，一份存被盘库，另两份交复盘人员。

2）复盘作业

初盘结束后，复盘人员在各负责人带领下进入盘点区域，在管理员和初盘人员的引导下进行商品的复盘工作。

复盘工作可采用100%复盘，也可以采用抽盘，由公司盘点领导小组确定，但复盘比例不可低于30%。

复盘人员根据实际情况，可采用由账至物的抽盘作业，也可采用由物至账的抽盘作业。由物至账，即在现场随意指定一种商品，再由此对盘点清册、盘点卡进行核对，检查三者是否相符；由账至物，即在盘点清册上随意抽取若干项目，逐一到现场核对，检查盘点清册、盘点卡、实物是否一致。复盘人员对核查无误的项目，在盘点卡与盘点清册上签名确认；对核查有误的，应会同初盘人员、管理员修改盘点卡、盘点清册中错误的部分，并共同签名负责。复盘人员将两份盘点卡及两份盘点清册一并上交点主盘或总盘负责人员。

盘点结束后，立即进行开店营业的恢复工作。其包括系统恢复、收货恢复、楼面恢复及盘点小组的收尾工作，如将陈列区、库存区的所有盘点数据输入电脑中心进行处理，并对差异报告进行分析、重盘等，最终确定本次的盘点库存金额，由财务部计算本营运年度的盘点损耗率等工作。

8.3.2 盘点实施应坚持的原则

1. 计划原则

盘点之前应先制订盘点计划，确定盘点的项目、范围、时间、储存场所、方式、执行人

2. 全面原则

盘点时按存量卡所填的商品，逐类逐项盘点。为避免疏忽或遗漏，必须逐库、逐项、逐架、逐柜依次清点，且对盘点过的商品做记号。

3. 真实原则

凡同一种商品，不论其来源如何，必须按所有存量实物、料卡逐一盘点，如在盘点过程中发现明显的差异，应反复求证。

4. 时效原则

为不影响门店经营以及其他作业，盘点必须力求迅速，讲求时效性。这就要求盘点要按照事先规划的最短路线图进行，如此记载的资料秩序井然，不致发生重复或漏盘，复盘时也可按此路线图核对。

5. 协调原则

指盘点人员的配合。盘点小组常有两人配合，一人负责点数商品，另一人负责记录。另外，盘点与被盘点单位管理人员必须彼此协调配合。这就要求仓储或柜组管理人员应事先将商品进行整理、排列整齐，以便盘点。并将有关商品收发单据整理入账，以确定账面结存数量。

6. 及时反馈原则

盘点时，如发现变质或毁损而不堪使用的商品应列入盘亏栏，并注明发生的原因及拟定处理方法。盘点完毕后应填制"商品盘点单"，注明盈亏原因，经确认核定后，调整账面数字。

8.3.3 盘点实施注意事项

盘点是为了检查商品存储的有效性，保证销售采购活动的顺利进行，促进门店的经营。如果每次盘点出来的结果有较大的出入，则不利于门店经营活动。所以确实遵守盘点注意事项，将可以使盘点误差减少许多。

① 通常情况下，在一定时间内，每一商品均有固定的仓位，不得随便储放，一定要将其归位。商品未归位而任意放置，是造成盘点不准确的主要原因之一。一般可以设立仓位编号联系图。仓位编号联系图可使商品顺利归位及盘点，减少漏盘与重盘。

② 决定商品陈列或储存方法时需考虑盘点时的便利性。现代商品包装越来越标准化，大大提高了盘点的方便性。比如说每一包装规格相同时，其包装数量即相等。商品储放时，需依规定方式摆放，以免盘点时计算错误，如每层放几箱，每一仓位堆放几层均需有规定，并依规定储放。

③ 无法计算数量的商品以重量或长度等适合的计量方式盘点，然后通过计算机自动换算成金额，便于核对盘点差异。

④ 事先预估盘点所需人力。盘点人力不足时，宜采取分类分批盘点。

⑤ 确定盘点起始准确时间，避免重复计算或遗漏计算盘点时间前商品调拨差异。

⑥ 盘点盈亏数量差异较大时，需提高复盘比例。特别需注意由于商品未归定位所造成的盘亏。更正盘点盈亏数量或将盘点盈亏数量以成本转换成金额，均需经高阶主管签名

确认。

⑦ 盘点出损坏、过期商品时，应报请主管处理。

⑧ 两人以上在柜组或仓管人员陪同下，同时盘点同一商品，当盘点数量与账目不符时，且无法进行复盘时，宜以较低的数量为盘点量。

8.3.4 提高盘点准确性措施

提高盘点准确性的措施一般可以分为盘点措施、填表措施、核对措施与抽查措施，以下为这些盘点措施的具体内容。

1. 盘点措施

① 盘点人员盘点前应和填表人员分别在盘点表上签名。

② 盘点人员在一个货架开始盘点前，要先查货架编号、盘点表号码、张数，让填表人核对。

③ 盘点人员盘点时应遵循一定的盘点顺序，盘点原则上由左而右、由上而下，不得跳跃盘点。

④ 针对同一种商品要遵循商品编号、商品名称、价格、数量的顺序，不能少了计量单位，如10个、5条、7千克等。

⑤ 盘点人员在盘点中应特别注意各个角落，避免遗漏商品。

⑥ 盘点人员在盘点商品时，数量必须正确。

⑦ 盘点人员在盘点中，吐字要清晰，音量要洪亮，以让填写人员及核对人员听清楚。

⑧ 盘点人员在盘点中，遇到标价不同或没标价时，要找其他同类商品的价标，询问负责该部门的商品管理员；没有把握时，要向主盘人员报告，由相关人员在计算机中心查询。

2. 填表措施

① 填表人员拿起盘点表后，应注意是否有重复。

② 填表人员和盘点人员分别在盘点表上签名。

③ 填表人员盘点时，必须先核对货架编号；填表人员应复诵盘点人员所念的各项商品名称及数量。

④ 金额一定要将上下栏个位、十位……分别对齐填写。

⑤ 数量要按照实际填写，对于某些内容已预先填写的盘点表，应核对商品编号、商品名称、计量单位、金额等无误后，再将盘点人员所获得的数量填入盘点表；如果预先填写的商品在盘点时已无存货，则在本栏内填"0"。

⑥ 盘点表数字的填写必须正确清楚，绝对不可涂改。对于错写需更正的地方，必须请督导签名，盘点表只可填写到指定的位置，其他位置以后留作更正用。

3. 核对措施

① 核对人员在盘点期间应认真核对，以发挥核对的作用。

② 核对人员应注意盘点人员的盘点数量、金额是否正确无误，核对人员应核对填表人员的填写数据是否正确无误，核对人员应监督错误的更正是否符合规定。

③ 核对人员在每一货架复盘后，要在货架编号卡上做好记号。

④ 核对人员在盘点陈列或仓库商品时，应对每一种商品进行复盘，核对无误后即在商

品计算卡上做好标记。

⑤ 核对人员应于物资盘存表全部填写完毕，并核对无误后，在审核栏内核对处签名确定。

4. 抽查措施

① 抽查人员应服从主盘人员的安排，在建立配合抽查组织后，开始进行盘存中的抽查工作。

② 抽查人员抽查的盘点商品比例不少于30%，抽查的重点，应以金额大、单价高且容易出错为对象。

③ 抽查人员要了解盘点货架的位置、商品堆放的情形以及相关知识，检查已盘点完成的商品，核对其编号、品名、单位、金额及数量是否按规定填写，检查更正处是否按照规定处理，检查进行盘点的各组是否有签名，检查盘点完成的商品是否与盘点表上记载一致；若发现盘点数量不符，应立即通知原盘点组人员进行更正。

④ 抽查人员对每张盘点表进行抽查确认无误后，应在抽查员栏签名，并应向主管抽查部门报告有关抽查时所发现的优缺点，由专人将优缺点填入盘点综合抽查报告表内。

⑤ 主盘人员应在盘存表内各项错误更正后核对及签名。

小资料 8-3

第三方盘点业务流程

委托企业与第三方盘点公司在前期共同准备盘点流程和盘点步骤。这项工作大概会持续一天。盘点计划的前期准备工作将由以下几方面组成：

① 设计详细的盘点说明；
② 指导盘点公司前期准备工作的安排以及在盘点过程盘点公司参与管理工作；
③ 盘点时间表；
④ 其他电脑系统相关问题及盘点软件的更新，如盘点设备（WIS500数据终端、电脑、打印机）由盘点公司提供。如企业希望提供部分自己的店员参与盘点工作，这些店员将由第三方盘点公司进行相关技术操作方面的专业培训。

在盘点前3天，培训人员将到达第一家分店进行前期准备工作。盘点公司培训人员在两天内对企业参与盘点员工进行盘点培训，并在余下的一天进行盘点前巡店工作，依据盘点说明对店内的准备工作进行复查。

后仓盘点通常安排在上午8点到晚上18点之间进行，楼面盘点一般安排在夜间20点至次日早晨8点进行。通常，生食、果蔬、熟食不在盘点范围之内。

盘点公司会派出12位左右经验丰富的经理或主管人员，按照盘点服务计划分配指导盘点工作。具体人员安排如下：1位盘点总负责人、2位电脑操作员、3位盘点培训主管、6位辅助主管。参与盘点的店员被分成几组，每组固定人数，分别安排盘点时间。建议企业在同一城市但不同分店选拔人员参与盘点工作。

盘点完成，第三方盘点公司出具相关报告。

资料来源：零售世界，2007（6）.

8.4 盘点后工作

盘点后的工作主要集中在盘点数据统计、盘点差异分析、盘点结果处理及盘点考核等内容。

8.4.1 盘点数据统计

1. 使用盘点表统计存货数量

盘点后即根据盘点表（见表 8-1）统计存货数量，故盘点表上确实记录盘点状况，是确保盘点正确性的唯一方法。

盘点表内容及用途说明如下。

① 仓位区域号。借以判定所有仓位均已盘点。
② 品名。商品名称。
③ 编号。每一仓位区域中所有仓位均事先填妥，确保每一仓位编号均已盘点。
④ 单位。盘点所使用包装单位，可能为箱、盒、个、公斤等。
⑤ 数量。与单位对应。例如 10、30 等。
⑥ 账上存量。一般不提前给出，等盘点后核对。
⑦ 实际存货数量。盘点现场实际存货数量。
⑧ 盘点表受损数量、完好数量等字段供相关部门作为处理该类商品的依据。
⑨ 复盘结果是指有无差错，并记录。

表 8-1 盘点表

仓库编号　　　　　　　　仓库地点　　　　　　　　盘点时间

品 名	编 号	单 位	账上存量	总实际存量	受损数量	完好数量	说 明	复盘数量	复盘结果

盘点人：　　　　　　　　复核人：　　　　　　　　工作说明：

2. 运用计算机统计盘点表

上述盘点记录表，运用计算机统计，可以增加盘点的正确性。现说明如下。

① 以计算机打印出各仓位区域中所有仓位编号的盘点记录表，以免遗漏。
② 用手工或盘点机盘点后将盘点表输入计算机：
- 确定仓位区域内没有遗漏，表示盘点表无遗漏；
- 防止仓位编号及商品编号输入错误，若以自黏性条形码贴在仓位编号处，以扫描方式输入，可以避免输入错误；
- 盘点单位、存货量/单位由计算机控制，减少填写错误的几率；
- 实际存货金额由计算机计算，减少计算错误的几率；

- 根据受损品等资料统计各种状况的数量。

3. 将统计结果填写相应表单

① 根据盘点记录表统计后可得盘点差异表,见表 8-2。
② 统计各项商品的盘盈与盘亏数量、金额、总金额。
③ 计算累计盘盈、盘亏总金额。

表 8-2 盘点差异表

仓库编号					仓库地点				盘点时间			
部门	类别	品名规格	单位	单价	账面数量	盘点数量	盘盈		盘亏		盈亏合计	差异原因	
							数量	金额	数量	金额	金额	说明	对策

盘点人:　　　　　　　　复核人:　　　　　　　　工作说明:

8.4.2　盘点差异分析

门店盘点所得资料与账目核对结果,如发现账物不一致的现象,则应积极追究账物差异的原因。差异原因的追查可从以下几点着手进行。

① 盘点作业是否存在操作不当。因盘点人员事先培训工作进行不全面,安排不到位等原因而造成错误的操作指令。盘点人员工作态度不认真,或不慎造成重盘、漏盘、误盘等。

② 账目管理是否存在不足。账物不一致是否确实,是否因商品管理账务制度有缺点而造成账物无法确实表达商品实际数目;账务管理人员存在工作失职,记账时发生漏登错误、多登错误、编号错误、数量计算错误或进货、发货的原始单据丢失造成账物的不符。

③ 商品本身情况发生变化。原装箱商品在拨发时,发现情况改变;保管不良,遇到商品恶化、遗失或意外损坏;接收商品时,检验人员对于商品的规范鉴别错误;基于需要,商品类别变更,装配或拆分等造成账目与实际的差异。

④ 盘点与料账的差异在容许范围之内。

⑤ 对盘点的原委加以检查,盘盈、盘亏是否由于盘点制度的缺陷所造成。

⑥ 发生盘盈、盘亏的原因,今后是否可以事先设法预防或能否缓和账物差异的程度。

8.4.3　盘点结果处理

盘点结果一旦发现差误及原因,应提出分析意见,并实时追查。一般是先向保管人员查问,因这些人员熟悉实情,易发现不符原因,可予适当解释,立即加以纠正。若保管人员无法解释不符原因或说明正当理由,即可列为疏忽;如发现显著不符,应审查存量卡,核对各有关记录、账表,并对各种不符项目加以确定并追究。盘点结果处理主要要做好以下两方面的工作。

1. 修补改善工作

① 在盘点时凡发现错误,应予以纠正。发现商品存量不正常,要根据销售情况调整库

存标准。存量不足的商品要及时采购,存量过多的商品要调低库存数量。

② 当发现商品的标号、规格、型号窜混时,应彻底查明原因,并调整账面数字,商品也随即调整仓位或货位。

③ 如果商品变质、耗损,应详查变质、耗损原因、存储时效,必要时应会同检验部门复验,加强商品的清洁保养。凡损坏者应在发现时立即处理,以防损害扩大,如不能利用者,即当作废弃品处理。可能发生损耗的,参考以往记录与经验,予以核定后调整出账。

④ 对于盘盈、盘亏的商品,以实际存在数量为依据,审查确定后,即转入盘存整理,准备账户抵消,并更正各有关材料账卡。

⑤ 对商品加强整理、整顿、清扫、清洁工作。

⑥ 依据管理绩效,对分管人员进行奖惩。

2. 预防工作

① 废弃商品比率过大,要研究办法,使其降低废弃品率。

② 当商品销售周转率极低,存货金额过大而造成财务负担过重时,应设法降低该商品库存量。

③ 商品短缺率过大时,设法强化销售部门与库存管理部门以及与采购部门的配合。

④ 货架、仓储、商品存放地点足以影响到商品管理绩效时,应设法改进。

⑤ 门店加工商品中原材料成本比例过高时,应予以寻找采购价格偏高的原因,设法降低采购价格或设法寻找廉价的代用品。

⑥ 门店商品盘点工作完成以后,所发生的差额、错误、变质、呆滞、盘亏、损耗等结果,应分别予以处理,并防止以后再发生。

8.4.4 盘点考核

盘点结束后,主要盘点负责人根据盘点中出现问题进行汇总,分析差异,总结盘点中的经验和不足,并针对盘点发现的运营问题提出改进措施,出具盘点报告,形成书面文件作为以后盘点标准。

同时根据各个盘点区域组织及盘点质量、效率进行评比,作为管理人员绩效考核的一项内容。盘点工作有关人员依照有关的规定,切实遵照办理且表现优异者,经由主盘人签报,要给予嘉奖,以资奖励;盘点工作有关人员中账载数量如因漏账、记错、算错、未结账或账面记载不清者,记账人员应视情节轻重予以申诫以上处分,情况严重者,应经由主盘人签字报呈店长室议处。账载数字如有涂改未盖章、签章、签证等凭证可查,凭证未整理难以查核或有虚构数字者一律经由主盘人签报签字报呈店长室议处。

【补充阅读材料】

某连锁店铺商品盘点工作的具体要求

盘点工作的具体要求,主要体现在如下主要方面。

1. 柜组在商品盘点前的准备工作

① 商品盘点的当天早晨，在仓库开始盘点前，柜台货架上应先补足一天销售的商品，盘点当天原则上不再补货和调拨。

② 仓库商品盘点，一般应安排在白天；对应柜组的商品盘点，一般应安排在当天晚上。

③ 柜组制表员和仓库记账员必须将已发生而尚未进账的全部凭证登记入账，盘点时制表员必须在场。

④ 晚间停止营业后，进行商品盘点前，制表员应将当日的销售金额全部登记入账，并编制一份到停止营业为止的"拨一制对账单"，与财会部门对好账。

⑤ 检查和校正所用度量衡器具，检查价格标签是否与规定价格相符。

⑥ 整理好商品，同一种商品集中放在一起，对零散的商品要以品种归类放好，残损的商品要单独存放。

⑦ 店铺不允许任何柜组擅自为别人寄售商品。

⑧ 店铺不允许任何部门擅自出借、挪用和赊销商品。

⑨ 有找零现金的柜组，要先点清现金，填在盘仓报表上交监盘人复核。

2. 商品盘点中应注意的事项

① 盘点时柜组负责人和柜组全体人员必须在场，仓库盘点除对应柜组有关人员到场外，仓管员必须在场。

② 商品变价盘点时，物价员必须参加监盘。

③ 柜组长或实物负责人调动移交盘点时，商品盘点小组长应亲自或指派专人负责监盘，必要时由店铺商品盘点委员会派员参加。

④ 对商品和现金的盘点应逐一进行，三人一组，除一人负责点数、一人负责记录和计算外，还有一人要复核。

⑤ 商品盘点一般可采用"见物盘物"的方法实物移位盘点，即按实物摆放的自然次序，逐一移动位置，将已盘和未盘部分区分清楚。

⑥ 对变价盘点和抽查盘点，在盘点前要注意保密，一般要在正式去盘点时才通知柜组或对应仓库。

⑦ 柜组对盘点的实际数应填制盘点表，盘点表上品名、规格、单价、金额都必须填写清楚，不得省略。

⑧ 如盘点结果与账面结存数额出入较大时，原则上应当天进行重新盘点，在当天重新盘点确有困难的，第二天必须落实。

⑨ 盘点结束时必须将盘点溢缺数记录在盘点表的最后一页上，柜组和仓管员对商品升溢绝对不能以多报少或隐瞒不报，商品短缺也要如实上报。

⑩ 监盘人员一般不参与点数和抄盘点表的工作。

⑪ 盘点表都必须由柜组长、盘点人和监盘人签字。

⑫ 商品盘点表一式三份，柜组长和监盘人各一份，报财会部门一份，盘点表上必须编好页码，并写明总页数，注明日期。

3. 商品盘点结果的处理。

盘点后处理工作主要有：资料管理，将盘点表全部收回，检查是否有签名，并加以汇总；计算盘点结果，在营业中盘点应考虑盘点中所出售的商品金额；根据盘点结果实施奖惩措施；根据盘点结果找出问题，并提出改善对策；做好盘点的财务会计账务处理工作等。

资料来源：http://www.21manager.com，2007-05-03.

附：部分常用盘点表格（见表8-3～表8-7）

表8-3 盘点表

日期：			编号：	
•商品	•半成品	•成品	•总务办公用品	•固定设施
	•A类	•B类	•C类	

型　　号：
编　　号：
品名规格：
数　　量：
单　　位：
盘 点 人：
复盘数量：
签　　名：
抽盘数量：
签　　名：
备　　注：

表8-4 盘点统计表（三联单）

仓库编号　　　　　　　仓库地点　　　　　　　盘点时间

品 名	编 号	单 位	数 量	品 名	编 号	单 位	数 量	品 名	编 号	单 位	数 量

盘点人：　　　　　　　复核人：　　　　　　　工作说明：

表8-5 盘存调整表

仓库编号　　　　　　　仓库地点　　　　　　　盘点时间

品 名	编 号	单 位	账面现结存数	增加数	减少数	调整后结存数	调整原因说明

盘点人：　　　　　　　复核人：　　　　　　　工作说明：

表 8-6　商品库存盘点明细表

仓库编号　　　　　仓库地点　　　　　陈列柜组　　　　　盘点时间

种类	品名	规格	单位	账面结存	盘点数量			盈亏金额				废品原因	差异原因	解决办法	备注
					良品	废品	差异盈余	单价	废品	盘盈	盘亏				

盘点人：　　　　　　　　　　复核人：　　　　　　　　　　工作说明：

表 8-7　盘存盈亏报告表

仓库编号　　　　　仓库地点　　　　　盘点时间

序号	品名	单位	单价	账面结存	盘点数量	差异数量	差异金额	差异原因	解决办法	备注
1										
2										
3										
4										
5										
6										
7										
总经理			财务部	经理	主管	制表	责任部门	经理	主管	制表

盘点人：　　　　　　　　　　复核人：　　　　　　　　　　工作说明：

本 章 小 结

门店盘点是门店管理的必修功课，直接影响门店经营效益。本章重点讲述了盘点概述、盘点准备工作、盘点的实施、盘点后工作等内容。

基 本 训 练

一、知识题

（一）选择题

1. 按盘点实施的时间，门店盘点有如下类型（　　　）。

　　A. 月度盘点　　　B. 日常盘点　　　C. 年度盘点　　　D. 周期盘点

2. 循环盘点法也可细分为三种方法（　　）。
   A. 分区轮盘法　　B. 最低存量盘点法　C. 分批分堆盘点法　D. 连续盘点法
3. 盘点实施应坚持的原则有（　　）。
   A. 全面原则　　　B. 时效原则　　　　C. 真实原则　　　　D. 协调原则
4. 提高盘点准确性的措施一般可以分为（　　）。
   A. 盘点措施　　　B. 填表措施　　　　C. 清点措施　　　　D. 抽查措施
5. 盘点后的工作内容主要集中（　　）。
   A. 盘点数据统计　B. 盘点差异分析　　C. 盘点结果处理　　D. 盘点考核

（二）判断题

1. 盘点就是查核库存商品的实际数量与管理单位的存量账卡上所记载的数量是否相符；也是一种证实某一定期间内储存商品的结存数量是否无误的方法。（　　）
2. 定期盘点法因为使用工具不同，可分为下列三种盘点方法：盘点单盘点法、盘点签盘点法、分区盘点法。（　　）
3. 按照门店盘点阶段可将盘点实施流程分为初盘作业和复盘作业。（　　）
4. 盘点人员的培训根据培训内容不同可分成两部分，一部分是认识商品的培训，另一部分是盘点方法的培训。（　　）
5. 联合盘点法顾名思义为采取数种方法联合盘点。联合盘点法利于提高门店盘点实施、盘点结果分析以及盘点后处理等盘点问题的综合管理水平。（　　）

二、思考题

1. 什么是循环盘点法？它的实施程序是什么？
2. 怎样做好仓库盘点前的准备工作？
3. 在仓库盘点之前，如何清理仓库物资？
4. 你认为应当怎样分析盘点差异？
5. 根据本章所学，试为你所熟悉的企业准备一套完整的盘点资料。
6. 你怎样才能将本章所学到的盘点技巧运用到工作中去？

观 念 应 用

一、案例题

新盘点"运动"

深夜23：00，一家超市仍然灯火通明，很显然，他们在做零售企业必不可少的功课——库存盘点。员工一边紧张地清点着货架上的商品，一边把数据即时输入到手持的数据采集器中。

这种每月一次的盘点对于这家超市的员工来说，已经习以为常，然而这次的盘点似乎与以前有点不太一样：这次盘点的队伍新增了十几个陌生的面孔。3个小时后，盘点圆满完成。这让参与盘点的员工们多少有点意外，因为以往的盘点通常意味着通宵的工作，而这次工作却很迅速。

3个小时盘点结束，对于华士服务有限公司总经理张亮来说，是在他的预料之中的。作为国内目前唯一的一家第三方盘点的服务公司,他已经受邀到不少零售企业协助进行库存盘点。上面这个场景,只是他在为众多客户服务中的一个缩影。

在2007年4月中国连锁经营协会主办的零售企业防损管理高层研讨会上,张亮第一次把自己的理念介绍给了参会的嘉宾。第三方盘点,这个名词让参会的企业老总们眼前一亮。

其实,第三方盘点的概念就是企业将盘点业务外包给专业服务公司,通过第三方独立、客观的方式方法来处理数据;同时由具备很强专业性的工作人员快捷迅速地完成盘点,使企业节省大量的人力和时间。第三方盘点是零售企业发展到足够成熟派生的产物,也是行业分工细化的结果。

第三方盘点在国外已经发展得很成熟,例如美国前100名零售企业就有98家采取这种方式来完成企业例行的盘点工作,国外整个零售行业采用第三方盘点的企业也占到85%~90%左右。而在国内,这种服务方式对于很多企业来说还是一个比较新的概念。"这个行业在国内的空间还是很大的。"张亮说。

对于盘点这种例行"功课",本土零售企业大多采用安排企业自己的员工,利用几个晚上加班的方法来完成,然而这种方式带来的弊病也是显而易见的。

首先是数据的准确性。"当一个企业不能正确地对待盘点工作,那么企业对于获取利润这个最终目的如纸上谈兵"、"除非企业认识到他们现有的真实库存量,否则就不能够做好管理工作",这些都说明了盘点得出的数据对于企业的重要性。而采用原来的盘点方式,数据的准确性很大程度由参与盘点员工的职业素质、责任心等决定,主观性和不可控风险都较高。而且由于很多企业将损耗率与员工绩效考核挂钩,因此难以控制盘点中的舞弊行为。这样得出来的数据准确率就无法保证。

其次是成本的浪费。盘点是一项很费时费力的工作,而且很烦琐。采用原来的方式盘点会损耗企业大量的时间成本和人力成本,这就让盘点成为企业头痛而又不得不为之的一个软肋。

如果将盘点业务外包,则可以将企业从这种烦琐的、机械性的重复劳动中解脱出来。张亮认为,不论是从数据的准确性还是成本上来看,他们提供的服务对企业来说都是合理的。他认为,自己具有的优势在于给客户提供的数据是客观的,具有独立性;数据准确率高(错误率可能只在千分之几);迅速、快捷,可以节省企业大量时间;而且实施服务的价格也非常合理。然而对于目前的现状他仍然有一些顾虑:国内零售企业对第三方盘点接触甚少,因此他往往需要事先做引导、介绍的工作,去开发市场。同时他还担心,由于第三方盘点给客户带来的成本降低往往很难量化,因此很多顾客看到更多的是聘请第三方的花费,为节省这一笔"小钱"而花了"大钱"。"如果一个企业不重视盘点的工作,那么它将带来更多隐藏的损耗。"张亮认为。但不管这个行当未来行情如何,第三方盘点作为一零售业务中的新面孔已经挟势而来。它也从另外一个侧面证明,中国的零售企业将发展到区域市场分工的更细化。

资料来源:吴娟. 零售世界,2007(6).

问题:
1. 分析华士盘点服务有限公司第三方盘点的模式,第三方盘点的优势与不足是什么?
2. 华士盘点服务有限公司能否获得更大成功?该企业做法对你有什么启发?

二、单元实训

到你所在地的连锁超市去了解一下情况,看看他们是如何进行盘点管理的?对该企业盘点管理的理解是什么?

第 9 章 商品价格管理

【学习目标】

价格是消费品价值的货币体现,是连锁超市管理中最活跃的因素。通过本章学习,了解商品定价方法,掌握商品价格策略及价格标签管理,熟悉连锁企业价格调整策略,增进连锁企业商品价格管理能力,提高价格运用技巧。

【案例导入】

家乐福的价格策略

家乐福1995年以"大卖场"的形式进入中国,在短短几年内营业额迅速增长,卖场数量呈几何数字增加,截止2005年上半年大卖场已经近百家。据CTR市场研究最新的调查结果显示,家乐福在全国15个主要城市范围内市场占有率达到4.7%,渗透率超过46.2%。这意味着在这些城市中有将近一半的家庭在一年内曾经光临过家乐福。

家乐福采用"高低价"原则(高价、低价和市场同一价格三类),有一个专门的定价部门。定价部门每天要做的事主要是分析比较某品牌历史发展、商品分类、定价的合理性,以决定该品牌商品应该属于哪一类定价方法。一旦决定该商品的新价格,定价部门就会直接把该价位输入ERP系统,所有门店的价格同时都会改过来。每个门店都有一个市调小组,做相应的市场价格调研。

家乐福商品陈列的一个"秘密"是:在家乐福,价签的底版颜色其实有三种:黄、蓝、白。而且,货架上插着这些价签的基座的颜色也是黄、蓝、白。这三种颜色分别代表着:流行品牌商品;家乐福自有品牌商品;"棒"商品。此外,还有一个秘密是,家乐福的商品上架有一个基本规则,就是价格高的放上面,价格居中的放货架中间,价格相对较低廉的则放在靠下的货架上。

仔细看看家乐福的货架你会发现,如果一排货架三种颜色商品都有的话,那么从上到下一定是黄、蓝、白。按照家乐福"依价归架"的原则,通常来讲,黄、蓝、白的价格是依次往下走的。

完美的价格策略使得家乐福2006年全年的营收增长5.1%,达到874亿欧元,超过2005年的837亿欧元。

资料来源:中华零售网,2007-04-08.

案例分析:家乐福在中国推行的价格管理方式是"高低销售",各个产品轮着做促销。

促销力度较大，容易给客户留下"价格就是低"的印象。一般门店在营销时不排斥价格战，适当时候要敢于价格竞争，合理的价格策略是一把利剑，可为企业披荆斩棘，在高手如林的商界开创一番新天地。

9.1 商品定价方法

价格是商品价值的货币体现，是连锁超市管理中最活跃的因素。连锁超市日常管理中很多难题都和商品的价格息息相关，如窜货、砸价、无利润，超市费用捉襟见肘，商品销售不力等。所以制定一个相对均衡平稳，具有前瞻性的商品价格尤为重要。

给商品定价，往往伴随着对消费者的消费规律和购买力的分析。商品定位为高端人群，则高质高价在所必然；定位为大众人群，物美价廉才是核心。同时商品的价格、企业品牌的附加价值及品牌个性也是密不可分的。海尔电视比长虹的贵，联想电脑比戴尔的便宜，品牌的附加价值起了很关键的作用。所以企业在给自己商品定价的时候，一定要综合地权衡这些因素，制定符合自己实际的商品价格，了解所销售商品的内涵与外延，从而进一步确定相适宜的定价方法与策略。商品定价首先应建立两个概念：价格带和价格线。

1. 价格带

价格带是指某种商品品种的出售价格从低到高形成的价格幅度。例如，各种牌号的洗发水，其中的最高价格为 36 元，最低价格为 10 元，那么就称这是一价格带为 10~36 元的商品群。

一般来说，由于不同业态的连锁超市目标顾客不同，商品群定价也就不同。例如，大型综合超市，其商品价格大多集中在中、低价格带；而便利店，其商品价格带大多集中在高、中价格带。通常价格带不宜过宽，适当把握"窄"的尺度。如果价格带集中于低价段，则同类品种价格基本接近，那么顾客购物时就不会注意价格因素，比较容易作出购买的决定；但是如果价格带很宽，顾客则会在不同价格品种之间反复衡量，因为高价品在眼前刺激，购买廉价商品会产生自卑心理，购买高价品又会觉得不划算。这时消费者通常的做法是：不买，走人。

2. 价格线

价格线是指商品价格带上的高中低价格组合的表示，反映价格带上各价格的分布。例如上例中，把洗发水这一商品群商品价格细分为：高价格 26~36 元；中价格 16~25 元；低价格 10~15 元，那么，这三个价格层次的商品比例就构成了价格线。

商品价格带与价格线的合理确定，一方面可以使超市商品的立场清晰，目标明确；另一方面可以使顾客对超市商品的选择立场坚定。价格带与价格线是现代超市在商品管理、分类陈列经营模式下定价的基础。

9.1.1 影响商品定价的因素

1. 定价目标

定价目标就是在符合社会总体利益的原则下，商品的价格在实现以后应该达到的目的。

不同的卖场可能有不同的定价目标，但有一点是相同的，即取得尽可能多的利润。同一卖场在不同时期也可能有不同的定价目标，卖场应该权衡各个目标的依据和利弊加以选择。

商品定价的目标有以下几种。

(1) 维持生存

如果卖场商品滞销严重或面临激烈的竞争，则需要把维持生存作为首要目标，此时利润比生存次要得多。为了确保卖场继续营业，解决商品滞销严重的问题，卖场必须制定较低的价格，并希望市场的价格是敏感型的。只要商品价格能弥补可变成本和固定成本，卖场便可以继续生存。

(2) 当期利润最大化

卖场通过市场调研与预测，辅助科学的计算方法，准确地估计市场需求和商品成本，然后确定价格，便能产生最大的当期利润。但要注意以利润最大化为定价目标并不是要求卖场制定最高的价格，利润是销售收入与销售总支出的差值。

(3) 市场占有率最大化

卖场为了长期的生存与发展，就要提高市场占有率。当具备下述条件之一时，卖场就可以考虑通过低价来实现市场占有率的提高：

① 市场对价格高度敏感，低价能够刺激需求的迅速增长；
② 商品销售的单位成本会随着销售经验的积累而下降；
③ 低价能逼退现有的和潜在的竞争者。

(4) 商品质量最优化

当大多数消费者关心某类商品质量胜于关心该类商品价格时，卖场就可以考虑商品质量领先这样的定价目标。用高于竞争对手5%～10%的价格销售，同时辅以相应的优质服务。例如日本SONY公司的"特丽龙"显像管显示出来的图像比竞争对手的更鲜明，所以SONY公司对这种显像管的视频商品定价一般都高于竞争对手5%～10%。

(5) 以维护卖场形象为定价目标

这是指卖场在定价时，首先考虑价格水平是否为目标消费群所认可，是否有利于维护卖场或以物美价廉或以优质高档而立足市场的经典形象。良好的卖场形象是卖场长期积累的结果，是卖场宝贵的无形资产与财富。卖场在定价时要从全局和长远利益出发，配合营销组合整体思路与策略，维护卖场在消费者心中的良好形象，以获取长期稳定的利润收入。

(6) 以应付和防止竞争为定价目标

卖场具有较强竞争性时，可以采用该定价策略。在定价之前，对同类商品的质量和价格资料等进行分析比较，从有利于竞争的目标出发制定价格，以合理的价格出售商品。制定什么价格，要看竞争者的情况。一般来说，竞争能力弱的卖场，大都采取跟随或者低于强者的价格；竞争能力强的，对市场具备某些优越条件的卖场，可采取高于竞争者的价格出售商品。

(7) 以保持良好的分销渠道为目标

21世纪，市场上讲究双赢和多赢，是供应链的竞争。大部分卖场在销售商品时，都要借助中间商保持分销渠道畅通，这是保证卖场正常运营的一个重要条件。为了在激烈的竞争中保持分销渠道的良好畅通，促进销售，卖场会充分考虑中间商的利润，激发中间商推销本卖场商品的积极性。

2. 商品成本

成本是商品定价的下限。一般说来，商品价格必须能够补偿商品生产及市场营销的所有支出，同时补偿卖场为其所承担的风险支出。成本低是影响定价的一个重要因素。在市场中，商品成本低的商品在价格方面有很大的主动性，所以企业总是力图降低成本。

根据营销定价策略的不同需要，可以从不同的角度对成本作以下分类。

（1）固定成本

固定成本是企业在一定规模内生产经营某一商品支出的固定费用，在短期内不会随产量的变动而发生变动的成本费用。如厂房、机器设备等。

（2）变动成本

变动成本是指企业在一定范围内支付变动因素的费用，这是随产量的增减变化而发生变化的成本。如生产商品的原材料总成本。

（3）总成本

总成本是固定成本与变动成本之和。当产量为零时，总成本等于固定成本。

（4）平均固定成本

平均固定成本是总固定成本与总产量的商值。固定成本不随产量的变动而变动，但是平均固定成本随产量的增加而减少，随产量的减少而增加。

（5）平均变动成本

平均变动成本是总变动成本与总产量的商值。当生产发展到一定的规模，工人熟练程度提高，批量采购原材料价格优惠，变动成本呈递减趋势即经济中的规模递增现象；如果超过某一极限，则平均变动成本又可能上升即经济中的规模递减现象。企业生产要注意把握度的问题，力求以少的投入获得多的产出。

（6）平均成本

平均成本即总成本与总产量的商值。在一定生产规模范围内固定成本和变动成本随生产效率提高、规模经济效益的逐步形成而下降，此时单位商品平均成本呈递减趋势。

（7）边际成本

每增加或减少一单位的商品会引起总成本的变动。在一定产量上，最后增加的那个商品所花费的成本，从而引起总成本的增量，这个增量即边际成本。卖场可根据边际成本等于边际收益的原则，以寻求最大利润的均衡产量；同时，按边际成本制定商品价格，使全社会的资源得到合理利用。

（8）长期成本

长期成本是企业能够调整全部生产要素时，生产一定数量的商品所消耗的成本。所谓长期，是指足以使企业能够根据它所要达到的产量来调整一切生产要素的时间量。在长时期内，一切生产要素都可以变动，所以长期成本中没有固定成本和可变成本之分，只有总成本、边际成本与平均成本之别。

（9）机会成本

机会成本是企业为从事某项经营活动而放弃另一项经营活动的机会，或利用一定资源获得某种收入时所放弃的另一种收入。另一项经营活动所应取得的收益或另一种收入即为正在从事的经营活动的机会成本。

3. 市场需求

（1）需求是定价的高限

了解整体供需的状况，当供过于求时，价格政策只能以一般的价格销售；当需求大于供给时，可适度地调高售价。尤其生鲜果菜，常因季节更替或气候的变化而产生供需失调。至于其他的商品，因取代性高，较难回复到以往的"卖方市场"。一般情况下，商品的成本影响商品的价格，而商品的价格影响商品的需求。经济学原理告诉我们，如果其他因素保持不变，消费者对某一商品需求量的变化与这一商品价格变化的方向成反比。即商品的价格下跌，需求量就上升；而商品的价格上涨时，需求量就相应地下降，这就是商品的内在规律——需求规律。需求规律反映了商品需求量变化与商品价格变化之间的一般关系，是卖场决定自己的市场行为，特别是制定价格时必须考虑的一个重要因素。

（2）需求价格弹性对定价的影响

反映需求量对价格的敏感程度，以需求变动的百分比与价格变动的百分比之比值来计算，即价格变动百分之一会使需求变动百分之几。

$$需求的价格弹性系数＝需求量变动的百分比/价格变动的百分比$$
$$＝（需求增减量/原需求量）/（价格增减量/原价格）$$

当弹性系数＞1时，需求弹性充足，即需求量的变化大于价格自身变动，价格的升降与总收入的增减成反比，应采取降价策略。定价时应通过降低价格，薄利多销达到增加盈利的目的；反之，提价时应谨防需求量发生锐减，影响企业收入。

当弹性系数＜1时，需求弹性不足，若卖场经营弹性不足的商品，则总收入和销量不会因为价格下降而增加。对这类商品，卖场不宜采取降价策略。

当弹性系数＝1时，称需求弹性不变，此时卖场经营这类商品无论降价还是提价，都不会引起总收入的明显变化。

4. 市场竞争状况

市场竞争状况是影响卖场定价不可忽视的因素，也许表面上风平浪静，但竞争者可能随时在准备下一波的攻击。同业在办促销活动时，除非采用不同的促销策略，如同业用特卖，我们用抽奖，各自吸引不同阶层或不同需求的客层；否则在同业做特卖时，最好亦适度跟进，才能使自己更具竞争力。卖场只有考虑比竞争对手更为有利的定价策略才能获胜，因此，企业定价的"自由程度"一定意义上取决于市场竞争的格局。在现代经济中，市场竞争一般有以下四种状况。

（1）完全竞争

完全竞争市场状况下，卖场很多，买卖双方的交易都只占市场份额的一小部分，彼此经营的商品是相同的；卖场不能用增加或减少采购数量的方法来影响商品的价格，也没有一个卖场可以根据自己的愿望和要求来提高价格。在这种情况下，卖场只能接受在市场竞争中现成的价格，买卖双方都只是"价格的接受者"，而不是"价格的决定者"。价格完全由供求关系决定，各自的行为只受价格因素的支配，卖场无需去进行市场分析、营销调研，这时所有促销活动都只会增加商品的成本，也就没必要去专门策划和实施促销活动了。当然，完全竞争条件仅存在于理论上，在现实市场中是不存在的。

（2）不完全竞争

不完全竞争也叫垄断性竞争，这是一种介于完全竞争和纯粹垄断之间的市场条件，是一种既无独占倾向又含竞争成分的、常见的状况，它不同于完全竞争。市场上卖场虽然很多，但彼此经营的商品是有差异的。这里存在着商品质量、销售渠道、促销活动的竞争。卖场根据其"差异"的优势，可以部分地通过变动价格的方法来寻求更多利润。

（3）寡头竞争

寡头竞争是竞争和垄断的混合物，也是一种不完全竞争。它是指一个行业中几家少数的卖场销售的商品占此市场销售量的绝大部分，价格实际上由他们共同控制。各个"寡头"之间相互依存、影响，一个"寡头"调整价格都会引起其他寡头的连锁反应，因此寡头之间互相密切注意对方战略的变化和价格的调整。寡头又可分为完全寡头垄断和不完全寡头垄断两种。两种寡头都不是完全的垄断者，但每个垄断寡头都会对价格产生重要作用。

（4）纯粹垄断

纯粹垄断是指在一个行业中的某种商品或劳务只是独家经营，没有竞争对手。通常有政府垄断和私人垄断之分。这种垄断一般有特定条件，如垄断企业可能拥有专利权、专营权或特别许可等。由于垄断企业控制了进入这个市场的种种要素，所以它能完全控制市场价格。从理论上分析，垄断企业有完全自由定价的可能，但在现实中其价格也受到消费者情绪及政府干预等方面的限制。

除了竞争状况之外，各国政府干预卖场价格制定也直接影响卖场的价格决策。世界各国政府对价格的干预和控制是普遍存在的，只是干预与控制的程度不同而已。

5. 商品特点

商品的自身属性、特征等因素，在卖场制定价格时也必须考虑。

（1）商品的种类

卖场应分析自己经营的商品种类是日用必需品、选购品还是特殊品，是威望与地位性商品，还是功能性商品，因为不同的商品种类对价格有不同的要求。如日用必需品的价格必然要顾及大众消费的水平，特殊品的价格则侧重特殊消费者。

（2）标准化程度

商品标准化的程度直接影响商品的价格决策。标准化程度高的商品价格，变动的可能性一般低于非标准化或标准化程度低的商品。标准化程度高的商品的价格变动如过大，很可能引发行业内的价格竞争。

（3）商品的易腐、易毁和季节性

一般情况下，容易腐烂、变质且不易保管的商品，价格变动的可能性比较高。常年生产、季节性消费的商品与季节性生产常年消费的商品，在利用价格的作用促进持续平衡生产和提高效益方面有较大的主动性。

（4）时尚性

时尚性强的商品价格变化较显著。一般新潮的高峰阶段，价格要定得高一些；新潮高峰过后，应及时采取适当的调整策略。

6. 季节变化的因素

我国幅员辽阔，气候的变化非常大。尤其在夏季时，应特别注意季风动向的变化。在季节更替时，商品也随着改变。如夏季来临，冷饮上场；冬季来临，火锅因应。商品计划人员应了解季节的变化，并借此掌握消费者的需求。要注意的是，季节性商品的推出应把握最好时机，如秋冬变化之际，第一波寒流来临时，适时推出火锅商品，必定会有不错的销售业绩，因为此时消费者的需求较高；如推出太晚，需求的频度已降低，销售的契机就已丧失。此外，在季节更替时初推出的商品，其售价应酌予降低，借以吸引消费者的注意。

9.1.2 商品定价方法

商品定价时，一定要进行专业的市场调研。成本、需求和竞争是影响连锁超市商品价格的主要因素，所以商品定价要根据商品的成本和市场竞争的导向来确定。

下面介绍几种常用的定价方法：成本加成定价法、竞争导向定价法和心理定价法等。

1. 成本加成定价法

成本加成定价法是指在成本上加一个固定比例的利润，形成商品的价格。可分为成本顺加定价法和成本逆加定价法。

成本顺加定价法，即在单位成本的基础上加上一个利润百分比，公式表示为

$$商品定价 = 商品成本 \times (1 + 固定利润比例)$$

成本逆加定价法，即使商品销售价格保持一定的比例。公式表示为

$$商品定价 = 商品成本 \div (1 - 利润率)$$

比如一台成本为 100 元的饮水机，设定的利润率为 25%，则按成本顺加法，即

$$单价 = 100 \times (1 + 25\%) = 125(元/台)$$

按成本逆加定价法，则

$$单价 = 100 \div (1 - 25\%) = 133.3(元/台)$$

2. 竞争导向定价法

竞争导向定价法是以竞争者的价格来作为制定商场商品价格主要依据的一种方法。采用这种定价方法，商品价格可以与竞争者价格的平均水平一致。为了适应竞争的需要，商场应将自身的信誉声望、购物环境状况、服务质量、经营商品的种类结构等方面与竞争对象相比较，确定本商场的经营特色、优劣势，然后对各类商品分别定价。

通常，信誉好、购物环境优雅、商品齐全、服务周到的商场，同类商品的价格可适当比其他商场定得高些；而对于大多数特色平平的商场，则应随行就市，与竞争者商品价格平均水平保持一致，即采用通行价格定价法。这种定价法是竞争导向定价法中广为流传的一种，所定的价格在人们观念中常被认为是"合理价格"，易被消费者接受。同时，通行价格定价法能协调商场与竞争者之间的关系，避免激烈竞争所带来的风险，使商场获得相对合理的利润。当然品种不全、服务措施少、购物环境简陋的商场，如仓储店，商品的价格应低于其他商场的价格，以弥补自身的不足，可通过低价树立特色，招徕顾客。

3. 心理定价法

心理定价法依据价格对顾客心理的微妙影响来确定价格，通过价格来引导顾客的购物心理，促使顾客产生便宜感、合理感或者自豪荣耀感，从而满足顾客的求廉、求实或求名心理，刺激顾客的购物行为。心理定价法主要有以下几种情况。

（1）整数定价法

对于礼品、工艺品及其他高档商品制定整数价，可使商品更显高贵，满足部分顾客的高消费心理，比如将价格定为 100 元，而非 99 元或 99.9 元。同时整数价格便于记忆，有利于

加深顾客对商品的印象。

（2）尾数定价法

尾数定价法是与整数定价法相对应的定价方法，尾数定价给人以便宜感，满足了顾客的求实心理。对需求价格弹性强的商品，尾数定价常可带来需求量大幅度上升。如在英国伦敦牛津商场，一些商品价格往往以"99"作尾数，比如一条普通腰带为9.9英镑，一件男士雨衣为65.99英镑等，结果顾客盈门。零售价格的尾数究竟定在哪个数上比较合适呢？一些有经验的商品经销人员认为尾数定在"7"比较容易为顾客所接受；而时下以"8"为尾数的标价，迎合了顾客图吉利的心理，受到不少顾客的欢迎。

（3）高位定价法

根据顾客按价论质心理及求名心理，商场可适当提高那些质量差异不易察觉、价格需求弹性较低、能显示身份地位的商品，如服装、首饰的价格及新商品或稀有商品的价格；声望高的商场可将其零售价格定得高些，这样不仅能起到促销的作用，而且还能进一步提高商场的形象。

（4）习惯定价法

日常消费品通常会在消费者心目中形成一种习惯性价格标准，符合其标准的价格易被接受，而偏离标准的价格则易引起疑虑。高于习惯价格被认为是不合理的涨价，低于习惯价格则让顾客怀疑是否货真价实。习惯价格在顾客心中根深蒂固，因此商场一定要避免因价格波动带来不必要的损失。当受习惯价格支配的商品迫不得已要变价时，商场可通过改换包装、重量或品牌等措施，避开顾客对新价格的抵触心理，引导顾客适应新的价格。

（5）统一定价法

生活日用品采用统一价格能给顾客以便宜感，同时也能方便顾客选购付款，便利交易。20世纪初，日本人盛行穿布袜子，当时各种大小、布料、颜色的布袜子品种达100多种，价格一式一样，买卖很不方便，使得买卖双方大伤脑筋。有位专门生产经营布袜子的石桥先生，受电车收费的启发，产生灵感，决定以同样价格出售布袜子来扩大销路，当时他受到很多同行的嘲笑，大家认为他只能售出大号袜子，必亏无疑，结果他的方法深受顾客欢迎，布袜子销量达到空前的数额。英国马狮公司的创始人米高·马格斯通过开设"不用问价钱，全部一便士"的小摊子，薄利多销使经营业务蒸蒸日上，马狮公司茁壮成长。

（6）系列定价法

针对顾客"价比三家"的心理，将属同类商品但原料、款式存在一定差异的商品有意识地分档拉开，形成价格系列，这样顾客在价格比较中能迅速找到自己习惯的档次，得到"选购"的满足。系列定价法一般与统一定价法结合起来使用。

（7）招徕定价法

招徕定价法是以低价格策略来吸引顾客，商品以进价甚至是低于进价的价格出售。这种定价的方法主要是为了招徕顾客购买，在通过合理的组合陈列，带动周围商品的销售，最终达到整体销售的目的。如美国著名的凯马特连锁店，蓝灯在某一货架上闪烁，就表明那里有减价商品出售。这种现象每天只发生几次，每次不超过15分钟减价商品就被抢售空空，顾客对此很感兴趣，因此凯马特每天都拥有很多顾客。凯马特出售的降价商品一般仅限于小食品、卫生用品等价格不高的日用品，洗衣机、冰箱等价格较高的商品绝不在降价之列。凭着这一招徕顾客的高招，凯马特的年销售额普遍较高。又如，我国台湾一家百货公司每天以数种商品在特定时间内以最低价格出售。由于时间安排在原来顾客最少的时候，不仅客流量得以均衡，而且使总客流量增加。招徕定价法主要是针对顾客的求廉心理，有意将一种或几种商品价格大幅度降低，以吸引人们来本店购买商品，从而带动其他商品的销售。

小资料 9-1

英国有一家小店，起初生意萧条很不景气。一天店主灵机一动，想出一招：只要顾客出 1 个英镑，便可在店内任选一件商品（店内商品都是同一价格的）。这可谓抓住了人们的好奇心理，尽管一些商品的价格略高于市价，但仍招徕了大量顾客，销售额比周围其他的百货公司都高。

资料来源：中华零售网，2006-04-08.

小资料 9-2

日本东京银座"美佳"西服店采用了一种折扣方法，颇为成功。其折扣方法是：第一天打九折，第二天打八折，第五、六天打六折，以此类推到第十五、十六天打一折。开始一两天，顾客多半来看热闹，第三、四天人渐渐多起来，第五、六天，顾客像洪水般拥向柜台争购，以后连日爆满，没到一折售货日，商品早已售完。

资料来源：中华零售网，2006-10-21.

小资料分析：灵活的价格让小店生意蒸蒸日上，独树一帜的定价方法让商场大量商品顺利脱销，完美的价格是商家在没有硝烟的战场上制胜的法宝。

9.2　商品价格策略

9.2.1　商品价格策略概念

价格是一种灵活的促销手段，定价是一种科学性与艺术性相结合的过程。商场应根据具体场合下的顾客心理、销售条件、销售数量及销售方式，灵活选用定价策略，变动商品价格。

1. 价格策略

所谓**价格策略**，是指企业为了实现预期的经营目标，根据企业的内部条件和外部环境，对某种商品或劳务，选择最优定价目标所采取的应变谋略和措施。零售业竞争越来越激烈，在每一家超市经营者面前都存在着一个错综复杂的价格世界。价格是卖场魅力来源之一，其在吸引顾客、加强竞争优势、塑造良好卖场形象方面有着不容忽视的作用。价格是商家竞争的重要手段，商家一旦在价格策略上失误，会给商品竞争力、商品盈利能力带来直接的负面影响。在令人眼花缭乱的价格世界里，寻找合适的价格策略是商家面临的最现实的问题之一。

2. 价格体系

所谓**价格体系**，是指在特定市场区域内，某种商品针对不同市场条件、不同业态，结合整体营销计划而制定的一整套价格策略。在进行价格策划前，必须分析影响价格的因素。实际上，企业的价格水平与品牌、商品的核心技术、行业地位、行业特点、商品渠道模式、竞争对手情况、企业的目标、成本、目标消费群和目标消费市场等因素有关，因而在制定价格策略时，应该研究情景，研究消费者价格敏感度。价格是一个利益的体系，价格体系就是一个利润空间分配的问题。它应具有持续性，并留有一定的修正空间。对于价格体系的制定，先要看市场上同类商品的终端售价、各级批发价，将这些资料进行收集、汇总、比较、研究，确定一个自己商品进入市场的上限价格；然后结合本身商品定位，是走中高档路线，还是要做成大众消费品，确定商品定价是高于还是低于竞品价格。另外，还要在商品成本的基础上加上各项营销运作费用，制定此商品的价格。总之，制定价格体系要参考"4C"理论，即从消费者需求、中间客户、竞品和公司本身等四个方面进行综合考虑。

9.2.2 卖场整体价格策略

1. 整体价格策略

高端定价策略：由于零售商拥有优雅的购物环境、与众不同的商品、良好的顾客服务设施和手段等条件，可将商品价格定位高于市场平均水平。

低端定价策略：由于企业采取低成本运营、批量售卖、强化成本控制、减少顾客服务等措施，可采取低于市场平均水平的定价策略。

中等定价策略：这是一种非竞争性的定价策略，保持商品价格在市场平均水平。在这种情况下，消费者更多地注重店铺的位置、商品结构等因素。不管方法是什么，其关键在于与企业其他经营策略和经营条件保持一致。在两个位置、环境一样的店铺中，消费者自然会选择价格最低的店。

总之，定价策略要与顾客相符，每个店铺都有自己固定的顾客群体。留住自己的顾客群，生意就成功了一半。可以根据顾客类型来相应地选择定价策略。

2. 需求差异定价策略

① 因地点而异。比如一听同样的饮料，在杂货铺售 5 元左右；在娱乐场所的饮料厅中可售 7 元，而在高级饭店中可达 10 元，同样能被顾客接受。

② 因时间而异。依据销售高峰期与低潮、旺季与淡季的需求差异制定不同价格。旺季及高峰期可将价格定得高些，而在淡季及低潮可定得低些。

③ 因顾客而异。不同的顾客因职业、阶层、年龄等方面的差异而有不同的需求，商场在定价时给予一些顾客（如学生）一定的优惠，可获得良好的促销效果。

3. "访价"策略

"访价"是连锁企业常用的价格策略。在步入竞争导向的时代里，几乎已没有什么才是"合理的价格"，有的只是"竞争的价格"。

在做访价活动时，不仅要了解同业的售价，有时甚至要了解相近业态的售价。通常超市都有固定的人员在做这项工作，但从事商品计划的人员，亦需时常到其他超市或零售店去比较,一方面了解价格,一方面也可发现一些自己尚未引进的商品,并观察出商品的走势。

访价不仅要对末端的零售价格进行了解,还要在生鲜食品方面,对果菜、鱼肉等市场的进货状况、拍卖行情、毛猪的牌价等都要设法去取得,以作为定价之依据。

有了同业的价格后,如果不想引起削价竞争,则应参考多数同业的价格来定价;如果在品质或鲜度上较别家超市特殊,则因价值较高,售价也可稍微拉高。

如果从访价或竞争的角度来看,就没有什么价格政策可言了,但商品计划人员仍要将同业的售价与自己的进价作比较,如低于我们的定价目标,则显示可能是我们的进货价格太高或我们的费用率太高,这些都值得考虑。

9.2.3 卖场分类价格策略

1. 高周转商品定价策略

对于卖场中那些周转率较高的商品可以采用低于竞争对手的价格策略。因为这些商品的利润并不体现在单个商品的价格优势上,而是体现在销售的数量上,销售得越多,现金流量的贡献率就越大。必须要明确,在超级市场的经营中,现金流量的贡献率有时会超过利润贡献率,成为第一位的企业利益目标。超市可利用这些低价商品吸引更多的人流,从而带动其他商品的销售。另外,商品的周转率提高,就会增加向供应商的进货次数与进货批量,增强卖场对供应商的议价能力,获得更多的价格折扣(一般表现为累计订货批量折扣、销售奖励折扣)。

2. 新商品定价策略

通常卖场对新商品定价有高、中、低价位三种选择。

(1)撇脂定价——取高价

撇脂原意是指取牛奶上的那层奶油,含有捞取精华的意思。百货商场可对新上市的新商品实行高价,大规模上市后放弃经营或实行低价。这种策略要求新商品品质和价位相符,顾客愿意接受,竞争者短期内不易打入该商品市场。

(2)渗透定价——取低价

渗透定价与撇脂定价策略相反。在新商品上市初期把价格定得低些;待商品渗入市场,销路打开后,再提高价格。

(3)合理定价——取中价

合理定价是介于两者之间的定价策略,即价格达中,不高不低,给顾客留下良好的印象,有利于招徕消费者。

3. 相关商品价格策略

相关商品是指在最终用途和消费购买行为等方面具有某种相互关联性的商品。规模较大的卖场可以利用此特点综合考虑卖场内相关商品的定价。

(1)互补商品价格策略

互补商品是指两种或两种以上功能互相依赖、需要配套使用的商品。所谓互补商品价格策略,是指企业利用价格对消费互补品需求的调节,全面扩展销售量所采取的定价方式和技巧。具体做法是:把价值高、购买频率低的主件商品价格定得低些,对与这些主件商品对应配套的必备品定价较高,从而提高整套商品的销售量。

(2)替代商品价格策略

替代商品是指功能和用途基本相同，消费过程中可以互相替代的商品。所谓替代商品价格策略，是指卖场为达到既定的营销目标，有意识地安排卖场替代商品之间的关系而采取的定价措施。卖场经营规模比较大时，有替代关系的商品销量常常表现为此消彼长，当然这种增加或减少与商品价格的高低有着十分密切的关系。卖场经常会主动运用这一规律来组合价格策略，以提高卖场的整体销售量。

4. 声望定价策略

声望定价是指卖场利用消费者"价高质必优"的心理，对享有盛誉的商品制定比市场上同类商品更高价位的定价方法。例如，对进口水果的定价等。

小资料 9-3

贵阳"洋水果"价格高

2007年春节前夕贵阳一箱5公斤装的美国车厘子，头一天还是450元，第二天就卖到了530元。俏销中的"洋水果"在贵阳春节市场上大出风头。想买来送人的，买个一两箱就扛走。消费者认为"贵一点不要紧，这样送人才拿得出手"。春节期间贵阳进口水果销量比国产水果多两三倍。

---

5. 差别定价策略

差别定价策略是指根据交易对象、交易时间等方面的不同，突出两种或多种不同的价格策略。这些价格并不能反映商品在成本方面具有多大的差异，其真实目的在于适应顾客不同的需要，从而扩大销售，增加收益。差别定价策略常有以下几种形式。

（1）地理差价策略

地理差价策略是指同一商品因销售地区不同，所定的价格也不同。例如在餐饮业，"小肥羊"火锅以同样的商品，走遍全国，但是在不同城市的定价很不一样。小肥羊的目标客户群是工薪阶层，在不同区域市场，工薪阶层的收入有所不同，所以小肥羊就根据区域市场内目标客户群的收入差异，采取了差异定价。在高收入地区，定价稍微高一些；在低收入地区，定价稍微低一些，正好符合当地工薪阶层的承受能力。例如，北京小肥羊的价格就比包头小肥羊的价格高出30%～40%左右，这符合两地居民在收入上的差距。当然，在价格差距中还包含了必要的物流成本。

（2）时间差价策略

时间差价策略即对相同的商品按需求时间的不同而制定不同的价格。例如，西瓜在夏季与冬季定价不同，某些鲜活商品早晚市价不同等。

（3）顾客差价策略。

顾客差价策略是指卖场按不同的价格把同一商品或服务卖给不同的顾客。例如，卖场中同一商品的会员价与非会员价不同，会员价虽然较低，但是容易长期锁定顾客，有利于卖场的长期发展。

（4）分级定价差价策略

分级定价差价策略是指企业对同一类商品进行挑选整理，分成若干级别，各级别之间保持一定价格差额的策略。此种策略是依据市场对该商品的需求情况而定的，其目的是为了便于顾客选购，以满足不同层次的消费者的需求。

6. 折扣定价策略

在交易过程中，通过减少一部分价格或者转让一部分利润给购买者，以此来争取更多顾客的价格策略。常见折扣定价策略如下。

(1) 数量折扣策略

数量折扣是指按顾客购买数量的多少给予不同的价格折扣。卖场采用数量折扣有助于降低采购、销售、储运和记账等各环节的成本费用。数量折扣分为累计数量折扣和非累计数量折扣。

累积数量折扣是指在一定时期内累计购买超过规定数量或金额给予的价格折扣，其优点在于鼓励消费者成为卖场的长期顾客。

非累计数量折扣是指按照每次购买商品的数量或金额确定折扣率，其目的在于吸引买主大量购买，利于卖场组织大批量销售，以节约流通费用。

(2) 现金折扣策略

现金折扣是指卖场为了鼓励购买者尽早付清货款，加速资金周转，规定凡提前付款或在约定时间付款的买主可享受一定的价格折扣。例如，有些大型家电卖场规定顾客在30天之内必须全部付清货款，若提前10天付款者，给予2%的折扣；提前20天付款，给予3%的折扣。运用现金折扣策略，可以有效地促使顾客提前付款，从而有助于盘活资金，减少卖场的利率和风险。折扣大小一般根据付款期间的利率和风险成本等因素确定。

(3) 季节折扣策略

季节折扣，是指企业对生产经营的季节性商品，为鼓励消费者提早采购，或在淡季采购而给予的一种价格折让。卖场在销售活动中实行季节折扣，能促进消费者在淡季提前购买商品，减少过季商品库存，加速资金周转。超级市场中许多商品都有一个季节性的消费高潮，如夏季的清凉饮料，为推进这些商品的消费高潮，也可采取折扣价，进一步刺激这些商品的销售。另外，对一些进入销售淡季的商品，采用季节折扣价也会促进销售。采取季节折扣定价法时要特别注意两点：第一，在消费高潮时的季节折扣必须与竞争对手的同类商品价格拉开距离，必须具有明显的价格优势；第二，在销售淡季时的季节折扣要反映反季节促销和季节性清货，前一种是为了扩大销售，后一种是为了清库存。

(4) 业务折扣策略

业务折扣也称同业折扣或功能折扣。它是指卖场给予批发企业和团购的折扣，折扣的大小因商业企业在商品流通中的不同功用而各异。对批发商来卖场进货给予的折扣一般要大些，团购折扣低于批发企业。例如卖场报价"100元，折扣30%及10%"，表示给团购折扣30%，即70元；给批发商人再折扣10%，即63元。业务折扣可以扩大卖场的销售量。

(5) 限时折扣定价法策略

通过在特定的营业时段提供优惠商品，来刺激消费者的购买欲望。如限定13：00—15：00，某些商品五折优惠。此种方法要通过宣传单预告或利用卖场尖峰时段，以广播方式刺激消费者购买特定优惠商品，而且价格优惠要比较大。此法可作为超市的一大特色经营内容来展开，目的是为了增强卖场内的人气，活跃气氛，由此调动顾客的购买欲望。

另外，商品都有一个保质期，为了使这些商品在保质期到来之前全部销售完，可采用限时折扣的定价方法。但其运用必须保证给顾客留下一段使用的期限，否则顾客投入使用时就已经过了保质期，这不但不利于保护消费者的利益，而且有损商场形象。限时折扣定价法非常适用于一些日产日销的商品，如面包。限时折扣定价法可在当天适当时间推出。

7. 促销商品定价策略

（1）特卖商品定价策略

特卖商品是指该商品跌价幅度特别大。它对顾客具有很强的吸引力，可以说特卖商品也是超级市场的企业形象商品。一般特卖商品要比平时或竞争店的价格低20％以上，否则不可能造成对顾客的特价商品印象，也不能造成销售的强刺激。而且最好每周都能推出一批，或每天推出一种商品，不过卖场推出的特价商品必须有一个数量的控制。因为特卖商品定价法推出的主要目的是吸引集中顾客，以此来带动超市整体商品的销售，如果特卖商品售出的亏本额超出了由此带动的销售所产生的盈利额，那么特卖商品定价策略就是失败的。为了保证超市一定的盈利率水平，超级市场的特卖商品一般是组织供应商来参与的。超级市场在举行展销活动时，也可对一些商品采用特价法，以此渲染展销活动的气氛。

（2）销售赠品的定价策略

销售赠品的定价策略是指卖场向消费者免费赠送礼品的定价方法。具体有三种方式：一是免费赠送，只要进店就可免费获得一件小礼品，如气球、面纸、开罐器、鲜花等；二是买就送，即购物满一定额度获得礼品，如色拉油、纸杯、玩具等；三是随商品附送，如买咖啡送咖啡杯、买酒送酒杯等。

8. 自有品牌商品定价策略

超级市场确立自有品牌商品是推进其连锁经营规模迅速扩张的主要方法之一，因为连锁企业通过自有的销售渠道，无须支付巨额的市场推广费和通道费。自有品牌的商品必须比同类商品具有30％以上的价格优势。需要特别说明的是，30％的价格优势是最低限度，没有这个限度消费者不会对超市的自有品牌商品发生兴趣，因为同类品牌商会使用各种市场方法影响消费者购买其商品。当然，自有商品的定价也不能太低，否则影响卖场的声誉。目前，在我国一些连锁超市公司和便利店公司中，自有品牌商品存在着这样两种较普遍的现象：第一，没有足够的价格优势，即与同类商品相比的价格优势没有超过30％；第二，自有品牌商品与同类商品相比，质量不够高，在纸制品和保鲜膜商品中尤为突出，这需要高度重视。如果质量控制手段跟不上，最终将会影响自有品牌商品的牌子。自有品牌商品的定价要兼顾到同类商品的价格线的合理性，即对本企业已开发推出的自有品牌的同类商品，一般只向少数厂商进小批量的货，这种做法的目的有两个方面：第一，在同类商品的比较中显示出自有品牌商品的价格优势；第二，限制自有品牌之外的同类商品进货数量，是为了使销售额向自有品牌商品集中，并且也给予消费者对同类商品有两个以上品牌商品的选择余地。

9.2.4　价格变动策略

营销者在定价之后，由于宏观环境变化和市场供求发生变动，卖场应该及时主动地调整价格，以适应激烈的市场竞争。

1. 降价策略

当市场营销环境发生变化，如商品滞销严重、库存积压严重、其他营销策略无效，或者在激烈的价格竞争中，市场占有率下降等，卖场为了扩大销售或稳住市场占有率只有降低销售价格;在降价之前,卖场应向自己的代理商、经销商保证,降价后对他们原来的进货或存货,按新价退补降价损失。这样,既可以使长期客户及该商品分销渠道的各个环节的利益得到保证,也可以保住卖场的市场。

2. 提价策略

由于资源约束而产生严重的供不应求或发生通货膨胀时,卖场不得不采用提高价格的办法来弥补成本的上升。提价必然会引起顾客和中间商的不满。应采用不同的提价策略,来平抑提价引起的不满。

① 限时提价。卖场可以利用限时提价平衡顾客流量,缓解高峰时段工作人员压力过大的问题。

② 对商品的附加服务收费或取消附加服务,从而进行隐性提价。

③ 减少或取消折扣和津贴,以吸引新顾客群。

④ 改动商品的型号或增加某种功能等。

小资料 9-4

有一年夏天,一家日用杂品店进了一批货,以每件 1 元的价格销售,可购买者并不踊跃,无奈商场只好决定降价,但考虑到进货成本,只降价 2 分钱,价格变成 9 角 8 分,想不到就是这 2 分钱之差竟使局面陡变,买者络绎不绝,货物很快销售一空。销售员欣喜之余感叹一声:只差 2 分钱呀。

资料来源:中华零售网,2007-02-07.

小资料分析:"2分钱",巧妙的价格策略让日用杂品店"买者络绎不绝",与之前的"购买者不踊跃"形成鲜明对比,这是因为,1元与0.98元对顾客有着截然不同的视觉冲击力,从消费心理学的角度分析就是:0.98元的视觉冲击力让顾客认为所购之商品物美价廉,产生满足感,从而形成成就感,这就是2分钱的价格策略诱惑。

9.3 价格标签管理

商品价格标签是超市提供给顾客最直接的商品信息。一种商品如果没有明确的价格标识,就很可能失去一些随机性的交易机会,超市在商品销售过程中务必做好价签的管理。

9.3.1 价格标签设计

每一个上架陈列的商品都要标上价格标签,以便顾客选购和收银员计价收款。这项作业动作很简单,几分钟内就可学会,一天之内就能熟练操作,但标价的具体作业要求很多,十分复杂。价格标签的内容要完整无误,它包括条码、名称、价格、规格、产地、等级等数项内容。如图 9-1 所示。

图 9-1　常见标签模式

1. 确定标签尺寸

标签尺寸主要由两个方面的因素确定，一是有无自己印制的空白不干胶标签，二是直接购买的整版的无字标签。如果自己委托印刷厂印制，有些固定的信息就可以印制上去，但这种方式价格会比较贵，这时，标签尺寸就直接设为印刷好的固定尺寸。对于中小型超市来说，最常用的方法是用现成的空白无字标签，标签的所有内容均由打印机打印上去，那么在软件中设置标签尺寸就为所使用的实际标签尺寸了，具体的长和宽用尺量，可精确到 0.1mm。标签大小的设置，可以通过鼠标直接拖动标签的边框，看左侧和顶上的尺寸确定大小，也可以直接看右侧的属性栏显示的长和宽的毫米数；还有一种就是直接在右侧的属性栏中改变长和宽的尺寸到实际的大小。

2. 确定标签的内容

即使是同一家超市，在标签内容上的要求也可能会有所不同。比如对于一些鲜生货品，就要求在标签上标明生产日期和保质期范围、重量或者体积等；而对另一些耐用品来说，这些信息就无须在价格标签上标明。因此，超市可以根据自己的需要设计多种标签样式，不同种类的商品用不同类型的标签。

3. 标签元素的设计

在图 9-1 所示的标签中，使用了六个域文本，分别是商品名称、实际金额、生产日期、保质期、单价、净含量。因为这些信息会随着每一种商品的变化而变化，即使是同一种商品，某些信息也可能变化，所以采用了域文本，其显示数据可以动态变化。同时，这里也用到了线、条两个静态文本（如"品名"、"家惠超市"等字样），其效果是可以根据实际去调整的，比如可以改变颜色、字体及大小等。当然，最重要的是要加入一个条形码控件，根据实际情况，可以选用 EAN 码，也可以使用 CODE39 码或者其他编码，如果是店内码，则完全可以自己定义。

4. 标签数据的产生

一般的超市，都已实现了信息化管理。商品的数据信息全部储存在计算机中。这时，有两种方法使用软件把数据库中的数据导入到软件中：一是直接在数据库中，取出需要打印的数据，导出到 Excel 中，目前绝大多数的数据库都支持直接把数据导出到 Excel 中；另一种方法是使用现成的接口套件，直接由原软件把数据通过接口传送过来，直接打印指定的标签。

5. 随时打印需要的标签

打印前，一定要设置好各项定位参数，这关系到如何准确定位到标签纸上的问题，使用不当，打歪了就浪费标签纸了。

设计商品标签时，要考虑到最终如何打印标签，是在印刷好的不干胶上打印还是在空白的不干胶上打印的问题。

9.3.2 标价流程管理

目前我国的超级市场的价格标签分为四种类型：商品部门标签，表示商品部门的代号及价格；单品标签，表示单一商品的货号及价格；店内码标签，表示每一单品的店内码和价格；纯单品价格标签，只表示每一个商品的单价，无其他号码。

商品价格标签对超市搞好门店商品管理有很大作用，主要表现在以下两方面：识别商品的部门分类和单品代号及商品销售、盘点和订货作业；识辨商品售价，有利于商品周转速度的管理等。商品部门标签、单品标签和店内码标签一般都可以用条码的形式很快地通过计算机来设计和制作，此时标价作业的重点则是"对号入座"，而对那些仍需用价码机来标价的超市就必须强调手工作业的管理与控制。

1. 标签打贴位置

一般来说，超市内所有商品的价格标签位置应是一致的，这是为了方便顾客在选购时对售价进行定向扫描，也是为了方便收银员计价。但有时我们会发现在收银处，收银员不断翻弄商品寻找商品价格标签，这是标签打贴位置的不一致带来的时间浪费，其大大降低了收银速度。标签的位置一般最好打贴在商品正面的右上角（因为一般商品包装其右上角无文字信息），如果右上角有商品说明文字，则可贴在右下角。

2. 特殊商品标签管理

特殊商品标签打贴位置如下。

① 罐装商品，标签打贴在罐盖上方。

② 瓶装商品标签打贴在瓶肚与瓶颈的连接方。

③ 礼品则尽量使用特殊标价卡，最好不要直接打贴在包装盒上。因为送礼人往往不喜欢受礼人知道礼品的价格，购买礼品后他们往往会撕掉其包装上的价格标签，由此可能会损坏外包装，破坏了商品的包装美观，从而导致顾客的不快，这是理货员特别要注意的，应从细微之处为顾客着想。

3. 打折商品标签管理

打价前要核对商品的代号和售价，核对进货单和陈列架上的价格卡，调整好打价机上的数码。

4. 价格标签纸管理

价格标签纸要妥善保管，为防止个别顾客偷换标签，即以低价格标签贴在高价格商品上，通常可选用仅能一次使用的折线标签纸。

5. 调价品标签管理

商品价格调整时，如果价格调高，则要将原价格标签纸去掉，重新打价，以免顾客产生抗衡心理；而价格调低，可将新标价打在原标价之上。每一个商品上不可有不同的两个价格标签，这样会招来不必要的麻烦和争议，也往往会导致收银作业的错误。商品的标价作业随着POS系统的运用，其工作性质和强度会逐渐改变和降低。标价作业的重点会向正确摆放标价牌的方向发展，频繁的打价码作业将会不复存在，最多只用少量称重商品的店内码粘贴即可。

9.3.3 价格标签管理

目前在商品价签管理上出现问题最多的就是丢失、价货不符等。其中的原因有很多，如有的是因为商品新上架、移换位置等，商家没能及时把价签贴上或移换，造成有货无价或有价无货等现象；有的是因价签破损没能及时发现并更换等。另外，还有相当一部分是人为造成的。在各家超市竞争的过程中，采价是极普遍的现象，而直接把价签偷走是采价者既方便又快捷的方法。在超市里偷商品犯法，但拿几张小纸条并不会引起人们的注意，于是商家大批价签被盗的情况时有发生。科学合理地管理价格标签是商家应该重视的问题之一。

① 新商品进入超市时必须由相关部门将商品报告单录入，同时把价签打印出来。然后将打印好的价签交到商品部专门负责人手中，告知这批新货的进场日期，并让其签收，明确责任。由专人负责妥善保存，并及时张贴。

② 每位理货员在每天下班前1小时把自己负责区域内的所有价签检查一遍，如有丢失和破损的，将条码统计好交到专门负责人手中，由专门负责人统一交到相关部门打印，然后取回补齐，以保证每天营业时价签的完整和准确。

③ 如果商品价格有变动，需要更换新的标签，相关部门应把做好的一份变价单连同新的价签交到专门负责人的手中，并确切告知生效时间并及时更换。

④ 促销商品的特价价签。由相关部门把做好的促销单交由相关人员制作特价牌，然后把促销单和特价牌一起交到专门负责人手中，以及时张贴。

⑤ 生鲜区的价签由于价格变动多并且快，几乎每天都有，情况比较特殊，所以要把生鲜商品价单的其中一份直接交给生鲜部员工，以便及时在生鲜区价格板上更换。

⑥ 加强防损职能。超市应把价签视为商品完整的一部分而加强管理。如果发现有采价者破坏或偷窃价签的行为，应视同和偷窃商品一样严肃处理。

小资料 9 - 5

据说在一条著名的街上，一对情侣逛商场，女伴在一家门面不大的商场里看中一套时装。然而，面对服装86元的标价，女伴迟疑了，认为其档次太低，一旁的男友也觉得缺少派头。俩人正嘀咕的时候，精明的店主走出来声明这套时装价格标签印得不清楚，是286元而非86元。这对年轻人当即掏出286元，欢天喜地地买下了这套时装。

资料来源：中华零售网，2006 - 09 - 08.

小资料分析："只买贵的，不买对的"是时下年轻人的消费特点之一。据此商家在价格标签上巧妙做做文章就可能发现惊人的利润空间，管理好价格标签才能管理好商场的金钱。

本 章 小 结

没有卖不出的商品只有"不合理"的价格。价格和质量是商品经营中的重要问题。在激烈的零售业竞争中，有效的价格策略是商场成功的关键所在。本章重点讲述了连锁门店商品的定价方法、价格策略等内容，探讨了价格标签的管理问题。

基本训练

一、知识题

（一）选择题

1. 百货商场可对新上市的新产品实行高价，大规模上市后放弃经营或实行低价的定价方法是（　　）。
   A. 渗透定价　　　B. 招徕定价法　　　C. 撇脂定价　　　D. 成本加成定价法
2. 通过在特定的营业时段提供优惠商品，来刺激消费者的购买欲望的定价方法是（　　）。
   A. 一次性折扣定价法　　　　　　　　B. 累计折扣定价法
   C. 季节折扣定价法　　　　　　　　　D. 限时折扣定价法
3. 针对顾客的求廉心理，有意将一种或几种商品价格大幅度降低，以吸引人们来本店购买商品，带动其他商品的销售的定价方法是（　　）。
   A. 渗透定价　　　　　　　　　　　　B. 季节折扣定价法
   C. 招徕定价法　　　　　　　　　　　D. 撇脂定价
4. 一听同样的饮料，在杂货铺售 5 元左右，在娱乐场所的饮料厅中可售 7 元，而在高级饭店中可达 10 元，这是（　　）定价法。
   A. 招徕　　　　　B. 需求差异　　　　C. 自有品牌　　　D. 成本优势
5. 为了使商品显得更高贵，满足部分顾客的高消费心理，通常对一些礼品、工艺品及其他高档商品采用（　　）定价法。
   A. 整数　　　　　B. 尾数　　　　　　C. 统一　　　　　D. 自有品牌

（二）判断题

1. 价格带不是指单一品种价格，而是指其一类品种价格的分布幅度。顾客层次不同，对商品的要求也不同，而连锁超市一般适宜于制定"适中价格"幅度的战略。（　　）
2. 通常百货商场对新产品定价，有高、中、低价位三种选择及撇脂定价——取高价，渗透定价——取低价，合理定价——取中价。（　　）
3. 依据价格对顾客心理的微妙影响来确定价格。通过价格来引导顾客的购物心理，促使顾客产生便宜感、合理感或者自豪荣耀感，从而满足顾客的求廉、求实或求名心理，刺激顾客的购物行为的定价方法是招徕定价法。（　　）
4. 连锁门店为了吸引顾客经常采用心理定价方法及以低价格策略来吸引顾客。（　　）
5. 成本加成定价法是指在产品的成本上加上一个固定比例的利润，形成产品的价格。其可分为成本顺加定价法和成本逆加定价法。（　　）

二、思考题

1. 分析连锁门店常用的几种定价方法。
2. 根据所学知识分析连锁门店商品定价时要注意的主要问题。

3. 连锁企业如何对自有品牌产品进行合理定价？有何意义？
4. 如何进行有效的价格标签管理？

观 念 应 用

一、案例题

北京华润超市的定价策略

市场竞争的激烈是零售业有目共睹的。由于我国消费市场水平的局限性，价格竞争渐渐成为商家夺取顾客的主要手段。华润超市作为北京零售业的新生力量，却以它独有的经营模式和先进的管理技术在价格的竞争中一直保持着自己的风格和特色。

1. 以目标顾客群为定价依据

无论是精美的店面、丰富的商品、诱人的生鲜，还是独特的促销手段，一切都是为了满足自己所要面对的顾客群，但是每个商家都能真正了解你的顾客，真正熟悉你所经营的商圈吗？华润超市在每个店址确定之前要进行详细的商圈调查，了解目标顾客群的消费水平、消费习惯和消费需求，并以此依据制定出相符的价格策略，如由于面对的顾客群不同，华润超市将门店分为商务区店和社会店。商务区店所面对的顾客更多地是注重非价格因素，追求的是商品品质、档次、购物环境、服务水平等。由于这类店的商品结构不同，进口商品和中高档商品占有极大比重，因此定价所采取的是"高品质、合理定价"的原则，以保持价格的稳定性。社区店则要面对激烈的市场竞争，在价格竞争几近白热化的今天，社区店在保证毛利的前提下，随行就市，以具有竞争实力的价格组合满足目标顾客群的需求。

2. 确定合理的价格定位，制定不同的分类价格体系

合理的价格定位与公司形象的树立息息相关。为了扩大公司的影响度，华润超市在了解了每个社区店经营目标和竞争环境后，根据不同商圈的商品组合确定不同的价格体系。通过对竞争对手的充分调查和顾客需求的了解，对销售量大、周转速度快的敏感商品进行定位，并有针对性地进行细化调整，争取价格一次到位并力争做到物美价廉，在顾客心中树立一个良好的价格形象。

3. 确保价值的信誉

如今的价格市场可以说是杂乱无章，商家为了打击竞争对手，不惜毛利，不断对价格进行调整，价格几乎是天天在变，致使价格失去了它的信誉度，顾客无法了解何为货真价实，并常常疑惑价格与商品的巨大差异。失去了信任，也就失去了顾客。华润超市则是在一步到位的价格基础上配以适当的、连续的、有力度的促销活动，让顾客时时都能选择理想的商品，同时增强对价格的信任度。

4. 走出促销定价的误区

合理的促销活动可以达到突出公司特点、扩大影响面、参与市场竞争的目的，但目前铺天盖地的"惊爆价"、"特卖价"、"超值价"令顾客目不暇接，无所适从。盲目的降价更是破坏了知名品牌的形象，降低了顾客对知名品牌的忠诚度，致使部分稳定顾客流失。华润超市的促销商品定价一直遵循以下几项原则：

① 避免与其他商家促销商品的冲突，以免造成促销商品断货；
② 促销商品的选择以市场需求为主，价格真正做到有力度，既对消费者有冲击力，又能够保证合理的毛利率；
③ 促销商品要具有一定的市场敏感性，定价要结合自身业态制定具有相对竞争力的价格；
④ 避免二次定价低于首次定价，以免造成顾客信任度的降低；
⑤ 避免定价的无竞争力，如定价明显低于竞争对手，会造成适得其反的效果；
⑥ 促销价格过低时，要进行一定的补充说明，以免顾客对商品本身产生怀疑。

合理的定价策略可以减少库存，降低人员和广告方面的支出，并使企业利润得以保障，同时也使消费者感到其定价的诚实可信，提高顾客的满意度。希望在价格竞争激烈的零售市场中，每个商家都能根据自身特色制定合理的价格体系。

资料来源：
http://www.leadshop.com.cn/www/crv/crv_operation/07011145597.htm, 2005-06-26.

问题：
1. 分析北京华润超市的定价策略，谈谈其商品促销商品定价原则。
2. 北京华润超市之所以成为北京零售业的新生力量，原因之一得助于商品定价策略，该企业成功的经验是什么？

二、单元实训

你所熟悉的连锁门店商品是如何定价的？他们对新产品是如何定价的？对自有品牌商品又是如何定价的？

第 10 章 商品促销管理

【学习目标】

通过本章学习,了解连锁门店促销的作用,熟悉门店的促销方式、POP 广告和 DM 广告的内容。掌握促销方案制订、促销方式的选择、促销效果的检核与评估,培养促销策划能力。

【案例导入】

美国斯里兰百货公司的"三连环"促销

美国的"斯里兰"百货公司,在商品销路十分艰难的情况下,为使公司走出困境,推出了"三连环"促销策略,也称"连锁"促销法。即以公司最为走俏的雪山牌毛毯为促销龙头,让利 8%。只要在该公司购买一条雪山牌毛毯,顾客可得优惠购物券一张。拿着这张购物券在公司再度购物,便会得到 15% 的优惠价。然后再得到一张购物券,持此券再去购物,又可得 20% 的优惠价。如果顾客三次在该公司购物,可得"忠实上帝"奖券一张。众多的消费者中终于有不少人被这种"三连环"的促销策略所打动。顾客拿着奖券购物获奖时,根据其购物价值,分级设立各种不同的奖品,如冰箱、彩电、录音机、电熨斗等。如果顾客没有中奖,可凭"忠实上帝"奖券任选一种价值在 3~5 美元之间的商品。这一策略为公司招来了许多顾客,他们从四面八方涌向"斯里兰"百货公司。该公司销售额因此不断提高。

资料来源:http://www.51donow.com/info/2947.html,2007-01-30.

案例分析: 以上案例中"斯里兰"百货公司在商品销路艰难的情况下,推出了新的促销方法,刺激了消费者的购买欲望,使该公司的销售额不断提高,说明了促销对于一个企业的重要性。

10.1 促销的作用

促销又称销售促进(Sale Promotion,SP),是指企业运用现代沟通方式向消费者传递营销信息,促进消费者对企业及其产品与服务产生兴趣、好感与信任,进而作出购买决策的活动。连锁超市应该在总部统一规划下,通过持续不断的促销活动,向顾客传递有关商品的服务信息,创造销售热点、亮点及顾客兴奋点,引起顾客购买。

1. 促销是达成大份额销售量的主要手段

（1）促销可以维持和加速连锁企业发展的进程

在很多情况下，连锁企业的销售额会在一定时期内出现上下波动，这是不利于稳定其市场地位的。如果有针对性地开展各种促销活动，使更多的消费者了解、熟悉、信任本企业出售的商品及提供的服务，就能稳定乃至扩大市场份额，巩固其市场地位，加速连锁企业的发展进程。

（2）促销能够刺激消费者的购买欲望，扩大其对商品的需求

无论采取哪种促销方式，连锁企业都应力求激发潜在顾客的购买欲望，引发他们的购买行为。有效的促销活动不仅可以诱导和激发需求，而且在一定条件还可以创造需求，从而使市场需求朝着有利于企业商品促销的方向发展。当门店的商品正处于低需求时，促销活动可以扩大需求；当需求处于潜伏状态时，促销活动可以开拓需求；当需求出现波动时，促销活动可以平衡需求；而当需求衰退时，促销活动又可以吸引更多的新客户，保持一定的销售势头。

2. 促销是开展竞争的利器

（1）促销是市场竞争的产物

促销主要是由竞争引起的，所以与竞争者对抗是促销的主要作用之一。一般来说，在进行促销策划时，必须首先掌握竞争者的动向，特别是其促销方式、规模和影响。

传统观念往往认为，连锁企业之所以采取促销措施，是因为其商品销售困难或占压仓库、资金等原因。其实，促销在市场上的本质反映的是推动竞争，因为促销使消费者的单一品牌忠诚度急剧下降。由于竞争者采取了这样的措施，本企业就必须对此作出反应，即进行相应的策划，这是第一种原因。第二种原因是集中强化消费者对商品的特定需求。促销往往有时令性，如换季、节日、周末等。不同的连锁企业往往不谋而合地在同一时期内开展促销活动，必然引起竞争者的对抗。因此，连锁企业又必须作出相应的对策，进行有效的促销策划。所以，没有竞争就没有促销，而促销也正是使连锁企业在竞争中取胜的一把利器。

（2）促销加强企业与消费者沟通，使其有力量与竞争对手抗衡

在连锁企业的经营过程中，由于其门店的数目不断增加，竞争也日趋激烈。于是，众多的经营者都加入了以促销来争取顾客的行列中。一项新奇、实惠、有效的促销活动，会增强门店与消费者之间的信息沟通，使顾客在来门店之前就对该门店及其所经营的商品、所提供的服务产生偏爱，刺激了顾客的购买欲望，从而达到打败竞争对手的目的。

3. 促销是反映连锁企业经营活动的显示器

（1）寓教于售，驱动新市场

在21世纪，一种新的营销观——"使用价值导向"，将逐渐展示其"王者本色"，而一些传统的营销观将会得到改变或改善。那种"顾客需要什么，我们就生产什么"的"顾客价值导向"将成为一种片面的营销观念。顾客的消费水平不仅仅是低于科技的发展状况，有时甚至是远远低于科技的发展状况。随着技术飞跃，"我们创造什么，就叫顾客使用什么"将成为一种新的营销时尚。此时，连锁企业门店促销的主要作用之一就是让顾客知道使用新产品的好处，并乐于购买。当然，这种新产品应根据技术能力和目标顾客的支付能力来设计制造。这种活动将对市场和顾客大有裨益。

在连锁企业的营销过程中，如果我们要成功地完成"使用价值导向"，那么所使用的促销方法就必然是"寓教于售"式的，要让顾客在学习过程中接受新鲜事物。新市场的驱动，也是靠这种促销活动来完成的。尤其是现在连锁企业经营的商品种类越来越多，新产品层出不穷，很多产品刚上市，不为消费者所了解。如果各门店适当地开展促销活动，就可以迅速地把商品介绍给顾客，激发消费者的需求，促进消费者的购买和消费。同时，通过与消费者接触，可以加强连锁企业门店与顾客间的信息沟通和感情交流，了解顾客对商品的反应和消费需求的变化。普通的做法有：新产品现场试用，食品免费品尝，免费赠送等。

（2）促销可以突出连锁企业的特点，树立良好的形象，扩大企业的影响

在竞争激烈的市场环境下，消费者往往难以辨别或觉察众多连锁企业间的差别，或经营的同类商品间的细微差别。这时，各连锁企业就应该通过促销活动，反映各自的经营特色和特点，突出各自不同的主题、特色商品和特色服务；应该借助促销活动，大力宣传本连锁企业与竞争企业及其经营商品间的不同特点，特别是强调本企业能给消费者带来的特殊利益，从而在市场上建立并巩固本企业的良好形象。良好的企业形象会使顾客产生亲切感、信任感，使其愿意到本连锁店的门店购物，并可能积极为本企业作口头宣传，进一步扩大企业的知名度和可信度。例如，门店可以通过特色广告或商品展示来对特定的商品进行促销。虽然门店促销的只是某种类型的商品，但顾客被促销活动吸引到门店后，会全面地认识与感知店面的设计、服务、清洁状况等，从而使消费者建立对门店乃至整个连锁企业的良好印象。

促销对连锁企业门店运营的作用具体如下：
① 通过促销，门店可以给顾客以奖励；
② 促销保证了门店新商品上市分配的顺利进行；
③ 促销反映并突出了连锁企业的经营特色和特点；
④ 促销能够树立并巩固连锁企业的良好形象；
⑤ 促销能够激促进成熟商品的销售；
⑥ 促销帮助并实现连锁企业对现在和预期的竞争进行防卫；
⑦ 促销能够帮助门店清除库存过时的商品。

10.2 连锁门店的促销方式

1. 店头促销

在 21 世纪，中国的连锁业正在发生一系列重大变化，与国际连锁业的接轨，经济的社会化、信息化等。在这样的市场形势下，连锁企业的营销管理人员必须考虑：今天的消费需求是什么；怎样才能保持连锁企业每个门店以最佳的状态来吸引消费者；怎样才能使连锁企业和门店卖场给消费者留下良好的印象；怎样使消费者到门店后不会空手而归。面对这一切，现代连锁企业不得不认真对待和注重店头促销，科学地规划店头。

"**店头**"，是卖场的"指示器"，主要是指连锁企业门店卖场中的堆头和端头。**堆头**，是

指在展示区、过道和其他区域做落地陈列的商品。堆头多做比萨塔式落地陈列，即随地陈列，不受体积大小限制，这样可以扩大品牌陈列面与消费者接触面，但是需要认真规划，否则有碍观瞻。**端头**，是指卖场中中央陈列货架的两端。端头与消费者接触率高，容易促使其产生购买行为。

店头促销是门店的一种形象促销活动，主要通过特别展示区、货架两端和堆头来陈列商品。这三者都是消费者反复通过、视觉最直接接触的地方，而且陈列在这里的商品通常属于促销商品、特别推荐商品、特价商品和新产品。

（1）特别展示区、堆头和端头陈列是店头促销的关键

消费者的购物习惯，有一种长期积累、恒定的惯性，这就对门店的店头布置提出了一种深层次的要求，那就是必须要迎合顾客的购物习惯，在商品的层次、视觉和听觉等方面，都要给顾客提供足够的信息。

顾客到店头购物，会受到认识、记忆、使用经验、试用效果等多种因素的影响。所以，店头信息，尤其是特别展示区、端头和堆头陈列的促销商品信息，对非计划性购物的消费者，将起到很大的作用。另一方面，对门店而言，从店头促销活动中收集到的信息、资料可以帮助连锁企业总部制订采购计划，选择供应商，确保本企业的竞争优势。在卖场的入口处设置特别展示区，加强端头和堆头商品的组织，充分发挥这三者的促销作用，改变商品的陈列方式，增加销售势头好的商品数量，可以强化、提高顾客的满意度。

（2）开展活泼的店头促销

顾客上门是创造销售额的前提，重点在于开展活跃气氛的店头促销，创造顾客与店头之间"感动、兴奋"的关系，这也是 21 世纪店头促销必须注重的原则之一。

在特别展示区、端头和堆头为主的店头促销应该突出，并充分展示促销商品、主力商品及商品的精华部分，以激发顾客的购买欲望；应该努力体现出店头的三种固有功能——展示功能、导向功能、选择和比较功能；应该利用多种形式，开展活泼的店头促销，努力塑造卖场低价、实惠、贴近顾客生活和需求的形象。

据调查，到连锁超市中购买预先设定的特定商品的顾客只占 25% 左右，而 75% 的顾客都属于即时的冲动性购买。因此，如何进行店头促销和卖场规划，做到商品丰富，品种齐全，使顾客进店看得见、拿得到商品，是至关重要的。而店头促销的重点对象就是非计划性购买者。

2. 现场促销

现场促销是指门店在一定的期间内，针对其顾客，以扩大销售为目的而进行的促销活动。现场促销通常会结合人员促销，并通过这种特殊形式，直接达到扩大销售额的目的。顾客在促销现场，面对琳琅满目的商品，不但可以任意浏览、尽情触摸，而且还有专人说明、真人示范，因此顾客购买现场促销商品的可能性会大幅度提高。

在现场促销活动中，通常要注意时间和节奏的控制，把握不同方式的促销卖点和特性。

1）现场促销优势

① 能够直接扩大销售额；

② 大力推动促销商品的销售及商品品牌的潜意识渗透；

③ 有利于门店与消费者之间的情感沟通；

④ 造成"一点带动一线，一线带动一面"的联动局面。

2）现场促销的特点

通过现场促销人员的营业性推广、快速性开拓、多维性营销，介绍商品，请消费者试用商品、张贴广告、赠送促销品等活动，会使门店及其所销售的商品给消费者留下较深刻的印象。此外，现场促销还有一些非同一般的特点。

（1）以连锁企业门店为主体

门店现场促销的商品多数是供应商的产品。在这种情况下，可以由供应商提出建议，并参与现场促销企划、协助促销活动的进行，但是现场促销活动主体仍是门店。

（2）以实际销售为目的

在某种程度上，现场促销活动亦是一种"即卖会"，其目的在于促使消费者立即购买。现场促销并非像表演那样讲究"秀"的效果，而是以促成销售额的多寡显示其效果。

（3）以多数预期顾客为主要对象

现场促销活动的对象虽因商品不同而异，但必须以预期顾客为对象。所谓预期顾客，是指有购买欲望或购买可能性较强的消费者，至于对促销商品持否定、厌烦态度的顾客，不是现场促销的主要对象。

3）现场促销的不同方式

（1）限时折扣

限时折扣是门店在特定营业时间内提供优惠商品，刺激消费者购买的促销活动。例如，限定在 16：00—18：00 某品牌儿童服装五折限时优惠，或在 9：00—10：00 某些日用品七折优惠等。此类活动以价格为着眼点，利用消费者求实惠的心理，刺激其在特定时段内采购优惠商品。

在进行限时折扣时要注意，以宣传单预告，或在卖场销售高峰时段以广播方式，告之并刺激消费者购买限时特定优惠的商品；在价格上必须与原定价格有三成以上的价格差，才会对消费者产生足够的吸引力，达到使顾客踊跃购买的效果。

（2）面对面销售

面对面销售是门店的店员直接与顾客面对面进行促销和销售的活动。例如，在连锁超级市场中，鲜鱼、肉制熟食、散装水果、蔬菜等都可以采用此方式进行销售。此类活动的目的是为了满足顾客对某些特定商品适量购买的需求，同时也可以适时地为消费者提供使用说明，促进商品的销售。其做法如下：规划适当位置作为面对面销售区（如在连锁超市中，通常均规划于生鲜部门或在其附近，以强调其关联性）；选择具有专业知识及销售经验的人员来担任面对面销售的工作，以此来提升营业额；强调商品新、奇、特及促销人员亲切的服务，并让顾客自由选择商品品种及数量，以便产生更好的功效。

（3）赠品促销

赠品促销是消费者免费或付某些代价即可获得特定物品的促销活动。例如，只要顾客在门店实施购买，就可以免费获得气球、面巾纸等。此类活动的做法如下：通常配合某些大型促销活动，如门店周年庆或特定节庆，如儿童节、妇女节、情人节、中秋节、重阳节等有特殊意义的日子，或在其供应商推广新产品时实施赠品促销。

赠品的选择关系到促销活动的成败，虽然其金额不高，但是必须具备实用性、适量性和吸引性，才能吸引顾客来店。一般常用的赠品有：免费赠品，如气球、面巾纸、盘子、开罐器、玻璃杯、儿童食品等；购买才送的赠品，如洗发香波、沙拉酱、玩具、高级瓷盘等。

（4）试用

试用是现场提供免费样品供消费者使用的促销活动，如免费试吃水饺、香肠、薯条；免费试用洗涤剂；免费为顾客染发等。此类促销活动是提高特定商品销售量的好方法。因为通过实际试用和专业人员的介绍，会增加消费者购买的信心和日后持续购买的意愿。其做法如下：安排适合商品试用的地点，要做到既可提高使用效果，又可避免影响顾客对门店内其他商品的购买；选择适合试用的商品品种及其供应商，通常供应商均有意配合推广产品，故应事先安排各供应商；确定免费试用促销的时间、做法及商品品种；举行试用活动的供应商必须配合门店在规定的营业时间进行免费试用活动，并安排适当的人员和相应的器具，或委托门店服务人员来为顾客服务。

4）促销的阶段

现场促销一般分为两个阶段：准备阶段和实施阶段。

（1）准备阶段

该阶段主要包括五项工作。

① 连锁企业要了解开展现场促销活动所针对目标顾客的风俗人情和特点。

② 连锁企业的营销人员应与供应商进行若干次恳谈，按照连锁企业对目标区域总的促销方针，协商好促销的商品品种、规格、数量、价格等。

③ 根据消费者的需要和促销活动目标区域的市场特定情况，来决定市场联系枢纽的桥梁——促销品，包括促销品的品种、规格、数量及促销品配比率等，其中，促销品配比率是指促销品与产品的数量比例。

④ 制订连锁企业的总体市场和各门店市场的现场促销计划与货源，其中货源可以考虑三种情况：从供应商处直接进货，从连锁企业的配货中心调配，两者相结合。

⑤ 现场促销人员的选拔、培训和安排，这是现场促销活动成功与否的一个重要因素。应该做好两方面的工作：首先，门店促销人员应具有丰富的促销经验，有强烈的冲劲和持续的原动力，具备熟练的推销技能、良好的口头表达能力、敏锐的洞察力及市场反应的良好感应决断力；其次，营销人员的供应商应该仔细研究、分析在促销活动实施过程中可能遇到的困难，决定应对措施。这些通常可以采取人员讨论的情景演习两种方式进行训练。

（2）实施阶段

该阶段主要包括三项工作。

① 门店促销人员应该抓住有利时机，讲好开场白，抓紧时间对试用商品、赠送商品的促销，以及进行张贴广告等。

② 门店促销人员应该根据实际现场情况，调整好心理状态，恰当改变口头表达的内容和方式，调整说话声音、速度和节奏，调协动作，注意外表形象等，总结出一套高速、高效的促销通用语，并加以推广和调整。

③ 门店促销人员应该注意现场促销中以下两种方式的灵活运用：观念灌输，促销人员应该善于把纯粹的推销商品观念，上升到连锁企业经营理念的提高；感情沟通，如通过逗顾客的小孩来引起顾客注意，以达到沟通情感和促销的目的。

（3）展示促销

美国商场有句名言："样品展示是新产品销售的开始。"以美国人的观点，展示促销并非仅仅是宣扬新产品,更重要的是发掘新产品的预期顾客,促其购买。通过商品展示,使消费者直接、充分地了解新产品的特性、优点,这种推广活动就是展示促销。

通常,展示促销只针对新产品,是人员促销的一部分。通过陈列新产品样品促销新产品,使新产品信息广泛传播,大量招徕商品买主,使其兼具促销与广告的作用。例如,一般用于食品类商品的展示促销,门店可以举办食品烹调、炊具使用示范等活动。就展示表演的种类而言,有试用、试饮、试吃、附带赠品及示范销售等。

在展示促销时,要按一定程序进行。

① 确定销售目标。其具体办法是通过信息系统查询到所促销商品在促销活动前4周的销售数量,然后用这个数量去除以28(即4周天数),得出日均销售数量,则销售目标为:8小时示范的销售目标为日均销量数量乘以3,4小时展示的销量目标为日均销量数量乘以2。而这些必须在促销员的每日报告中显示。例如,一项商品在促销活动前4周的销售数量为420个,则每日平均销售量为15个,8小时促销的目标则为45个(15×3),4小时促销的目标应为30个(15×2)。

② 样品展示。样品展示有五点注意事项:一是样品来源,供应商提供免费样品,或者供应商从门店以零售价格购买,保留样品记录;二是保留样品包装标签,用于收款及核对;三是样品数量和尺寸;四是应该根据促销商品的特点和要求,结合门店内的规则,安排促销商品的数量和尺寸;五是"放牧",即让顾客从一张促销台到另一张促销台的行为。通过促销员的介绍与配合,不让顾客失去每个试用商品和接受门店商品或服务的机会。

③ 补充商品。在促销商品用完之后必须立刻补充。

小资料 10-1

食品和鲜肉制品的展示要点

1. 食品的展示要点

① 即使离开促销台的一分钟,也要把热的食品和食油拿开。

② 不要给没有大人带领的小孩喂食物;当天烹制好的促销食品,如果没有用完,应倒掉,不能留着第二天使用,以免食物变质。

③ 拿取食物时要带塑胶手套。

④ 任何食物不能放在地上,所有备用食物必须盖好或用保鲜纸包好。

⑤ 需要烹饪或再加热的食品,温度要加热到65 ℃;需冷藏保存的食品,促销样品保存温度在2 ℃~7 ℃。

⑥ 烹制的食品要在切开后10分钟内给顾客品尝(冷或热)。

⑦ 要让顾客拿好其样品,以免污染其样品。

⑧ 促销员的头发要束好,以免碰到食物和设备。严格按照门店卫生要求标准执行,还需戴发网或帽子。

2. 鲜肉制品的示范要点

① 销售点:在鲜肉销售区后商品展示点旁边进行促销,以便于帮助顾客立即购买。

② 样品尺寸:1/2英寸×1/2英寸(1.524厘米×1.524厘米)。

> ③ 保留包装上的标签。
> ④ 不要等顾客来询问，应主动推销商品，鼓动顾客大胆尝试。
> ⑤ 运用销售技巧，避免说出竞争对手的名称。
> 资料来源：陈防林. 超市周刊，2004-05-17.

10.3 POP 广告促销

无论是店头促销，还是现场促销、展示促销，都少不了 POP 广告的大力相助。POP 广告（Point of Purchase Advertising）即卖场中能促进销售的广告，也称作售点广告，可以说，凡是在店内提供商品服务信息的广告、指示牌、引导等标志，都可以称为 POP 广告。

POP 广告的任务是简洁地介绍商品，如商品的特色、价格、用途与价值等。可以把 POP 广告功能界定为商品与顾客之间的对话，没有营业员中介的超级市场自助式销售方式是非常需要 POP 广告的，需要通过 POP 广告来沟通超级市场与消费者的关系。

10.3.1 POP 广告对连锁门店促销的意义与作用

1. POP 广告的促销意义

连锁门店要通过促销来吸引顾客的注意，就要提高商品陈列的视觉效果。但仅仅通过陈列是不够的，POP 广告具有强烈的视觉传达效果，可以直接刺激消费者的购买欲望，这就是 POP 广告的促销意义。

值得一提的是，要注重知识性 POP 广告的应用。现在许多门店的 POP 广告大都是一些利益性促销广告，如某商品降价，某商品可以参加抽奖等，而知识性促销广告所见甚少。当今世界已进入知识经济时代，知识已经成为经济发展的重要力量，时代已经对门店经营提出了新的要求。门店经营者应树立起知识营销的新理念，通过知识性 POP 广告来加强超级市场与消费者之间的沟通。

2. POP 广告对促销的作用

（1）传达门店商品信息

传达门店商品信息主要体现在：吸引路人进入门店；告知顾客门店内在销售什么；告知商品的位置配置；简洁告知商品的特征；告知顾客最新的商品供应信息；告知商品的价格；告知特价商品；刺激顾客的购买欲望；促进商品的销售。

（2）创造店内购物气氛

随着消费者收入水平的提高，不仅其购买行为的随意性增强，而且消费需求的层次也在不断提高。消费者在购物过程中，不仅要求能买到称心如意的商品，同时也要求购物环境舒适。POP 广告既能为购物现场的消费者提供信息、介绍商品，又能美化环境、营造购物气氛，在满足消费者精神需要、刺激其采取行动方面有独特的功效。

（3）促进门店与供应商之间的互惠互利

通过促销活动，可以扩大门店及其供应商的知名度，增强其影响力，从而促进企业与供应商之间的互惠互利。

（4）突出企业形象，吸引更多的消费者来店购买

消费者的购买阶段分为注目、兴趣、联想、确认、行动。所以，如果从众多的门店中吸引顾客的眼光，达到使其购买的目的，POP 广告功不可没。

10.3.2 POP 广告的种类

POP 广告在实际运用时，可以根据不同的标准对其进行划分。不同类型的 POP 广告，其功能也各有侧重。

1. 连锁门店普遍使用的 POP 类型

① 招牌 POP。它包括店面、布幕、旗子、横（直）幅、电子字幕，其功能是向顾客传达企业的识别标志，传达企业销售活动的信息，并渲染这种活动的气氛。

② 货架 POP。货架 POP 是展示商品广告或立体展示售货，这是一种直接推销商品的广告。

③ 招贴 POP。它类似于传递商品信息的海报，招贴 POP 要注意区别主次信息，严格控制信息量，建立起视觉上的秩序。

④ 悬挂 POP。它包括悬挂在门店中的气球、吊牌、吊旗、包装空盒、装饰物，其主要功能是创造门店活泼、热烈的气氛。

⑤ 标志 POP。它就是我们已经介绍过的商品位置的指示牌，其功能主要是向顾客传达购物方向的流程和位置的信息。

⑥ 包装 POP。它是指商品的包装具有促销和企业形象宣传的功能，如附赠品包装、礼品包装及若干小单元的整体包装。

⑦ 灯箱 POP。门店的灯箱 POP 大多稳定在陈列架的端侧或壁式陈列架的上面，它主要起到指定商品的陈列位置和品牌专卖柜的作用。

2. 门店销售型 POP 广告与装饰型 POP 广告

销售型 POP 广告是指顾客可以通过其了解商品的有关资料，从而进行购买决策的广告；装饰型 POP 广告是用来提升门店的形象，进行店铺气氛烘托的广告。这两种 POP 广告各自的功能及其有关情况见表 10-1。

表 10-1 销售型 POP 广告与装饰型 POP 广告的功能与区别

名　称	功　能	种　类	使用期限
销售型 POP	代替店员出售商品；帮助顾客选购商品；激发顾客的购买欲望	手制的价目卡、拍卖 POP、商品展示卡	拍卖期间或特价日，多为短期用
装饰型 POP	制造店内的气氛	形象 POP、消费 POP 招贴画、悬挂小旗	较为长期性，而且有季节性

3. 外置 POP、店内 POP 及陈列现场 POP

外置 POP 是将店铺的存在及所经销的商品告知顾客，并将顾客引入店中的广告；店内 POP 是将超级市场的商品情况、店内气氛、特价品的种类，以及商品的配置场所等经营要

素告知消费者的广告;陈列现场 POP 广告是在商品附近的展示卡、价目卡及分类广告,它们帮助顾客作出相应的购买决策。它们各自的功能及有关情况见表 10-2。

表 10-2 外置 POP、店内 POP 及陈列现场 POP 的类型与功能

种 类	具 体 类 型	功 能
外置 POP	门店招牌、旗帜、布帘	告诉顾客该超级市场及其所售商品的种类,通知顾客正在特卖或营造气氛
店内 POP	卖场引导 POP、特价 POP、气氛 POP、厂商通报、广告板	告诉进店的顾客某种商品的优点;告诉消费者正在实施特价展卖,以及展卖的内容,制造店内气氛;传达商品情报及厂商情报
陈列现场 POP	展示卡、分类广告、价目卡	告诉顾客商品的品质、使用方法及厂商名称等特征,帮助顾客选择商品;告诉顾客广告品或推荐品的位置、尺寸及价格;告知顾客商品的名称、数量、价格,以便消费者作出购买决定

10.4 DM 广告促销

DM 广告是英文 Direct Mail Advertising 的简称,最早的中文名字叫"直接邮送广告",现在主要是指邮政的商业信函广告、企业形象邮件(企业明信片、拜年卡、邮资封)、手机短信广告、互联网邮箱广告、俱乐部营销广告(含网上论坛互动、网上网下活动、会刊交流、各种优惠服务)等。

对于连锁企业而言,DM 广告的作用是比较明显的。它在一定期间内可以扩大营业额,并提高毛利额;它可以稳定已有顾客群并吸引增加新顾客,以提高客流量;它是为了介绍新产品、时令商品或公司重点推广的商品,以稳定消费群。当然,它也可增强商业企业的自有形象,提高知名度。

DM 广告的形式有信件、海报、图表、产品目录、折页、名片、订货单、日历、挂历、明信片、宣传册、折价券、家庭杂志、传单、请柬、销售手册、公司指南、立体卡片、小包装实物等。

1. DM 广告的特点

(1) 针对性强

由于 DM 广告直接将广告信息传递给真正的受众,具有强烈的选择性和针对性,而其他媒介只能将广告信息笼统地传递给所有受众,而不管受众是否是广告信息的目标对象。

(2) 广告持续时间长

一个 30 秒的电视广告,它的信息在 30 秒后荡然无存。DM 广告则明显不同,在受传者作出最后决定之前,可以反复翻阅 DM 信息,并以此作为参照物来详尽了解产品的各项性能指标,直到最后作出购买或舍弃决定。

(3) 具有较强的灵活性

不同于报纸杂志广告,DM 广告的广告主可以根据自身具体情况来任意选择版面大小,

并自行确定广告信息的长短及选择全色或单色的印刷形式,广告主只考虑邮政部门的有关规定及广告主自身广告预算规模的大小。除此之外,广告主可以随心所欲地制作出各种各样的DM广告。

(4) 能产生良好的广告效应

DM广告是由广告主直接寄送给个人的,故广告主在付诸实际行动之前,可以参照人口统计因素和地理区域因素选择受传对象以保证最大限度地使广告信息为受传对象所接受;同时,与其他媒体不同,受传者在收到DM广告后,会迫不及待地了解其中内容,受外界干扰较少。基于这两点,DM广告较之其他媒体广告能产生良好的广告效应。

(5) 可测定性

广告主在发出DM广告之后,可以根据产品销售数量的增减变化情况及变化幅度来了解广告信息传出之后产生的效果。这一优势超过了其他广告媒体。

(6) 隐蔽性

DM广告是一种深入潜行的非轰动性广告,不易引起竞争对手的察觉和重视。

2. 影响DM广告效果因素

(1) 目标对象的选定及达到

目标对象选择欠妥,势必使广告效果大打折扣,甚至使DM广告失效。没有可靠有效的邮寄名单(Mailing List),DM广告只能变成一堆乱寄的废纸。

(2) DM广告的创意、设计及制作

DM广告无法借助报纸、电视、杂志、电台等在公众中已建立的信任度,因此DM广告只能以自身的优势和良好的创意、设计、印刷及诚实、诙谐、幽默等富有吸引力的语言来吸引目标对象,以达到较好的效果。

3. 制作DM广告

连锁企业的公司总部一般都会定期制作DM广告,以促进门店的销售。门店在设计制作DM广告时,要注意以下几点。

① 设计人员要透彻了解商品,熟知消费者的心理习性和规律,知己知彼,方能百战不殆。

② 设计要新颖,有创意,印刷要精致美观,以吸引更多消费者的注意力。

③ DM广告的设计形式无法则,可视具体情况灵活掌握,自由发挥,出奇制胜。

④ 充分考虑其折叠方式、尺寸大小、实际重量,便于邮寄。

⑤ 可在折叠方法上玩些小花样,比如借鉴中国传统折纸艺术,让人耳目一新,但切记要使接受邮寄者方便拆阅。

⑥ 配图时,多选择与所传递信息有强烈关联的图案,以刺激记忆。

⑦ 考虑色彩的魅力。

⑧ 好的DM广告一定要纵深拓展,形成系列,以积累广告资源。

4. DM广告促销操作规则和流程

连锁门店在进行促销的操作过程中必须要遵循一定的规则和流程,以保证促销活动正常有序的进行。

1) 运营程序

门店在执行总部的DM广告促销活动计划时,其运营程序如下:制订商品促销陈列计划——核实 DM 商品的到货——申请 POP 或价格牌——撤掉上期 DM 商品的陈列——本期 DM 商品的陈列——更换价格标志——检查商品售价与广告价是否一致——检查上期 DM 商品价格是否复原——销售本期 DM 商品。

2）陈列规则

销售部门人员制订广告商品的陈列计划时，按照商品分类原则、整体规划原则、最大销售额原则制订计划。销售部门人员要注意每个端架或堆头上陈列的商品不超过两种；考虑所有消费层次的不同需求；不可有空端架；陈列美观、活泼、饱满；DM 商品的销量较大，为及时补充，必要时应注明商品的库存存放区域等。

3）到货审查

① 广告开始的前两天，开始核查到货情况。

② 主要核查订货是否已到，量是否充足。

③ 如货量少时，可将两种商品并列陈列。

④ 货量多时，如是价格有优势的品牌商品，可多做一个端架或堆头等。

⑤ 如没有到货，要及时同采购人员或供应商联系，并用其他商品代替；待有货时，再恢复该商品的陈列。

4）陈列执行

① 时间。更换端架的时间为此期的 DM 的前一天营业结束后，所有商品的陈列应在快讯第一天营业开始前完成。

② 陈列。首先撤掉上期的 DM 商品，将其补充到货架上使排面丰满，然后将剩下的商品分箱装好，填写库存单，存放在库存区，清洁端架或堆头的地面，将本期 DM 商品进行陈列，要保持周边区域的卫生并及时清除空纸箱等杂物。

③ 标志。撤除上期 DM 快讯商品价格标签，不能有遗漏，更换本期 DM 商品的价格标签。

④ 检查。本期 DM 开始当天的营业前，销售部门人员必须注意检查本期 DM 商品的售价与 DM 广告、价格标志三者是否一致，如有错误，立即更正，同时检查上期 DM 商品的价格标签是否与计算机记录一致。

10.5　促销活动的检核与评估

连锁门店促销的目的，除了希望在特定期间内提高来店的顾客数，以增加营业额之外，更重要的是促使顾客日后继续光临。因此，需要通过检查来确保促销活动实施的效果，以便为顾客提供最好的服务，达成促销效果。此外，促销活动作为提升经营业绩的工作要长期不断地进行下去，就必须有促销活动的总结，通过检核和评估每次促销活动的效果、成功、经验、教训，总结促销活动成功或失败的原因，积累促销经验，对于做好促销工作、促进日后的发展、不断取得更好的业绩是必不可少的。所以，促销活动结束后的检核评估活动必不可少。

1. 促销检核评估的内容与方法

促销检核评估的主要内容分为四个部分：业绩检查评估，促销效果评估，供应商配合状况评估，门店自身运行状况评估。

1) 业绩检核评估

这一项主要包括两个方面：业绩检核评估的标准与方法，查找和分析促销业绩好与不好的原因。业绩评估的标准与方法如下。

（1）促销活动检查表

即对促销前、促销中和促销后的各项工作进行检查，参见表 10-3。

表 10-3　连锁门店市场促销活动检查表

分　类	检　查　标　准
促销前	1. 促销宣传单、海报、POP 是否发放和准备妥当 2. 卖场所有人员是否均知道促销活动即将实施 3. 促销商品是否已经订货或进货 4. 促销商品是否已经通知计算机系统变价
促销中	1. 促销商品是否齐全 2. 促销商品是否变价 3. 促销商品陈列表现是否具有吸引力 4. 促销商品是否张贴 POP 广告 5. 促销商品品质是否良好 6. 卖场所有人员是否均了解促销期限和做法 7. 卖场气氛是否具有活性化 8. 服务台人员是否定时广播促销做法
促销后	1. 过期海报、POP、宣传单是否均已拆下 2. 商品是否恢复原价 3. 商品陈列是否调整恢复原状

（2）前后比较法

即选取开展促销活动之前、中间与进行促销后的各项工作进行比较。一般会出现十分成功、得不偿失、适得其反等几种情况。

① 十分成功。在采用促销活动后，消费者被吸引前来购买，增长了销售量，取得了预期的效果。该次促销活动不仅在促销期中产生了很大的影响，而且对公司今后的业绩和发展均有积极的影响。这是门店经营者、营销人员及所有员工都希望的情景。

② 得不偿失。促销活动的开展，对门店的经营、营业额的提升没有任何帮助，而且浪费了促销费用，显然是得不偿失的。

③ 适得其反。这是促销活动引起的不良后果的一种表现，是门店经营者最不愿意看到的一种情况。这次促销活动虽然在进行过程中提升了一定销售量，但是促销活动结束后，门店的销售额不升反降。

（3）消费者调查法

连锁门店可以组织有关人员抽取合适的消费者样本进行调查，向其了解促销活动的效果。例如，调查有多少消费者记得门店的促销活动，他们对该活动有何评价，是否从中得到了利益，对他们今后的购物场所选择是否会有影响等，从而评估门店促销活动的效果。

（4）观察法

这种方法简便易行，而且十分直观，主要是通过观察消费者对门店促销活动的反应。例如，消费者在限时折价活动中的踊跃程度，优惠券的回报率度，参加抽奖竞赛的人数及赠品的偿付情况等，对门店所进行的促销活动的效果作相应的了解。

运用一种或几种评估方法对门店的促销业绩进行评估之后，一件很重要的事情就是查找和分析促销业绩好或不好的原因。只有找出根源，才能"对症下药"、吸取教训，进一步发挥门店的特长。

2）促销效果评估

这一项主要包括三个方面：促销主题配合度、创意与目标销售额之间的差距，以及促销商品选择的正确与否。

（1）促销主题配合度

促销主题是否针对整个促销活动的内容；促销内容、方式、口号是否富有新意、吸引人，是否简单明确；促销主题是否抓住了顾客的需求和市场的卖点。

（2）创意与目标销售额之间的差距

促销创意是否偏离预测目标销售额；创意是否符合促销活动的主题和整个内容；创意是否过于沉闷、正统、陈旧，缺乏创造力、想像力和吸引力。

（3）促销商品选择的正确与否

促销商品能否反映门店的经营特色；是否选择了消费者真正需要的商品；能否给消费者增添实际利益；能否帮助门店或供应商处理积压商品；促销商品的销售额与毛利额是否与预期目标一致。

3）供应商的配合状况评估

主要评估供应商对门店促销活动的配合是否恰当、及时；能否主动参与、积极支持，并为门店分担部分促销费用和降价损失。在促销期间，当门店请供应商直接将促销商品送到门店时，供应商能否及时供货，数量是否充足。在商品采购合同中，供应商尤其是大供应商、大品牌商、主力商品供应商，是否作出促销承诺，而且切实落实促销期间供应商的义务及配合等相关事宜。

4）门店自身运行状况评估

① 从总部到门店，各个环节的配合状况。具体包括：总部运行状况评估，配送中心运行状况评估，门店运行状况评估。

② 促销人员评估。评估可以帮助促销员全面并迅速地提高自己的促销水平，督促其在日常工作流程中严格遵守规范，保持工作的高度热情，并在促销员之间起到相互带动促销的作用。

促销人员的具体评估项目有：促销活动是否连续；是否达到公司目标；是否有销售的能力；是否愿意接受被安排的工作；能否与其他人一起良好地工作；文书工作是否干净、整齐，他们的准备和结束的时间是否符合规定；促销桌面是否整齐、干净；是否与顾客保持密切关系；是否让顾客感到受欢迎。

【补充阅读材料】

苏泊尔和金龙鱼曾经在全国联合开展了大型促销活动——"好油好锅、健康新食尚"。活动期间，消费者在任何商场只要购买一瓶金龙鱼第二代调和油或AE色拉油，即可领取红运刮卡一张，就有机会赢得新年大奖，奖品包括琳琅满目的苏泊尔高档套锅、让你动心的14厘米奶锅、小巧可爱的苏泊尔"一口煎"，以及丰富多彩的健康美食菜谱、新春对联等。而活动期间，凭任何一张红运刮卡，购买108元以下的苏泊尔炊具，就可抵现金5元；购买108元以上苏泊尔炊具，还可以获赠900 ml金龙鱼第二代调和油一瓶。

"好油好锅、健康新食尚"这一联合促销活动一经推出，立刻受到了广大消费者的欢迎。活动在全国36个城市同步举行。因为正值春节前后，人们买油买锅的需求高涨，此活动不仅给予消费者更多的让利，而且通过强强联合的品牌促销，给消费者更健康、更理性的选择，同时教给了消费者健康生活的理念。

好油，吃得放心；好锅，炒得放心；好油好锅，完美搭配，烹调更出色。所以消费者纷纷解囊购买，在短短一段时间，苏泊尔各种系列的炊具销售不断上涨，金龙鱼第二代调和油更是趁这股东风，业绩达到历史新高，因此双方均从此次活动中获利。

资料来源：有效营销网，2007-01-15.

本 章 小 结

促销管理是连锁门店营销战略管理的重要组成部分。本章介绍的是促销的作用与意义，连锁门店的促销方式，POP广告和DM广告的作用、意义与应用，如何对连锁门店的促销活动进行检核与评估。

基 本 训 练

一、知识题

（一）选择题

1. 店头促销是门店的一种形象促销活动，主要表现形式有（   ）。
   A. 特别展示区　　　　　B. 货架两端　　　　　C. 堆头陈列
2. 现场促销一般分为（   ）和（   ）两个阶段。
   A. 准备阶段　　　　　　B. 实施阶段　　　　　C. 售后阶段
3. 可以把POP广告功能界定为（   ）之间的对话，是没有营业员中介的超级市场自助式销售方式。
   A. 商品与顾客　　　　　B. 顾客与顾客　　　　C. 中间商与中间商
4. 促销效果评估主要包括（   ）方面。
   A. 促销主题配合度　　　B. 创意与目标销售额之间的差距
   C. 促销商品选择的正确与否

(二) 判断题

1. 促销的目的就是增加促销期间门店的营业额。　　　　　　　　　　　　　（　　）
2. 促销主要是由竞争引起的，所以与竞争者对抗是促销的主要作用之一。　　（　　）
3. 消费者的购买阶段分为：注目、兴趣、联想、确认、行动。　　　　　　　（　　）
4. 促销检核评估的主要内容就是业绩评估和促销效果评估、供应商配合状况评估。
　　　　　　　　　　　　　　　　　　　　　　　　　　　　　　　　　　（　　）
5. 门店展示人员的职责是增加示范商品的销量。　　　　　　　　　　　　　（　　）

二、思考题

1. 促销有何作用与意义？
2. 连锁门店主要有哪几种促销方式？
3. 在运用不同的促销方式时要注意哪些问题？
4. 为什么要进行促销检核评估？进行促销检核评估常用的方法有哪些？

观念应用

一、案例题

失败的促销

星期天通常是人人乐购物广场最忙的时候，也是各专柜促销人员抓紧促销的大好时机。这天，某小姐来到了女装区准备为自己选购一套漂亮的衣服。她边走边看，来到了某专柜前看中了一件自己可心的上衣，于是便让促销小姐取来试一下，穿上后发现挺合适，自己觉得也挺满意。这时就听那位促销员对着另一个柜台的促销员说："这身衣服穿上真的挺好看的，我打算给我妈也买一套。"本来正打算买这件衣服的小姐听见这句话后，立刻打消了念头，马上转身离开了柜台。

资料来源：http://www.linkshop.com.cn，2003-01。

问题：

1. 分析这次促销失败的原因。
2. 如果你是一名服装促销员，你如何进行这次促销？

二、单元实训

根据你所熟悉企业的商品促销管理情况，简述他们是如何进行商品促销的？有何优点与不足？

第 11 章 收银管理

【学习目标】

通过本章的介绍,希望读者能够了解超市收银工作的流程,掌握结账作业中的具体细节,能够处理常见例外事件等。

【案例导入】

2002年5月1日上午,某购物广场迎来了顾客流的高峰期。一位顾客推着一车物品,在收银台前排队结账。当商品条码扫描进行到一半时,收银台前来了两位佩戴红色工牌的商品部门课长。只见这两位课长跟收银员说了几句什么,收银小姐立即放下了手中扫描了一半的商品,跟那两个课长核对起什么来。顾客没说什么,继续等着。然而5分钟过去了,他们三个人的核对工作仍然没有结束,顾客还是没说什么。10分钟过去了,核对没有结束,顾客与他的家人无奈地交换着表情。15分钟过去了,顾客实在忍无可忍发了火:"你们有完没完,能不能把我的东西算完账再说。"顾客边说边向其他等待买单的顾客说:"连个招呼都没有,就把我们晾到一边去了。"其他顾客连连点头表示赞同。三个人这才结束了核对,收银员又继续开始工作,自始至终,没有人对该顾客说一句"对不起",最后顾客很不满意的离开了。

资料来源:http://www.boraid.com/darticle3/lista.asp?id=60471,2006-08-24.

案例分析: 顾客结账过程中,为了确保结算的准确及高效,任何人不得随意打扰收银员的正常工作,特别是在购物高峰期间。作为收银员来讲,不得在为顾客结算到一半时,转手去做其他的事,应该确保收银工作的万无一失。即使有意外紧急事情需要处理,也应事先跟顾客打招呼并取得顾客同意后方可进行,时间不能超过3分钟,处理完事情,必须向顾客致歉。

11.1 收银工作流程

超市收银员的作业流程可分为营业前、营业中、营业后三个阶段。

11.1.1 营业前作业

营业前作业主要有以下内容。

1. 清洁、整理收银台及周围环境

包括收银台、收银机、收银柜台四周地面、纸篓、商品整理包装台、购物车购物篮的放置处等。

2. 整理、补充必备的物品

包括购物袋（所有尺寸）、打印纸、暂停结算牌、统一发票、复写纸、笔、干净的抹布、吸管、卫生筷子、汤匙、装钱的布袋、剪刀、绳等。

3. 整理商品

整理补充收银台前头柜的商品，核对价目牌。

4. 准备一定数量的备用金

检查各种面值的纸钞、硬币，是否种类齐全，检查应备有的定额零用钱是否足额。

5. 检验收银机

开启收银机，检查机器运作是否正常；打印装置是否正常；工号与日期是否正确；机内的程序设定和各项统计数值是否正确归零；后台服务器与前台收银机连接是否正常；信息传输是否正确（POS系统）；验钞机工作是否正常。

6. 仪容的检查

衣服是否整洁，符合规定；身份识别证件是否佩戴到位；个人发型、仪容是否整齐、清洁。此外，还应熟记并确认当日特价、当日调价及重要商品的所在位置。

11.1.2 营业中作业

营业中作业主要有以下内容。

1. 招呼顾客

顾客临近收银台时主动招呼顾客，说好第一句话。

2. 为顾客提供结账服务

认真对待每一位顾客。在扫描商品时，要快速且正确无误。收顾客现金时要唱收，付顾客现金时要唱付，收银机打出的收据单要请顾客进行复核。

3. 为顾客做商品入袋服务

根据不同商品的特性，将商品分类放入袋中交给顾客，如有易碎品应提醒顾客注意。

4. 特殊收银作业处理

① 赠品兑换或赠送。

② 折扣的处理。

5. 无顾客结账时的作业

① 整理、补充收银台各项必备物品。

② 整理、补充收银台前头柜的商品。

③ 兑换零钱。

④ 整理顾客的临时退货。

⑤ 擦拭收银台、整理环境。

⑥ 整理购物车、购物筐。

⑦ 支援其他岗位的工作。

⑧ 协助商场做好安全保卫工作。

⑨ 收银员交班结算作业。

11.1.3 营业后作业

一日或一班的营业工作结束后,收银员要做好营业结束后的系列收尾工作。
① 整理作废与更改的单据与各种券。
② 清点现金,结算营业总额,填写交款单。
③ 整理收银台及周围的环境。
④ 关闭收银台电源并盖上防尘罩。
⑤ 整理购物筐、购物车并放回原位。
⑥ 协助现场人员处理善后工作。
为了更清晰地说明收银员的每日工作内容,见表 11-1。

表 11-1 收银员的每日工作内容

营 业 前	营 业 中	结束营业后
1. 清洁、整理收银作业区。包括: • 收银台、包装台 • 收银机 • 收银柜台四周的地板、垃圾桶 • 收银台前头柜 • 购物车、篮 2. 整理、补充必备的物品。包括: • 购物袋(所有尺寸)、包装纸 • 圆磁铁、点钞油 • 卫生筷子、吸管、汤匙 • 必要格式的记录本及表单 • 胶带、胶台 • 干净抹布 • 笔、便条纸、剪刀 • 订书机、订书针 • 统一发票、空白收银条 • 铃钟或警铃 • 装线布袋	1. 招呼顾客 2. 为顾客作结账服务 3. 为顾客做商品入袋服务 4. 特殊收银作业处理。包括: • 赠品兑换或赠送 • 折扣的处理 5. 无顾客结账时: • 整理及补充收银台各项必备物品 • 整理购物车、篮 • 整理及补充收银台前头柜的商品 • 兑换零钱 • 整理顾客的退货 • 擦拭收银柜台,整理环境 6. 收银台的抽查作业 7. 顾客作废发票的处理 8. 中间收银款作业 9. 保持收银台及周围环境的清洁 10. 协助、指导新人及兼职人员	1. 整理作废发票以及各种券 2. 结算营业总额 3. 整理收银台以及周围的环境 4. 关闭收银机电源并盖上防尘套 5. 擦拭购物车、筐并放回原位 6. 协助现场人员处理善后工作
• [暂停结账]牌 3. 补充收银台前头柜的商品 4. 准备放在收银机的定额零用金。包括: • 各种币值的纸钞 • 各种币值的硬币 5. 检验收银机。包括: • 发票有记账联及收银联的装置是否正确,号码是否相同 • 日期是否正确 • 机内的程式设定和各项统一数据是否正确或归零 6. 收银员服装仪容的检查,包括: • 制服是否整洁,且符合规定 • 是否佩戴识别证 • 发型、仪容是否清爽、整洁 7. 熟记并确认当日特价品,变更售价商品、促销商品,以及重要商品所在位置 8. 早会礼仪训练	11. 回答顾客询问及保持周围环境的清洁 12. 收银员交班结算作业 13. 单日营业总额结账作业	

【小案例】

一天晚上，天下着大雨，门外漆黑一片。此时，商场营业已结束，收银员均在收银机前做当日营业款的清点工作。这时，只听有人敲门，值班师傅问："什么事情？"门外人答："因肚子饿想买点点心。"在征得值班长同意后，值班师傅将门打开放人进店购物。只见那人进入卖场后，挑选了两盒八宝饭，到2号收银机处付款；而此时，值班长收好1号收银机的营业款后也到2号机收款，当顾客付款出门后，值班长突然发觉刚收好的1号机的营业款的钱袋不见了，内存1号机当天营业款一万余元。当值班长和值班师傅追出门外，寻找该人时，哪里还有该人的踪迹。我们可以分析，该人在进商场前并无偷窃念头，但当他购完物付款时，发觉1号收银机营业款正好放在2号机的柜面上，而且收款所用的袋子，正好是商场给顾客的包装袋。而且此时值班长的注意力全部集中在点验2号机的当日营业款上，给那人可乘之机，顺手牵羊，据为己有；而他在出门时值班师傅一看是商场的包装袋，根本不会怀疑，值班长的大意，造成了重大的经济损失。

资料来源：http://www.china-tale.com/html/direction_02.html，2005-04-20.

11.2　收银过程管理

由于收银员工作对连锁企业经营特殊的重要性，对收银员作业的管理最好要细化到收银员作业流程的每一个作业程序，乃至每一个动作和每一句用语，确定对收银员作业管理的重点是十分重要的。

11.2.1　严明收银员的作业纪律

现金的收受与处理是收银员相当重要的工作之一，这也使得收银员的行为与操守格外引人注目。为了保护收银员，避免不必要的猜疑与误会，也为了确保门店现金管理的安全性，作为与现金直接打交道的收银员，必须遵守企业严明的作业纪律。

① 收银员在营业时身上不可带有现金，以免引起不必要的误解和可能产生的公款私挪的现象。如果收银员当天拥有大额现金，并且不方便放在个人的寄物柜时，可请店长代为存放在店内保险箱里。

② 收银员在进行收银作业时，不可擅离收银台。收银台内现金、礼券、单据等重要物品较多，如果擅自离开，将使歹徒有机可乘，造成店内的钱物损失，而且可能引起等候结算顾客的不满与抱怨。

③ 收银员应使用规范的服务用语。

④ 收银员不可为自己的亲朋好友结算收款，以免引起不必要的误会和可能产生的收银员利用收银职务的方便，以低于原价的收款登录至收银机，以企业利益图利于他人私利，或可能产生的内外勾结的"偷盗"。

⑤ 在收银台上，收银员不可放置任何私人物品。因为收银台上随时都可能有顾客退换的商品，或临时决定不购买的商品，如果有私人物品也放在收银台上，容易与这些商品混淆，引起他人的误会。

⑥ 收银员不可任意打开收银机抽屉查看数字和清点现金。随意打开抽屉既会引人注目而造成不安全的因素，也会使人产生对收银员营私舞弊的怀疑。

⑦ 暂不启用的收银通道必须用链条拦住，如果不启用的收银通道也开放的话，会使一些不良顾客不结账就将商品带出。

⑧ 收银员在营业期间不可看报与谈笑。看报与谈笑不仅容易疏忽店内和周围情况，导致门店遭受损失，而且给顾客留下不佳的印象。因而，收银员要随时注意收银台前人员的出入情况和视线所能见的卖场内的情况，以防止和避免不利于企业的异常现象发生。如发现有异常状况，应及时通知店长。

⑨ 收银员要熟悉门店的商品和特色服务内容，了解商品位置和门店促销活动，尤其是当前的变价商品、特价商品、重要商品存放区域，以及有关的经营状况等，以便顾客提问时随时作出正确的解答。同时收银员也可适时地主动告知顾客店内的促销商品，这样既能让顾客有宾至如归、受到重视的感觉，还可以增加门店的营业业绩。

11.2.2　收银员结账作业管理

1. 收银员为顾客做结账服务

① 保持自然微笑的面容接待每位顾客，并与顾客目光接触。

② 礼貌用语必须坚持使用，"欢迎光临"、"谢谢"、"再会/欢迎下次光临"等不得省略，且声音清晰洪亮。

2. "3S"服务

"3S"服务是指微笑（Smile），速度（Speed），诚恳（Sincere）。

3. 结账服务程序及配合动作

结账服务程序及配合动作见表 11-2。

表 11-2　收银员结账服务程序及配合动作

步　骤	收银标准用语（动作）	配　合　动　作	"3S"内容
欢迎顾客	欢迎光临	1. 面带微笑，与顾客的目光接触 2. 等待顾客将购物篮上的商品放置收银台上	微笑
商品登录	逐项审视每项商品的金额	1. 以左（右）手去拿商品，进行电脑扫描登录 2. 登录完的商品必须与未登陆商品分开放置，避免混淆 3. 检查购物篮底是否还留有商品尚未结账	速度
结算商品总金额，并告知顾客	总共××元	1. 将空的购物篮从收银台上拿开，叠放在一旁 2. 若无他人协助入袋工作时，收银员可以趁顾客拿钱时，先行将商品入袋，但是在顾客拿现金付账时，应立即停止手边的工作	速度
收取顾客支付的金钱或 IC 卡	收您××元或您的 IC 余额为××元	1. 确认顾客支付的金额或 IC 卡的金额，并检查是否有伪钞。 2. 若顾客未付账，应礼貌性地重复一次，不可表现出不耐烦的态度	速度

续表

步　骤	收银标准用语（动作）	配　合　动　作	"3S"内容
找钱给顾客	找您××元	1. 找出正确零钱 2. 将大钞放在下面，零钱放在上面，双手将现金或IC卡连同POS机单交给顾客 3. 待顾客没有疑问时，立即将顾客支付的现金放入收银机的抽屉内，并关上抽屉	速度
商品入袋		根据入袋原则，将商品依序放入购物袋内	诚恳
诚心的感谢	"谢谢""再会"	1. 一手提着购物袋交给顾客，另一手托着购物袋的底部。确定顾客拿稳后，才可将双手放开 2. 确定顾客没有遗忘购物袋	微笑

11.2.3　收银员装袋作业管理

将结算好的商品替顾客装入袋中是收银工作的一个环节。如果该项工作做得不好，往往会使顾客扫兴而归。

1. 装袋的原则

（1）正确选择购物袋

购物袋的尺寸有大小之分，根据商品的多少来选择正确大小、数量的购物袋。究竟用一个大的购物袋还是用两个小的购物袋，由商品的类别和承重来决定。

（2）将商品分类装袋

商品分类非常重要，正确科学地分类装袋，不仅提高服务水平、增加顾客满意度，也体现了尊重顾客、尊重健康的理念。

2. 一般分类的原则

① 生鲜类食品（含冷冻食品）不与干货食品、百货食品混合装袋。

② 生鲜食品中的熟食、面包类即食商品不与其他生鲜食品混装，生熟分开。

③ 生鲜食品中，海鲜类不与其他生食品混装，避免串味，或水果不能和未处理的生鲜蔬菜放在一起等。

④ 化学用剂类（洗发水、香皂、肥皂、洗衣粉、各类清洁剂、杀虫剂等）不与食品、百货类混装。

⑤ 服装、内衣等贴身纺织品，一般不与食品类商品混装，避免污染。

⑥ 其他比较专业的、特殊的商品一般不混装，如机油、油漆等。

3. 装袋技巧

① 硬与重的商品垫底装袋。

② 正方形或长方形的商品装入包装袋的两侧，作为支架。

③ 瓶装或罐装的商品放在中间，以免受外来压力而破损。

④ 易碎品或轻飘的商品放置在袋中的上方。

⑤ 冷冻品、豆制品等容易出水的商品和肉、菜等容易流出汁液的商品，先应用包装袋装好后再放入大的购物袋中，或经顾客同意不放入大购物袋中。

⑥ 装入袋中的商品不能高过袋口，以避免顾客提拿时不方便，一个袋装不下的商品应装入另一个袋中。
⑦ 超市在促销活动中所发出的广告页或赠品要确认已放入包装袋中。
⑧ 装袋时要绝对避免不是一个顾客的商品放入同一个袋中的现象。
⑨ 对包装袋中装不下的体积过大的商品，要用绳子捆好，以方便顾客提拿。
⑩ 提醒顾客带走所有包装入袋的商品，防止其将商品遗忘在收银台上的情况发生。

11.2.4 收银员离开收银台的作业管理

当收银员由于种种正常的原因必须离开收银台时，其作业程序控制如下。
① 离开收银台时，要将"暂停收款"牌摆在收银台上顾客容易看到的地方。
② 用链条将收银通道拦住。
③ 将现金全部锁入收银机的抽屉里，同时将收银机上的钥匙转至锁定的位置，钥匙必须随身带走或交店长保管。
④ 将离开收银台的原因和回来的时间告知邻近的收银员。
⑤ 离开收银机前，如还有顾客等候结算，不可立即离开，应以礼貌的态度请后来的顾客到其他的收银台结账，并为现有等候的顾客结账后方可离开。

11.2.5 顾客要求兑换现金的原则

店内所持有的各种纸币和硬币，是为了维持门店每日正常的营业。找钱给顾客的时候应保证收银机内有一定的存量。如果接受所有顾客额外兑换金钱的要求，必将难以有效控制门店内的现金。尤其是有一些不法分子以换钱为由，运用各种手段诈骗金钱，致使各门店遭受损失。

因此，若顾客是以纸钞兑换纸钞的话，收银员则应予以婉言拒绝。若门店内设有公共电话或在店门口设有儿童游戏机，则可让顾客兑换小额硬币零钱，一般连锁企业都会规定兑换的最高限额；有些连锁企业为了不影响收银员的正常工作，规定顾客必须在服务台上兑换零钱，那么收银员应耐心地引导顾客到服务台进行钱币兑换。

11.2.6 营业结束后收银机的管理

营业结束后，收银员将收银机里的所有现金（除门店规定放置的零用金外）、购物券、单据收回金库放入门店指定的保险箱内，收银机的抽屉必须开启，直至明日营业开始。收银机抽屉打开不上锁的理由是，为了防止万一有窃贼进入门店时，窃贼为了窃取现金等而敲坏收银机抽屉，枉增公司的修理费用。

11.2.7 本店职工的购物管理

① 门店职工不得在上班时间内购买本店的商品。其他时间在本店购买的商品，如要带

入门店内,其购物发票上必须加签收银员的姓名,还需请店长加签姓名,用双重的签名方式来证明该商品是结过账的私人物品。

② 本店职工调换商品应按连锁企业规定的换货手续进行,不得私下调换,收银员不可徇私包庇,以避免员工利用职务上的便利,任意取用店内商品或为他人图利。

11.2.8　收银员对商品的管理

连锁企业门店集中结算的原则,即凡是通过收银区的商品都要付款结账,因此收银员要有效控制商品的出入。商品的进入如无特殊需要,一般不经过收银通道。有些商品的出店,如工厂或配送中心的退货,应从指定地方退出,不得通过收银通道,这样可避免厂商人员或店内职工擅自带出门店内的商品,而造成门店的损失。对厂商人员应要求其以个人的工作证换领门店自备的识别卡,离开时才换回。

① 凡是通过收银区的商品都要付款结账。

② 收银员要有效控制商品的出入,避免厂商人员或店内职工擅自带出门店内的商品,造成损失。

③ 收银员应熟悉商品价格,以便尽早发现错误的标价,特别是调价后新价格日,需特别注意调价商品的价格。如果商品的标价低于正确价格时,应向顾客委婉地解释,并应立即通知店内人员检查其他商品的标价是否正确。

11.2.9　商品调换和退款的管理

每一个连锁企业都有自己的商品调换和退款的管理制度。原则上凡是食品不予调换和退款,除非是商品有质量问题,其他商品应予以调换。

① 接受顾客要求调换商品或退款,门店应设有指定人员专门接待,不要让收银员接待,以免影响收银工作的正常进行。

② 接待人员要认真听取顾客要求调换商品和退款的原因,做好记录,以了解顾客退、换货的原因,同时这些记录可能成为门店今后改进工作的依据。

③ 此作业最好在门店的服务台或其他指定地点进行,以免影响收银员的正常结账作业。

11.2.10　收银作业过程中常见例外的处理

1. 商品扫描例外的处理

凡是收银员经过多次机器扫描及手工扫描都不能成功的,就称为扫描例外。门店常见扫描例外见表11-3。

表11-3　收银过程中常见的扫描例外

名　称	原　因	处 理 措 施
条码失效	1. 条码损坏、有污渍、磨损。 2. 生鲜条码印刷不完整、不清楚	1. 在同样商品中找到正确的商品条码、用手工扫描方式解决。 2. 生鲜条码重新计价印刷

续表

名　称	原　因	处　理　措　施
条码无效	1. 编码错。 2. 条码重复使用、假码	1. 核实商品的售价，以价格销售方式售卖。 2. 将例外记录，由部门跟踪来解决
多种条码	1. 商品的包装改变，如买一送一。 2. 促销包装商品的赠品条码有效	1. 核实正确的条码。 2. 由部门跟进所有的非正确条码，必须予以完全的覆盖
无条码	1. 商品本身无条码。 2. 商品的条码失效	1. 找出正确的条码，用手工扫描。 2. 由部门跟进剩余商品的条码检查

2. 商品消磁例外的处理

商品经过出口处防盗门时引起报警，则为消磁例外。门店常见的消磁例外见表11-4。

表11-4　收银过程中常见的消磁例外

名　称	原　因	处　理　措　施
漏消磁	商品未经过消磁程序	1. 商品必须经过消磁程序，特别是硬标签的商品类别，予以熟记 2. 重新消磁
消磁无效	商品消磁的方法不正确，超出消磁的空间	1. 结合消磁指南，掌握正确的消磁方法。 2. 特别对软标签的商品类别予以熟记，反复多次消磁，直到有消磁回音为止 3. 重新消磁

3. 商品装袋的例外处理

常见商品装袋的例外处理见表11-5。

表11-5　收银过程中常见的商品装袋例外

名　称	处　理　措　施
商品过重	分开多个购物袋或多套一个购物袋
不能装袋	向客人解释因购物袋大小问题，不能装袋，并指示客人可以到服务台包装
袋子破裂	去掉破裂袋子，重新包装
顾客请求	如顾客请求多用一两个购物袋，不要犹豫或拒绝，应立即拿给顾客

4. 付款的例外处理

常见付款的例外处理见表11-6。

表11-6　收银过程中常见的付款例外

名　称	处　理　措　施
伪钞	1. 如对钞票发生疑义，应进行伪钞鉴别程序 2. 当收银员不能做最后判断时，请求收银管理层的帮助 3. 如确认是伪钞，请求顾客更换 4. 如顾客因此产生异议，双方可一同到银行鉴别
残钞	1. 请求顾客更换 2. 如属于不影响币值的，可考虑接受

续表

名称	处理措施
刷卡不成功	1. 向顾客道歉，并说明需要重新刷卡 2. 如属于机器故障、线路繁忙，更换机器重新刷卡 3. 如属于线路故障不能刷卡，请求现金付款 4. 如属于卡本身的问题，可向顾客解释，请求更换其他银行卡或现金付款

5. 找零的例外处理

找零的例外处理见表11-7。

表11-7 收银过程中常见的找零例外

名称	处理措施
无零钱	1. 收银员必须随时保持足够的零钱 2. 如果零钱不足，必须向收银主管兑换零钱，不能私自向其他收银员兑换，暂借或用私人的钱垫付 3. 必须如数找零，不能用小糖果等代替零钱 4. 如遇到零钱不足无法找给时，请求顾客稍微等待，兑换后再找 5. 如硬币不够时，宁肯多找零钱，不能少找零钱
顾客不要的零钱	1. 如有顾客不要的少量硬币，必须放在收银箱的外边 2. 如有顾客硬币不够数，可用此充数
顾客请求	1. 如顾客对找给的零钱有要求，不能拒绝顾客，应满足顾客的要求 2. 如顾客不购物也要求兑换零钱，应满足顾客，不能拒绝 3. 如顾客对找给的零钱不满意，必须满足顾客要求，给予兑换

【小案例】

一天傍晚，一个年轻人到店里购物，拿了一张100元的纸币给收银员，当收银员准备给他结账时，他突然说："等一下，我有零钱给你。"于是，收银员把100元还给他，并收了他的零钱。等结完账，他对收银员说："你100元还没还给我。"见收银员满脸疑惑，他又补充了一句："你看，就是那一张。"收银员虽然不太相信，但见他如此肯定，只好拿出100元给他，还向他说了一声"对不起"。到晚上结账，收银员发现营业款少了100元，仔细想来，毛病就出在这一青年身上。

资料来源：http://www.china-tale.com/html/direction_02.html，2005-06-22.

11.3 现金管理

11.3.1 零用金管理

为应付找零及零星兑换之需，零用金的妥当准备，应注意以下问题：

① 零用金应包括各种面值的纸钞及硬币，其数额可根据营业状况来决定，每台收银机每日的零用金应相同。

② 每天开始营业前，必须将各收银机开机前的零用金准备妥当，并铺在收银机的现金盘内（有的连锁企业门店是将上一次结账结束后置放的零用金作为下一次开机前的零用金）。

③ 除每日开机前的零用金外，各门店还备有足够数额的存量，以便在营业时间内随时为各台收银机提供兑换零钱的额外需要。因而，收银员应随时检查零用金是否足够，以便及时兑换。

④ 零用金不足时，切勿大声喊叫，也不能与其他收银台互换，以免混淆账目。一般可请店长或理货员进行兑换。

⑤ 执行零用金兑换作业时，应填写"兑换表"，并由指定人员进行。兑换时必须经过收银员与兑换人员双方对点清楚。完成兑换之后，应将兑换表收存在指定位置，以便日后查核。

11.3.2 大钞管理

① 收银台不仅人员出入频繁，也是卖场唯一放现金的地方，其安全值应格外重视。尤其是找钱给顾客时，并不需要用到最大面值的现钞，因此无须将最大面值的钞票放在收银机抽屉内的现金盘内。为了安全起见，可放在现金盘的下面，以现金盘遮盖住。

② 当抽屉内的大钞累计到一定数额时（可按各连锁企业门店的营业状况加以规定，如2 000元），应立即请收银主管或店长收回至店内的保险箱存放，此作业称为中间收款，这样可避免收银台的现金累计太多，而引发歹徒作案。即使真遇到歹徒强行抢劫，也可因大钞已自收银台收走，而使门店的损失降到最低。

③ 收取大钞时，应暂停收银台的结账作业，将现金放在特定的布袋内，然后系在手上带走，并随时注意四周的情况。

④ 每次收大钞时，经过点数后，必须将收取的现金数额、时间登录在该收银台的中间收款记录本内，由收银员及收银主管分别签名确认。每台收银机应分别有中间收款记录本。

⑤ 大钞送到保险箱，也必须登录在保险箱收支本内，并将日期、时间、收银机号、金额，以及累计数填写清楚，登录者必须签名以示负责。

11.3.3 交接班金钱管理

为了分清各班次收银员金钱管理的责任，交接班时应注意以下几方面。

① 交班收银员在交班前应将预留的额定零用金备妥。

② 门店应准备一本现金移交簿，用于营业现金的交接签收。

③ 有些连锁企业门店（如便利店），有24小时门店与16小时门店之分。通常，24小时门店其交班收银员应取出收银机中的现金，先将额定备用金清点给下班收银员，然后清点营业款，收银员将清点好的营业款填写现金解款单。

④ 16小时门店，其中末班收银员在清点额定备用金时，店长应当场监点，并放入收银机内，供次日早班收银员找零。次日早班的收银员上班营业前，应与门店理货员同时打开收银机，清点额定备用金，发现不符应及时记录，并向店长汇报。

11.3.4 营业收入管理

营业收入管理的重点是为了保证门店经营管理最后成果的安全性，各门店的营业款解交必须按照以下规定操作。

① 每个门店可根据实际情况配备保险箱一只，用于存放过夜营业款，保险箱钥匙由门店店长保管。

② 收银员的营业收入结算，除了在交接班和营业结束后要进行外，每天要固定一个时间做单日营业的总结算，这个时间最好选择在15：00—16：00之间，这样可避免营业的高峰期，也可在银行营业结束之前进行解款。在每天这个总结算时间里结出的营业收入（如每天15：00），代表昨天15：00—今天15：00 的单日营业总收入金额。在进行总结算时，应将所有现金、购物券等一起进行结算。结算后由收银员与值班长在指定地点面对面点算清楚，并填写每日营业收入结账表，由收银员和值班长签名，该结账表是会计部门查核和做账的凭证。

③ 值班长在收银员清点营业款后，打印收银员日报表，并与现金解款单核对，收银损益在现金解款单中写明。然后将现金与现金解款单封包并加盖骑缝章，最后在交接簿上登记，并移交给店长。

④ 店长将收到的营业款存入保险箱，如由银行上门收款的，在银行收银员上门收款时，在交接簿上登记并交给银行收款员；如解交银行的，应由专人（最好是两人）存入指定的银行，也可由店长在当班时解交银行，同时最好对营业款存入银行的时间、路线等作出规定，以免发生意外。

⑤ 店长每日打印销售日报表，并收齐当日收银员日报表与现金解款单，同时按连锁企业总部规定的时间送到总部财务部（如每星期二、星期五）。

【案例分析】

营业即将结束之时，店里顾客稀少，收银台前也冷清许多。此时有位中年男子在收银台前购物结账，收银员按标签打价。当打到冷冻商品时，发现标签脱落，该收银员即进入卖场查询价格，离台时间大约1分钟；当收银员回到岗位时，发现那位中年男子已不知去向，收银机票箱也打开着，放在左侧的票面为100元的营业款全部被盗，损失5 000余元。这个案例告诉我们，收银员放松防范意识，违反收银作业纪律，离开收银台机器不上锁，就有可能造成重大的经济损失。

资料来源：http：//www.china‐tale.com/html/direction_02.html，2005‐04‐26.

本 章 小 结

收银员是指从事收取现金的工作人员，而科学意义上收银员是指从事收取现金、支票并为顾客提供销售小票和开具发票的专职人员。收银是一个专业并细化的职业，从事这个职业的收银员要清楚地了解自己职业的基本常识、特点及这个职业的环境，实施规范化服务。

基 本 训 练

一、知识题

（一）选择题

1. 下列商品当中可以用硬标签进行防盗的是（   ）
   A. 衣服　　　　　B. 口香糖　　　　C. 化妆品　　　　D. 皮具
2. 门店常见的扫描例外中属于条码失效的是（   ）
   A. 条码有污渍　　B. 编码错　　　　C. 假码　　　　　D. 条码丢失
3. 在收银过程中应该遵循的"三唱一复"原则中的"三唱"不包括（   ）
   A. 唱价　　　　　B. 唱收　　　　　C. 唱付　　　　　D. 唱零
4. 收银作业过程中常见例外包括（   ）
   A. 扫描例外　　　B. 消磁例外　　　C. 找零例外　　　D. 装袋例外
5. "3S"服务包括（   ）
   A. 微笑（Smile）　B. 速度（Speed）　C. 诚恳（Sincere）　D. 全部都是

（二）判断题

1. 零用金不足时可以随意兑换。　　　　　　　　　　　　　　　　　　（   ）
2. 商品包装上的条码包括厂码和店码两种。　　　　　　　　　　　　　（   ）
3. 正确科学的分类装袋，不仅提高服务水平、增加顾客满意度，也体现了尊重顾客、尊重健康的理念。　　　　　　　　　　　　　　　　　　　　　　　　　（   ）
4. 离开收银机前，如还有顾客等候结算，可请求其到其他收银台结账。（   ）
5. 对于顾客不要的零钱可以归为己用。　　　　　　　　　　　　　　　（   ）

二、思考题

1. 如何处理收银过程中的找零例外？
2. 当钱箱中的钞票累计到一定数目的时候，收银员应如何处理？
3. 如何处理收银过程中的现金付款例外？
4. 简单介绍收银的基本程序。

观 念 应 用

一、案例题

2001年某月的一天早晨，在某购物广场，顾客杨小姐购买完化妆品，在收银台付完款准备离开时，一边的警报器突然响起，闻声而来的防损员跑过来，马上从杨小姐手中夺过她的拷包进行搜查。这时许多正在购物的顾客也纷纷向这边张望,投来好奇的目光,后经防损员检查,原来是由于收银员失误,没将一瓶化妆水消磁而引发报警器鸣响。由于当时围观的人很多,杨小姐羞辱交加,顾不上听防损员的解释,扔下已买单的商品气愤地跑出了商场。当天下午,商场就接到杨小姐哥哥(以下简称杨兄)打来的投诉电话,杨兄在电话里非常气愤,要求该商场对早晨的事件作出合理解释,并要求就此误会对其妹付20万元的精神损失赔偿费,原因是其妹在此事件中受到了常人难以想像的精神打击(原来杨小姐是名退役军人,以前在部队服役期间在一次意外的事故中被火烧伤,至今脸部还因烧伤严重变形,留下了永久的疤痕,因此她很少出门,这次意外的事故给杨小姐的心灵造成了极大的创伤,而今天购物的不愉快经历无疑是给杨小姐雪上加霜)。杨兄还对"商场强行对顾客搜包的行为"表示愤慨,声明该商场若不予以赔偿,他们会诉诸消协和相关法律部门。商场顾客服务中心接到投诉电话后,马上召集相关人员进行开会分析。

这是一个比较特殊而棘手的顾客投诉事件,原因是:①报警器鸣响的原因是由于该商场工作人员失误所致(未及时将商品消磁),并非顾客本人原因;②防损人员在例行公事时态度较粗暴(检查前未与顾客招呼,直接拿下其背包检查);③杨兄有相当强烈的法律保护意识(杨兄本人毕业于法律专业,现任一家知名公司的销售经理),如果答应顾客要求,我们肯定损失惨重;如置之不理,顾客一旦诉诸消协等相关部门,会给我商场的形象带来极大的负面影响。所以我们在处理时不仅要有非常大的耐心,而且要有相当丰富的临场应变能力和处理能力,否则不仅难以将顾客说服,而且会给后续工作带来很多的麻烦。

在经过交流与讨论后,负责人带了礼物去杨兄家登门造访表示道歉。开始杨小姐拒不接见,在前后20天的时间里一直如此,使谈判陷入僵局。但该商场的负责人非常有耐心,没有因为杨小姐的冷漠态度而气馁,一直坚持每周登门拜访。经过6次登门拜访后,杨小姐及其家人终于被我们的执著与诚意所打动,终于愿意接受我方的谈判。交谈起初杨小姐一直还很生气,但经该方负责人再三道歉,并对工作失误而给顾客造成的伤害作出了深刻的检讨与自我批评。在经过多次的耐心交谈与沟通后,杨小姐及其家人也深深体会到我们解决问题的诚意,将索赔的金额由20万元降到5万元,后又降到1万元,最后经过双方多次的协商,和我们再三的诚恳致歉,最终以我方支付1 000元的慰问金结束此事。

资料来源:http://www.linkshop.com.cn,2003(01).

问题:试分析在本案例中,商场客服中心是如何进行处理这一棘手的顾客投诉事件的?可以从中得到什么启示?

二、单元实训

你所熟悉企业的收银管理情况,他们是如何对新员工进行培训?如何对老员工服务进行考核监督,不断提高收银员的服务质量和效率的?

第 12 章 门店防损管理

【学习目标】

通过本章节的学习，了解超市经营中损耗产生的原因，并介绍几种防范损耗的方法及措施，以了解生鲜经营中容易出现损耗的环节及防范措施。

【案例导入】

2002年6月上旬的一个上午，某购物广场防损员针对收银台偶尔出现的商品与条码不符的情况进行了跟踪。商场进口的日本红富士上贴有商品标签，防损员拿掉标签后去计量科计量，计量员没有看到标签，就按普通红富士的价格给防损员计了价（一斤进口红富士5元多一斤，而一斤普通红富士只卖2元）；而去收银台买单，收银员也未发现，防损员将调包后的苹果轻而易举地拿出了商场。试想，如果有不诚实顾客将价格不一的同类商品混装起来按低价打价买单，必将造成商场商品的流失，从而影响公司利益。

资料来源：http：//www.linkshop.com.cn，2003（01）.

案例分析： 计量员计量时工作责任心不强，单凭商品标签来分辨商品，造成的损失是不可低估的。商品流失的途径是多种多样的，混装商品打价就是一种很常用的方式。计量员、收银员的防损意识有待加强，他们对一些"小"事表现得较为麻木，没有警觉。公司要求各岗位人员认真履行职责，从小事抓起，熟悉日常工作及商品特点，做好每一环节工作。各购物广场必须加强防损培训，不只是理论方面，更要注重将所学的知识运用到工作当中去。培训是一方面，更重要的是商品部管理人员对培训后的追踪和督导。同时应树立"全员防损"意识，共同建筑防损大堤，确保公司的共同利益。

12.1 损耗产生的原因

所谓"**损耗**"，是指门店接收进货时的商品零售值与售出后获取的零售值之间的差额。"损耗"会受到一个或几个因素的影响，门店作业出现其中的任何一个因素，都会减少利润额，从而增加"损耗"。境外有关统计资料显示，在各类损耗中，88%是由员工作业错误、员工偷窃和意外损失所导致的，7%是顾客偷窃，5%则属厂商偷窃，其中由员工偷窃所遭受的损失为最大。以美国为例，全美全年由员工偷窃造成的损失高达4 000万美元，比顾客偷窃额高出5~6倍；再如台湾省，员工偷窃的比例亦占60%之高。这些资料表明，防止损耗应以加强内部员工管理及作业管理为主。因而，了解门店商品损耗发生的原因，并严格加以控制，是提高连锁企业绩效的重要保证。

连锁企业门店商品损耗的原因主要包括以下几个方面。

1. 由于收银员行为的不当所造成的损耗

① 打错了商品的金额。

② 收银员与顾客借着熟悉的关系，故意漏扫部分商品或私自键入较低价格抵充。

③ 收银员因同事熟悉的关系而发生漏打、少算的情形。

④ 由于价格无法确定而错打金额。

⑤ 对收银工作不熟悉，按错部门类别。

⑥ 对于未贴标签、未标价的商品，收银员打上自己臆测的价格。

⑦ 误打后的更正手续不当。

⑧ 收银员虚构退货而私吞现金。

⑨ 商品特价时期已过，但收银员仍以特价销售。

2. 由于作业手续上的不当所造成的损耗

① 商品调拨的漏记。

② 商品领用未登记或使用无节制。

③ 商品进货的重复登记。

④ 漏记进货的账款。

⑤ 坏品未及时办理退货。

⑥ 退货的重复登记。

⑦ 销售退回商品未办理进货退回。

⑧ 商品有效期检查不及时。

⑨ 商品条码标签贴错。

⑩ 新旧价格标签同时存在。

⑪ POP 或价格卡与标签的价格不一致。

⑫ 商品促销结束未恢复原价。

⑬ 商品加工技术不当产生损耗。

3. 由于验收不当所造成的损耗

① 商品验收时点错数量。

② 门店员工搬入的商品未经点数，造成短缺。

③ 仅仅验收数量，未作品质检查所产生的错误。

④ 进货的发票金额与验收金额不符。

⑤ 进货商品未入库。

4. 商品管理不当所造成的损耗

① 未妥善保管进货商品的附属品。

② 进货过剩导致商品变质。

③ 销售退回商品未妥善保管。

④ 卖剩商品未及时处理，以致过期。

⑤ 因保存商品的场所不当而使商品价值减损。

⑥ 因商品知识不足而造成商品价值的减损。
⑦ 姑息扒窃。

5. 盘点不当所造成的损耗
① 数错数量。
② 看错或记错售价、货号、单位等。
③ 盘点表上的计算错误。
④ 盘点时遗漏品项。
⑤ 将赠品记入盘点表。
⑥ 将已填妥退货表的商品记入。
⑦ 因不明负责区域而作了重复盘点。

6. 员工偷窃所造成的损耗
① 随身夹带。
② 皮包夹带。
③ 购物袋夹带。
④ 废物箱（袋）夹带。
⑤ 偷吃或使用商品。
⑥ 将用于顾客兑换的奖品、赠品占为己有。
⑦ 与亲友串通，购物未结账或金额少打。
⑧ 利用顾客未取的账单作为废账单退货而私吞货款。
⑨ 将商品高价低标，卖给亲朋好友。

7. 顾客不当的行为而造成的损耗
① 随身夹带商品。
② 皮包夹带。
③ 购物袋夹带。
④ 将扒窃来的商品退回而取得现金。
⑤ 顾客不当的退货。
⑥ 顾客将商品污损。
⑦ 将包装盒留下，拿走里面的商品。
⑧ 调换标签。
⑨ 高价商品混杂于类似低价商品中，使收银员受骗。

8. 因供应商不当而引起的损耗
① 误记交货单位（数量）。
② 供应商套号，以低价商品冒充高价商品。
③ 混淆品质等级不同的商品。
④ 擅自夹带商品。
⑤ 随同退货商品夹带商品。
⑥ 暂时交一部分订购的货，而造成混乱。
⑦ 与员工勾结实施偷窃。

9. 意外事件引起的损耗

① 自然意外事件：水灾、火灾、台风和停电等。

② 人为意外事件：抢劫、夜间偷窃和诈骗等。

小资料 12－1

超市小偷常见的作案手法

第一招：偷梁换柱法

这是小偷在超市行窃时惯用的一种招数。小偷在货架旁趁超市防损员不注意时，将8块多一支的佳洁士牙膏包装外壳去掉，然后将该牙膏放进两元多一支的中华牙膏盒子内，在结账时，付了中华牙膏的钱，却窃走了佳洁士牙膏。业内人士将此招称为"狸猫换太子"。

第二招：藏身法

这一招通常是在冬天时才使用的招数。福州某超市曾出现过有小偷穿着价格不菲的高档皮衣，在超市里偷拿小物品的事。这种"大款小偷"让超市管理者"大跌眼镜"，由于穿得厚，他们偷拿小商品的时候，超市管理员除了不易发现外，还不太敢相信这"大款"居然也会偷。

这一招还适用于孕妇小偷，当然孕妇可以是假的，只是肚子显得大而已，利用肚子大的先天条件，可以把大把大把的东西往肚子下面装。

第三招：旧单充单法

"夫妻"、两"朋友"一块逛超市，两人同时选一样的商品。但出超市买单时，却拿出其中一份，一人买完单后，出超市时将单交给另一人，另一人折回超市，将还未买单、但已包装好的商品拿出。超市门口的验货员一旦疏忽大意，小偷便用旧单堂而皇之地拿走东西。

第四招：掏空法

使用这种招数，小偷首先要对超市内的监控设备比较了解，他们一般会选择一些监控死角，然后在较为隐蔽的死角内，撕掉小商品带条形码的外包装，只拿里面的商品，然后将空盒子放在原处。据一个超市管理员说，这样即使被发现，商品来源也很难说清楚。

第五招：挖洞埋塞法

使用这招的人，一般多为家庭妇女。在生鲜超市，买一斤海蛏，却在货篮里再放上二三两花蛤，售货员过完秤装进塑料袋后，小偷将塑料袋挖开一个小洞，然后将货篮里没过秤的东西塞进去。

第六招：套穿法

买衣物时，往更衣室里多拿几个胸罩，多拿几双袜子，进了更衣室谁也看不见。然后就在里面慢慢地试穿，大的叠小的，一双重一双，出了更衣室以后，谁也不会将衣服撩起来检查，顶多有人纳闷，进更衣室前还比较瘦的，出来怎么就胖了一圈？殊不知，小偷胸罩叠胸罩，袜子套袜子，神不知鬼不觉地走了。

这一招除了在更衣室外，还有一个作案场所，就是厕所，小偷将商品放在厕所隐藏起来，然后伺机拿走。

> 第七招：声东击西法
> 这一招用在超市管理人员较少的地方。小偷在货架上"选购"商品，然后"不小心"将商品掉落在地，趁管理人员弯腰拾物的时候，其同伙就可以采取行动了。
> 第八招：生态转换法
> 把活的海鲜弄死，然后等着，以死海鲜的价格买走。
> 第九招：以贵充贱法
> 三百多元一台的复读机，趁管理人员不留意时偷偷塞进米袋子里，从容地找管理人员过秤，然后以一块钱一斤大米的价格，"买"走了价值三百多块的复读机。
> 第十招：藏包法
> 时髦的小女孩背个小背包逛超市，超市规定是可以的，可进了超市后，小背包就不再是时髦饰物，反成为作案工具。小女孩趁管理人员不注意，偷偷将偷来的小东西放在包里。
> 资料来源：林海峰．海峡都市报，2004－06－04．

12.2 防损对策

损耗管理并不容易，各个门店必须根据损耗发生的原因，有针对性地采取措施，加强管理，堵塞漏洞，尽量使各类损失减到最小。具体管理措施如下。

1. 重点区域管理

大卖场由于面积较大，员工众多、顾客人流复杂，使防损工作具有一定的难度。大卖场内商品损耗较为突出的一些重点区域必须重点管理。

1) 收银出口处的管理

收银出口处必须设立安保员岗位，在营业时间内实行不间断的值班制度，可在收银出口处设立电子防盗监控系统。监管要点有以下几个方面。

① 收银出口处的监管在于正确、快速、满意地解决收银和防盗措施。

② 维护好收银出口处顾客的秩序，保持收银通道畅通，保证所有顾客能从进口进、出口出。

③ 监管人员要了解卖场中的商品情况，当班时保持思想集中。

④ 注意收银区前手推车是否堵塞，设备有否损坏。

2) 员工出入口处的管理

员工出入口处要设置安保员岗位。只要员工通道打开，安保员就要实行连续执勤制度。员工出入口处可安装防盗电子门用来防止员工偷盗商品的行为，设置密码锁储物柜为外来人员暂时安全存放物品。

(1) 员工出入口处的监管要点

① 检查员工是否按规定执行考勤制度，检查在非工作时间的员工进出卖场是否符合规定。

② 禁止员工携带私人物品进入卖场，如属必须带入卖场的物品，要进行登记。

③ 防止员工偷盗商品,特别是在防盗门报警时,严格检查是否有将禁止带出卖场的物品带出。

④ 对外来的来访人员要按规定进行电话证实、登记、检查携带物品等。

⑤ 对在本通道携带出的所有物品要进行检查。

(2) 员工出入的管理规定

① 外来人员进入卖场要登记,除指定的财务人员外,不准带包进入卖场,必须携带物品的,应办理登记手续,出来时需主动出示,接受检查。

② 在工作期间,所有当班员工必须且只能从商场的员工通道出入。

③ 所有进出人员都必须主动配合安全人员的安全检查,自动打开提包或衣袋接受检查,尤其是防盗电子门报警或在安全人员提出检查的要求时,要予以配合。

④ 员工的进出、物品的携出必须有管理层的书面批准,安全员核实后才能放行。

3) 收货口的管理

收货口应设置安保员岗位,只要收货通道打开,安保员就要实行连续值班制度。收货口卷帘闸门设置防盗报警系统。

(1) 收货口的监管要点

① 收货门的打开和关闭必须有卖场安保员协同收货部门主管负责。

② 安保员负责维护收货现场秩序,对送货车辆进行商品、车号进行的基本了解,指定卸货车位;安排各送货车辆有序进出;车辆进入收货区,督促驾驶员不准离开收货区。

③ 查处收货员和供应商的各种不诚实、作弊、贿赂或接受赠品的行为。

④ 外来人员必须在指定的范围内,超出的范围或进出卖场楼面必须办理登记和出入安全检查手续。

⑤ 非收货人员不能进入收货区。

⑥ 全面掌握并督促收货员的收货程序;保证货单通行,数量、品名正确,观察已收商品进仓库的情况;负责看管好生鲜箱格,清点数量,察看是否有遗留物;供应商取回箱格,须登记备案。

⑦ 商品必须由本卖场员工亲自点验称重,避免重复点数称重。

⑧ 供应商的赠品、道具等进出,必须执行正确的收货程序。

⑨ 对退换货必须核实品名、包装单位、数量、换货品种是否正确以及货单是否一致。

⑩ 大单送货必须逐单核查,签字确认;并目送商品离开收货口。

(2) 收货口的管理规定

① 收货的员工和供应商人员必须诚实作业,不得有故意作弊和损害公司利益的行为。

② 所有员工不得接受供应商任何形式的贿赂和馈赠。

③ 收(退)货必须按流程,商品必须分别放置在不同的区域。

④ 供应商人员进入收货区必须办理登记手续,并进行安全检查。

⑤ 非商品收货,必须有赠品的标签和"道具携入/携出清单"手续。

⑥ 安保员对退换货、出货、物品离场都要进行检查,对收货进行抽查,特别是精品、家电、化妆品等贵重物品,对所有已经收货的商品必须监督是否已在收货区。

4) 精品区的管理

精品区及其出口处应设置安保员岗位,营业时间内实行连续执勤制度。精品区出口处设置电子防盗门系统和门禁系统。

(1) 精品区的监管要点

① 顾客只能从进口进，从出口出。

② 顾客不能将非精品区的商品带入精品区内，只能暂放精品区外。

③ 顾客在精品区内购买商品，必须在精品区内结账。

④ 检查顾客所持发票是否与商品一致，特别是包装是否符合精品包装要求。

⑤ 监督贵重物品员工的实物盘点。

(2) 精品区的出口管理规定

① 电子防盗门报警程序。

② 结账商品的包装、发票处理必须符合精品销售的有关规定。

③ 柜台（展示柜）在非销售时，须随时上锁处于关闭状态。

④ 外放贵重样品，应采取防盗措施。

⑤ 柜台销售商品采取先付款后取货的销售方式。

5) 大家电商品提货的管理

大家电检测提货处应设置安保员，营业时间实行不间断值勤制度。大家电检测提货口设置防盗报警系统，如未经密码许可强行打开，则报警。其监管要点有：

① 提货的大家电商品，必须有安保员检查签字。

② 安保员检查顾客是否有收银发票，发票是否有异常，商品品名、型号、货号、数量是否一致，已提商品的发票是否盖有提货章，商品的包装是否封好。

③ 提货的顾客秩序是否良好，顾客是否站在规定的提货台区域外。

④ 监督内提人员是否对出门的商品进行了检查登记。

6) 容易引起偷盗的商品举例

卖场中比较容易引起损耗的商品，要么是高单价商品，要么是包装很小或是比较贵但又很刺激消费的品种，主要有：贵重酒类，如洋酒、中国酒；贵重保健品；香烟类；贵重化妆品；精品百货（手表、照相器材、贵重笔等）；小家电（收录机、剃须刀、CD 机、VCD 机等）；计算器；电池；小糖果；巧克力；牙刷、洗发水、牙膏；各种小文具、精品文具；进口婴儿奶粉；卫生用品；毛巾、袜子、卫生短裤、文胸等。

2. 运营环节的损耗控制

运营环节的损耗控制由运营部门掌握完成。除生鲜商品部门每月的盘点可以及时反映出损耗的情况外，其他各商品部门的运营损耗由卖场内统一盘点检验。安保部重点控制由员工不诚实的行为或工作疏忽、漏洞、违规等引起的损耗。涉及安全管理和损耗控制的其他保安岗位和操作要求有如下几方面。

1) 预收大钞

① 配合财务人员在规定的时间至各收银台预收大钞。

② 安保监管手推车，将手推车中的现金柜上锁。

③ 携带电棍，密切注意在收钞过程中是否有不正常动向，保持现金柜的绝对安全。

2) 家电销售区域

① 劝阻顾客将手推车、购物篮带入家电区域。

② 阻止顾客打开商品原包装。

③ 家电商品付款出门，须认真核对收银条与商品是否一致。
④ 及时处理防盗系统报警的事故。
⑤ 关店后严禁无关人员进入到家电区域内。

3）试衣室
① 认真做好收、发试衣牌工作。安保在发试衣牌前，应检查品牌是否齐全，服装里是否夹带其他商品。在试衣室里，每次最多试衣3件。
② 维护试衣室周围的正常秩序。
③ 关店后，严禁无关人员进入试衣室。

4）残次索赔区
① 禁止非索赔办公室人员进出索赔区域。
② 对残次商品逐一进行核对、登记。
③ 协助做好周围环境卫生工作。

5）来访洽谈处
① 负责联系各部门有关人员。
② 维护工作人员有序进出，禁止无胸卡人员进出各组室。
③ 协助做好周围环境卫生工作。

6）厕所间
① 监督厕所间内的一切情况。
② 劝阻顾客拿着商品进厕所，如劝阻无效，则应注意警戒。

7）垃圾口
① 检查倒入的垃圾是否有商品混入其中，并对垃圾中发现的商品进行登记，当事人签名。
② 保证垃圾箱中无纸箱等可以回收的废品。
③ 注意观察清洁人员、环卫人员清除垃圾。
④ 保证所有报废商品经过相应的处理程序和处理手段，使其彻底失去使用价值。
⑤ 督促员工将垃圾倒入箱内，保持周围环境整洁。

8）停车场
① 正确指挥分流各类车辆，按序停放，保持车道畅通。
② 协助收集手推车，防止购物车、篮被盗。
③ 发现车辆漏油，及时报告，并采取措施。
④ 维护好停车场的秩序。

9）监控室
① 熟悉监控设备结构、性能和操作程序。
② 发现员工和安保人员行为不规范，必须做好记录，并通知主管予以纠正。
③ 发现商场有可疑问题，立即通知主管，重点加强跟踪控制。
④ 严禁无关人员进入监控室。
⑤ 每1小时记录一次监控情况。
⑥ 思想集中，严禁做与工作不相干的事。

10) 财务提款
① 及时掌握银行提款的时间。
② 保护银行提款人员时,注意取款的全过程,并警戒周围环境,佩带电警棍。
③ 在护送银行提款人员时,思想高度集中,不准与其他人谈话。
④ 如需财务人员到银行提款,需安保陪同,并做警戒工作。

11) 服务台
① 维持好服务台的工作秩序。
② 参与调解服务台产生的各类纠纷。

12) 后仓
① 督促后仓工作人员执行规定的制度。
② 严格检查货物出仓情况,核对有关单据。
③ 监督货物装卸,以防被窃、被损。
④ 每天检查后仓门锁,与仓库人员共同监督保管钥匙。
⑤ 不断加强后仓巡逻检查,及时发现火警苗子。

13) 销售区
① 随时注意货架条形码变动情况,特别防止低价条形码贴在高价商品上。
② 在巡视中发现商品短缺,及时提醒补货。
③ 注意商品堆放安全和顶端喷淋保持距离。

14) 现金办公室
① 确保商场现金交换、转移的绝对安全。
② 陪同现金办公室人员去银行或换钱。
③ 24 小时不断对金库加强警戒看守。
④ 定时检查防盗系统、门禁系统、监视系统的设备安全。

小资料 12-2

英国诺丁汉科研中心一项最新研究表明,因偷盗而造成的损失占欧洲超市营业额的 1.45%(法国为 1.49%)。

小偷们看重的通常是那些价格不菲的高档品,尤其是名牌产品。被盗的最多的是酒、CD 机、服装,以及家庭使用的小工具。超市损失的商品一半是被超市内部员工"顺手牵羊"了,其余部分要么是浪费掉了,要么是因储运过程中的差错而丢失。

据统计,欧洲约有 120 万人在超市行窃时被当场捉住。偷盗现象给超市造成了巨大的损失。英国诺丁汉科研中心负责此项研究的乔舒亚·班菲尔德说:"人们普遍认为小偷小摸不会造成大的危害,然而实际上所有的人都因这种行为而蒙受损失。"据他估算,欧洲平均每人每年为此损失 80 欧元。

偷盗给超市带来的不仅仅是营业额的受损,商家还被迫在安全方面加大投入,从而间接提高了商品的销售价格。

法国欧尚超市集团保安部负责人马克·马泽尔对公司取得的成果深感满意。他说:"由于我们采取了强有力的措施,我们的损失减少了一半。"15 年间,欧尚超市集团的被盗损失在营业额中所占的比例由1%下降到0.5%。但他同时承认："对于如何进一步改进防范措施，公司已没有多少招数。"例如，在衣服上装夹扣的做法越来越不起作用；要么夹扣被撬掉，要么衣服被撕坏。而且超市每安装一个夹扣，就需要付出0.3欧元的成本。

超市在选择防盗措施时应当十分谨慎，因为有些方法可能影响销售收入。例如，某些商店对酒精类饮料柜加了锁，结果销售量平均减少30%。

随着科技的进步，一些超市开始尝试从源头上采取保护措施。一些示踪器被安装在了商品的"心脏"部位：瓶的封条内、鞋底里或衣服的标签内。这些精巧的示踪器成了商品不可分割的一部分，从而使盗窃无从下手。包括欧尚超市集团在内的一些法国和荷兰的超市集团已经开始了这方面的尝试。

这种"源头保护措施"已锋芒初露：在实行试点的服装部，被盗商品减少了一半。但这一颇令商家高兴的措施却引起了生产厂家的不满：以服装为例，缝制示踪器将给每件衣服增加0.05欧元的成本。

资料来源：http://www.hongyang88.com. 2004-11-04。

12.3 生鲜防损

由于生鲜食品经营的特殊性和复杂性，损耗在经营过程中极易发生。损耗控制（包括经营成本控制）业绩取决于整个生鲜食品区的运作状况和经营管理水平，反过来又在很大程度上影响着生鲜食品乃至整个超市的盈亏兴衰。如不能够有效地抑制损耗，就会直接侵蚀超市的纯利润，由此可见损耗及成本控制对生鲜经营的重要性。损耗控制涉及超市管理的许多方面，需要保安防损、储运和各有关管理部门共同协作。因此，全面、准确地理解损耗在连锁超市经营中的含义，有助于我们拓宽思路，归纳分析生鲜经营中产生损耗的条件和原因，从整个管理体系上入手，寻找改进管理的办法。

生鲜食品多属于非标准、保存条件特殊的商品，再加上现场生产加工所涉及的管理过程和环节比一般商品繁琐复杂得多，所以需要管理控制的关键点就增加。如果供、存、产、销之间的衔接协调不当，产生损耗的环节自然就多。其中既有在超市各部门带有共性的损耗原因，也有在生鲜区特定的原因。按生鲜区的管理流程分类，损耗主要有以下几类。

1. 生产责任原因

① 产品质量。部分由超市自行生产的产品质量达不到出品标准要求，而造成减价和报废所致的损失。

② 工作疏忽造成损坏。由于员工工作疏忽大意导致设备和原料损坏。

③ 产品卫生问题。环境卫生达不到标准，影响了品质及其外观，最终影响销售。

④ 设备保养、使用不当。由于设备养护和使用失当，设备无法正常运行，导致变质损耗出现和加大。

⑤ 生产正常损耗。它是指在产品加工储存过程中由于水分散失或工具沾带等原因造成的一定比例的损耗，这是所有损耗中唯一可视为合理的损耗。

2. 管理原因

① 变价商品没有正确及时处理。由于生鲜食品因鲜度和品质不同，致使价格变化比较频繁，如果管理不到位，变价商品得不到及时、准确的处理，就会产生不必要的损失。

② 店内调用商品没有登记建账。生鲜食品各部门之间常会发生商品和原料相互调用的情况，如果各部门的有关调用未建账或记录不完整，就会在盘点账面上出现较大的误差，造成库存流失。

③ 盘点误差。在生鲜食品盘点工作中，由于管理无序或盘点准备不充分，对于盘点的误差不能及时查明原因，必然出现常见的盘点误差损失。

④ 订货不准。生鲜部门订货人员对商品销售规律把握不准或工作不够细致，原材料或商品订货过量，往往无法退换或逾期保存而造成商品或减价损耗。

⑤ 员工班次调整。在员工班次调整期间，由于新的岗位需要一段适应时间，损耗在这个阶段属于高发期。

3. 后仓管理原因

① 收货单据计数错误。在收货环节上，由于相当一部分为非标准商品和原材料，因鲜度、水分含量和冷藏温度等的不同，收货的标准收授、验货人员的经验影响较大，出现判断误差和计数错误的可能性也较大，这里也不排除人为故意造成的误差。

② 退换、索赔商品处理不当。部分超市未设立索赔商品管理组或专职人员，或管理工作不到位，对索赔商品得不到及时处理，无法取得合理的索赔商品补偿，使得本可挽回的损失扩大化。

③ 破损、索赔商品管理不当。破损及索赔商品在待赔期间管理不当，发生丢失等，将无法继续获取赔偿。

④ 有效期管理不当。生鲜商品和原料需要进行严格的有效期管理，做到"先进先出"，如果管理不当，就会出现较大的损失。

⑤ 仓管商品和原料保存不当而变质。由于生鲜食品和原料保存环境和温、湿度条件达不到要求，也会造成变质损失。

⑥ 设备故障导致变质。因冷藏、冷冻陈列和储存设备运转不正常或出现故障，导致变质损失。

4. 销售前区管理原因

① 标价错误。生鲜销售区的商品标价错误，包括各种价格标签、POP和品名等错误，而造成售价损失。

② 收银计数错误。这类错误常出现在两个环节：一是非标准生鲜品在称重计量时打错商品名称，出现计价错误；二是收银台对商品扫描时发生计数错误。

③ 内部和外部偷盗行为。生鲜商品和原材料因其可直接食用的方便性，偷盗发生率较高。一般来讲，水果、熟食、面点等商品的偷盗损耗率会高一些，而且一旦失窃不易查证。

④ 顾客索赔退换损失。因顾客对商品投诉出现的退、换货损失。

5. 损耗控制

了解生鲜损失管理的种类后，我们可以从以下几个方面进行控制。

（1）进货控制

生鲜厂商送货时，依据用续订单核对数量、品项、质量标准，严格遵守收验货规定。保存期限超过三分之一者或外箱包装有缺陷者,均拒绝收货。厂商送货车辆欲离去时,要接受检查,是否有夹带货物,经检查无误,方可放行。

(2) 卖场管理

依据 DMS 报表与节庆来控制品项与订货量,加强生鲜主管对损失管理的惊恐心态,加强卖场机动性促销活动,以及各种零星散货的及时回收,并且加强员工出入管理,防盗、防偷吃。

(3) 鲜度管理

卖场对作业员工加强鲜度的专业技能培训,各种工作工具的测试如电子秤,打标机的检查;定期检查与整理冷藏,冷冻库,冷柜温度变化情况;正确建立档案,追踪并记录损耗率。送货、销货、库存、盘点均要正确地记录。

(4) 分析解决

分析损耗过高的品项,提出解决方案。对于内部转货所造成的损耗,部门应相互协调;对于加工所造成的损失,应制定合理商品价格;对耗材应严格管制,正确使用,只要一点一滴地分析,控制损耗,毛利才不会流失。

小资料 12 - 3

水产品的鲜度判定法繁多,如化学法、物理法、细菌法及官能检查法等。其中化学法及细菌法因需添购很多仪器设备,花费很多时间才能完成,因此只有连锁的生鲜超市才能办理。目前一般生鲜超市后场多采用官能检查法,实施水产品的品质判定作业。

官能检查法的项目如下。

1. 死后硬直状态

近海现捞鱼货,通常被置于碎冰屑中,检查时视其躯体有无冻结现象,若呈硬直状态则是鲜品。鱼体小的则将之置于掌中,这时尾柄下垂的就较差。

2. 眼球状态

新鲜鱼货目光必定清澈,里面看不出眼珠,同时眼球饱满。不新鲜的,眼球常充血成红色,混浊不清,且能看出白色眼球。经冷冻后再解冻的,眼球会塌陷或发生皱纹,但这种现象仅限于深海鱼类。

3. 鳃羽的颜色

新鲜鱼货的鳃羽是鲜红色,且无腥味,同时由于死后硬直作用,也很难打开。鲜度差的渔货,鳃羽呈灰色或暗绿色,有腥味,甚至有刺激性恶气。

4. 肉质状态

新鲜鱼货肉质较硬,富有弹性。鲜度差的肉质软化而松弛。用手指触压鱼体,复员力好的为鲜度良好,留有指印的,其鲜度不佳。

5. 鱼鳞状态

新鲜鱼货的鱼鳞有光泽且完整,鲜度不佳的鱼货鱼鳞则有脱落现象或摩擦褪色,无光泽。

6. 气味

新鲜鱼货略带有海水味或海藻味道。鲜度不佳的鱼货有腥味、氨味,甚至有恶臭。

> 7. 腹部状态
>
> 新鲜鱼货的内脏完整、腹部坚实。鲜度不良的，将其内脏分解，并产生气体效应，呈膨胀或破肚，稍挤压则流出浓液或内脏外流。
>
> 资料来源：http：//www.i18.cn/zx/newshtml/2004-4-14/3829.html，2004-04-14。

本章小结

所谓损耗，是指门店接收进货时的商品零售值与售出后获取的零售值之间的差额。损耗会受到一个或多个因素的影响，门店出现其中的任何一个因素，都会减少利润额。了解门店商品损耗发生的原因，并加以严格控制，是提高连锁企业经营绩效的重要保证。

基本训练

一、知识题

（一）选择题

1. 下列属于由收银员行为不当所造成损失的是（　　）。
   A. 商品条形码标签贴错　　　　　　B. 打错商品的价格
   C. 进货的重复登记　　　　　　　　D. 记错售价、货号、单位
2. 下列属于作业手续不当造成连锁企业门店商品损耗的是（　　）。
   A. 商品验收时点错数量　　　　　　B. 商品调拨的漏记
   C. 姑息扒窃　　　　　　　　　　　D. 水灾
3. 下列不属于验收不当所造成的损耗的是（　　）。
   A. 门店员工搬入的商品未经点数，造成短缺
   B. 进货的发票金额与验收金额不符
   C. 进货商品未入库
   D. 看错或记错售价、货号、单位等
4. 由于顾客不当的行为造成的损耗包括（　　）。
   A. 皮包夹带　　　　　　　　　　　B. 调换标签
   C. 不当退货　　　　　　　　　　　D. 与亲友串通，购物未结账或金额少打
5. 引起损耗的意外事件通常包括（　　）。
   A. 水灾　　　　B. 火灾　　　　C. 抢劫　　　　D. 诈骗

（二）判断题

1. 门店损耗即顾客偷盗。　　　　　　　　　　　　　　　　　　　　　　　　（　　）
2. 对于生鲜产品的管理可以通过生态转换的方法来减少损耗。　　　　　　　　（　　）

3. 卖场内的垃圾可以由保洁员随意处理。（　）
4. 防损可以分为人防和机防两种。（　）

二、思考题
1. 对于超市经营中的生鲜产品可以通过哪些措施进行损耗控制？
2. 卖场经营中如何进行运营环节的损耗控制？

观念应用

一、案例题

防损防患于未然

解放路店在西安市民焦灼的热盼中终于开业了，如潮的人群在体现购物广场人气旺盛的同时，也证明了广大市民对于大型自选超市这种零售业态的接受和认可。

开业40分钟后，人群渐近高峰期，这时突然高压线上火花闪现，不好，停电了！刹那间整个购物广场陷入了一片黑暗之中，一切都很突然。但就在这种忙乱中，除了出口处顾客向外你抢我拥外，收银台前顾客还都在有秩序地买单，有的顾客虽然有些抱怨，但场内秩序未出现异常，没有任何意外的事情发生，而且让人安慰的是也未造成大量商品流失。在发生了这种突发的事情后，我们如何能保持这种"处乱不惊"的良好秩序呢？让我们一起了解一下我们防损部的工作人员为了"防患于未然"所做的一系列工作吧！

在整个工作过程中，防损部在维护现场秩序、疏导顾客等方面都发挥了核心的作用。原来防损部在开业前做了大量的培训工作：针对卖场可能发生的一切状况进行现场演练（防损部杜主管亲自在现场指导），每天进行五六次各种形式的演练，其中包括停电应急措施，以便在停电时做出灵活有效的应急处理。

开业当天，防损部又针对人员布控、防控等方面的工作做了周密细致的安排，这些充分的前期培训与准备工作在突然停电时有效地控制了现场秩序、平息稳定了顾客情绪。

资料来源：http://www.linkshop.com.cn，2003-01。

问题：试分析此案例中防损部是如何处理紧急事件的，可以从中得到什么启示？

二、单元实训

结合你所熟悉企业的防损管理情况，谈谈超市经营中最容易失窃的商品是哪种商品，最容易发生偷窃的时间是什么时间，面对这种现状我们应该采取的防损措施是什么？

第 13 章 顾客服务管理

【学习目标】

通过本章学习，了解顾客服务的分类及常见的服务项目，熟悉顾客服务应有的态度、知识和技巧，重点掌握处理顾客意见和投诉，培养顾客服务管理能力。

【案例导入】

顾客抱怨商品价格太贵

顾客：小姐，你们的东西为什么比别人贵！

服务人员：有什么问题，我可以为您服务吗（保持平静，将顾客引至一旁）？

顾客：像这个××洗发精，你卖26元，但是前面××超市人家才卖22.5元，为什么你们要赚得比人家多？简直是剥削消费者嘛！

服务人员：（仔细聆听，并且随时点头，眼神接触顾客，同时面露关心）在这里买了东西后，发现别的地方更便宜，心里一定很不舒服（运用同情心，同时将顾客的意见记录下来）。

服务人员：实在很抱歉，不过我们很感谢您给我们提供这些商品的信息，让我们了解应该改进的地方。我会将您的建议写在"顾客意见单"上并汇报店长和采购人员，我们一定会改善。如果您还有其他的问题，要不要我请店长出来，您直接告诉他（表示抱歉并提出解决方案）。

服务人员（在顾客同意之后）拿出"顾客意见单"请对方填写，同时填写"顾客投诉意见记录表"存档。

服务人员在处理后，通知店长及采购人员立即做市场调查，由连锁企业总部重新评估是否有修订售价的必要。若商品确有降价的变动，可打电话告知顾客，本店已经依他的建议予以改善。

案例分析：有关的研究资料指出，顾客就好比是免费的广告，关键是该免费广告所带来的是正面效应还是负面效应。当顾客有好的体验时会告诉5个其他的顾客，但是一个不好的体验可能会告诉20个其他的顾客。因此，如何让顾客成为连锁企业门店有利的免费宣传媒介，使连锁企业可以达到永续经营的目标，有赖于门店的营业人员能否谨慎处理顾客的每一个投诉意见。

13.1 顾客服务的分类及常见的服务项目

13.1.1 顾客服务的分类

顾客服务,从不同的角度划分,有以下几种类型。

1. 按售货过程的阶段分类

(1) 售前服务

售前服务即在商品出售以前所进行的各种准备工作,目的是向消费者传递商品信息引起其购买动机。这一阶段的服务包括提供商品信息、商品整理编配、商品陈列、货位布局、购物气氛创造等。

(2) 售中服务

在人员服务的门店中,售中服务表现为售货人员在与顾客交易的过程中提供的各种服务,如接待顾客、商品介绍、帮助选购、办理成交手续、包装商品等服务。在自我服务(自助服务)门店中,售中服务则表现为提供咨询、帮助顾客、促销商品、结算、包装等服务。

(3) 售后服务

售后服务即商品售出后继续为顾客提供的服务。一般来说,门店向顾客交付了商品,顾客向门店支付了金钱,销售就已基本完成。但对于一般的大件商品、高技术产品,消费者在购买后对商品运送、使用时发生的一些问题,需要门店提供进一步的服务。这类服务的目的是使顾客对门店感到满意,成为门店的回头客。售后服务包括:退换商品、送货、维修、安装,解决抱怨及赔偿,顾客回访等。

2. 从投入的资源分类

(1) 物质性服务

即通过提供一定的物资设备、设施为顾客服务。如零售商向顾客提供的信息室、电梯、试衣间、试鞋椅、寄存处、购物车、停车场等,使顾客使用这些物资设备感到方便。

(2) 人员性服务

即售货人员、送货人员、导购人员和咨询人员等提供的服务。他们提供的服务主要是劳务和信息的服务。零售业的服务人员要与顾客进行面对面的接触,他们的形象和素质往往对门店的形象有最直接的影响,也是消费者评价门店服务质量的一个重要标准。

(3) 信息服务

即向消费者传递门店与所提供的商品等方面的信息,使顾客了解商家、了解商品、帮助顾客作出适当的购买决策。门店提供的信息主要有POP广告、媒体广告、新闻宣传、商品目录、商品货位、人员介绍等。

(4) 资金信用服务

即提供消费者信贷,如提供赊销商品、分期付款、信用卡付款等。在提供信贷服务时,零售商应考虑自身的承受能力及消费者的偿还能力,但同时也应避免审查手续过于复杂,这样反而影响消费者的热情，损害门店的形象。

3. 按顾客需要分类

（1）方便性服务

即对顾客浏览选购商品提供便利。这类服务是任何业态的商家都应该提供的服务，也是门店的基本服务，满足顾客购物的基本需要。这类服务包括：提供方便的营业时间；商品货位有指示说明标志；商品陈列井然有序，色彩搭配协调；售货员具备基本的业务素质；有宽敞的停车场地等。

（2）商品购买的伴随性服务

即针对顾客在获得商品过程中的要求提供服务。这类服务与购买商品有直接联系，也是门店提供的促销性质的服务。如提供导购人员、现场演示、现场制作、送货、安装、包装等服务。

（3）补充性服务

即对顾客期望得到的非购买商品的需求提供服务。这类服务对顾客起着推动作用，能辅助门店成功地经营，可以说是推销性的服务。这类服务包括：休息室、餐饮室、自动取款机、寄存物品、电话咨询、订货、照看婴儿、停车等。这类服务能有效地吸引顾客、留住顾客，提高顾客在停留时间内的购买机会，同时也有助于体现门店的服务特色，树立门店的良好形象。

13.1.2 顾客服务的服务项目

商场服务的形式多种多样，下面是一些较常见的服务项目。

1. 预订购物

预订购物，对于市场上某些耐用消费品，为了满足顾客的消费需求，可以在成交前由顾客预交一定比例的订金，货到后门店按预定顺序结算付款。其优势表现为可以使顾客提前获得该商品的拥有感，并加速商品的销售速度。

2. 设置问讯处（咨询处）

问讯处一般设在商场底层的中心，工作人员一般是保持笑容、精通业务的年轻小姐。她们的主要任务，是让所有踏进商场的顾客高兴而来，满意而归。服务人员热心地向顾客介绍商场的布局，指导顾客到他们想去的柜台，充当顾客的购物参谋。有的问讯处还设有缺货登记簿，请顾客留下所需货品的名称、数量及联系方法，一旦有货，即通知顾客，或者送货上门。除此之外，问讯处一般还负责大额货币兑换、出借电话、出售月票等工作。

3. 金融方面的服务

门店在通常情况下是以现金交易为主，但是为了消费者购物方便及大金额的交易，商场还提供如下金融方面的服务。

（1）信用卡付款

顾客使用银行或企业自己发行的信用卡购物，可以省去携带大量现金的麻烦和不安全感。

（2）分期付款

分期付款服务，一般是针对价格较高的商品。在售出时只要求购买者先付一部分货款，顾客可以在买回商品后的一定时期内每期偿还一部分，期满结清货款。

这种服务既可以帮助顾客解决想买商品而又暂时财力不足的矛盾，又有利于加速商场商品和资金的周转,提高经济效益。

(3) 赊销

赊销是商场提供的最受欢迎的服务项目之一,它允许顾客先把商品买回家,然后再付款。只要处理得当,是可以为商场增加收入的,因为它可以推动顾客购买商品,为商场带来更多的营业额。当然,如果赊销政策过于宽松,也可能使商场利润减少。

4. 包装服务

为顾客购买的商品予以妥善的包装,是商场服务中不可缺少的项目。这种服务可以很简单,只要将商品放在纸袋或塑料袋中就可以了;当然也可能比较复杂,像精致的玻璃器皿,需要放在专门防破碎的盒子中。

门店提供包装服务时一定要与自己经营的商品以及商场的形象相适应。薄利多销的食品、杂品,只要简单地放在袋中就可以了;高级服装则往往放在合适的盒子或美观的购物袋中,以利于顾客携带回家。也可以将顾客购买的商品放在预先包装好的礼品盒中进行销售,以符合商场自身的整体形象。

许多商场为顾客提供礼品包装服务,有的收一点费用,有的则完全免费,包括礼品盒、缎带及印有商场名称标记的包装纸、包装袋,提供这种包装不仅是一种友好的表示,而且也是一种广告形式。

5. 送货与安装服务

对于体积大、较笨重的商品,商场应为顾客送货上门,必要时还要为用户安装调试。这种服务既给顾客提供了较大的方便,又可避免用户在安装调试过程中出现不必要的事故,以免影响到商品与用户人身财产的安全,还可以为商场增加回头客。

6. 邮购服务

邮购服务,是指商场对外地消费者求购的商品通过邮局寄送给顾客。这项服务方式的优点是节省顾客购买商品过程中所花费的时间和费用,促进商品销售。

顾客要求邮购的商品,一般体积较小,需求时间较紧。所以商场提供这种服务时,一定要注意弄清楚顾客地址,把商品包装牢固,并尽快发出。

7. 商品的退换

做好商品的退换工作,是商场提高服务质量的一项重要内容。各个商场的退换政策是不一致的,有的是坚决不退不换;有的是顾客至上,有求必应;也有的采取折中的政策。商场的退换政策如何,在很大程度上影响着顾客对商场的信任程度,进而影响到商场的营业额。超市的商品退换应根据《超市商品退换货制度》进行,以保证顾客满意,超出期望。

8. 商品的修理

任何装置有运动机件的产品,都是提供修理服务的对象。商场提供的商品修理工作,在商品保修期内实行免费维修,超过保修期则收取一定的费用。有条件的商场还应对大件商品提供上门维修服务。

为顾客提供此项服务,有助于为商场带来更多的销售额。因为对顾客来讲,所买商品出现故障以后能否得到及时的修理,是非常重要的。在提供有此项服务的商场购物,顾客就得到了保障,可以大胆放心地选购商品。

修理服务是门店服务中最难办理的服务之一。较好的修理服务,可以促进业务经营,为商场带来更多的销售额;反之,如果顾客得到的修理服务低于他们预期的标准,那么,他们今后就有可能不再来这家商场购物了。而且，还会把他们的不满告诉他们的亲朋好友，这样反而会影响商场的销售。

9. 形象设计服务

这是一项新兴的服务形式，它是由商场专门聘请形象设计师，为顾客进行的形象设计。设计师根据顾客的身材、气质、经济条件等情况指导顾客该留什么样的发型，化什么样的妆，买什么样的衣服，配什么样的饰物。此项服务很受顾客欢迎，大大刺激了顾客的购买欲，而且很多顾客是服装、饰物整套地购买。

商家与顾客之间的关系，是服务与被服务的关系，只有被服务者接受服务以后才有收获，商场才能增加销售。这项服务设身处地为顾客考虑，投其求美的心理，有效地调动了顾客的购买欲，从而达到了促销目的。

10. 租赁服务

有些商场对于一些价格较高、顾客在生活中有时会用到但使用机会很少的商品，开展租赁服务。例如，商场可以预备婚礼服装、用具等，顾客遇到婚庆活动，可以向商场租用，只要付给一定的租金就可以。提供这种服务可以使这些商品尽快进入使用过程，尽早发挥商品的使用价值，并且提高这些商品的利用率。另外，顾客在租借和送还这些商品的时候，还可能会顺便从商场买走一些相关商品。

11. 临时幼儿托管

现在很多大型商场设有幼儿托管室，凡携带幼儿来商场购货的顾客，都可以把幼儿寄托在这里，商场有专人负责照料。幼儿托管室除了备有各种玩具供幼儿玩耍之外，还提供一些糖果、点心等，这些对孩子的吸引力很大。

这项服务很受前来购物的携带儿童者的欢迎。因为带孩子到商场购物，往往因孩子吵闹玩耍影响了选购商品，无形中减少了在商场的停留时间；而有了幼儿托管室，顾客则可以放心购物，购物时间的延长，商场交易额自然会增加。

12. 提供休息室

有的大型商场利用一部分场地，开辟顾客休息室，供顾客来此休息和交谈。休息室一般准备一些报纸、杂志供顾客阅览，并出售各种饮料和小点心，有的还播放音乐、影片、新闻。

13. 提供连带销售

商场为方便顾客，在出售其主营商品之外，还兼营一些其他的商业项目。例如现在很多商场都设有快餐厅、小吃部等，向顾客提供饮料食品销售，这些连带销售使顾客融购物休闲为一体，满足了现代人快节奏生活方式的要求。有的商场还兼卖戏票和月票，甚至火车票、飞机票，这也很受顾客的欢迎。

以上这些都是比较常见的服务项目。除此以外，有些商场还提供一些其他服务，如：免费停车场、公用电话、彩色胶卷扩印、美容、为顾客购买的裤子免费改裤角等，这样给顾客及附近居民带来了极大的便利。

13.2　接待顾客的技巧

销售是营销人员与顾客之间的双向沟通，也是双方情感交流及心理活动的过程。销售的核心是耐心说服和正确引导顾客的购买行为。销售的目的在于满足顾客心理、情感等各方面的要求并实现销售目标。

13.2.1 接待顾客的准备

顾客在接受某项基本服务时，最基本的要求就是营业员能关注他直接的需求，能受到热情的接待；在不需要接待时，顾客就不希望营业员去打扰他。营业员要想能在接待顾客的过程中，呈现出良好的服务技巧，就必须事先做好充分的准备工作。具体来说，营业员在接待顾客之前应做好以下几个方面的准备工作。

1. 职业化的第一印象

对营业员来讲，穿着怎么样，给别人感觉是不是很专业，最好能让顾客一看到就能很快地判断出职业，甚至是职业水准。如你去医院看病，医生办公室门一开，你通常就能看出来，这个人是教授，是实习医生，还是护士。因此，营业员在欢迎顾客时一定要呈现出一个非常好的职业化的第一印象。

2. 欢迎的态度

欢迎的态度对顾客来说确实是非常重要的。一开始接待顾客的态度，将决定整个服务的成败。所以，对于营业员来说，在欢迎顾客时，一定要时常发自内心地展现微笑，要以一种欢迎的态度对待顾客。

3. 关注顾客的需求

关注顾客的需求就是要关注顾客的信息需求、环境需求、情感需求。

13.2.2 预测顾客的三种需求

营业员在接待顾客之前，应先预测一下顾客可能有哪些方面的需求，再分别地一一做好准备。

1. 顾客的三种需求

（1）信息需求

例如，去餐厅吃饭，那么会要求知道该餐厅都有什么菜，哪道菜是招牌菜，哪道菜的口味最好，多长时间能够端上来，价格是多少等，这些都称之为信息需求。

为了满足顾客的这种信息需求，就要求营业员事先做好充分的准备，不断地充实自己的专业知识。只有专业，才能提供令顾客满意的服务，才可能去满足他对信息的需求。

（2）环境需求

例如，在天气很热时，顾客希望这个房间里很凉爽。如果一次服务需要等候很长时间，顾客一定会需要有一些书刊、杂志等打发等待的时间，这些都叫作顾客对环境的需求。

很多大商场都有托管儿童的区域，作为家长来说，他们把孩子托给商场专门管理小孩的地方后就可以自由地去选购商品了，而商场在托管儿童区域设置了一些玩具，儿童们可以在里面尽情地玩。在麦当劳、肯德基里就设有专门的儿童乐园，以满足有小孩家长的需要。

在很多企业 SALES 的坐席上都有很好的隔音装置设备，就是为了让顾客清晰地听到营业员的话。为不同的顾客提供不同的消费环境，是留住顾客的一个重要手段。

（3）情感需求

顾客都有被赞赏、同情、尊重等各方面的情感需求，营业员需要去理解顾客的这些情感。如顾客可能说："你看，这么大热的天，到你们这儿来，我骑车已骑了半个小时，浑身都湿透了。"如果营业员能跟顾客说："今天天气是很热，我给您倒一杯水吧。"那么，顾客听后心里就会感到舒服很多。

满足顾客这种需求的难度是相当大的，要做好这方面的准备工作也是相当不容易的。这就需要营业员有敏锐的洞察力，能够观察到顾客的这些需求去加以满足。

2. 做好满足顾客需求的准备

营业员在认识到顾客的三种需求以后，就应该根据顾客的这些需求做好相应的准备工作。如果每个营业员能根据本行业的特点做好这三方面的准备工作的话，在真正面对顾客的时候就有可能为顾客提供满意的服务。

小资料 13-1

正在康复的老人

（1）信息需求

老人首先需要一套最佳最有效的康复治疗方法，这就要求康复中心的员工本身要有很强的专业知识，应能充分地去指导老人用最有效、最安全的方法使用这项器械进行治疗，以便尽快地恢复健康。

（2）环境需求

环境应该安静和舒适，房间的温度应该适宜。老年人的腰可能不是很好，那么给他垫一个枕头的话，他会相对地感到舒服一些。如果在康复器械的摇把上包一些柔软绒布的话老人会感觉到更舒服，那么能加上一些轻松的背景音乐的话，效果会更好。

（3）情感需求

如果说营业员能提供很好的专业知识，又能够提供很好的环境，然后在伴随老人进行康复治疗的过程中，尽量地陪他聊聊天，就能让他心情变得好起来；如果能说一些安慰和鼓励的话，老人就一定能很快康复，老人的心情就会变得更加地舒适。

资料来源：国际营销传播网，2005-02-19。

13.2.3 以顾客为中心

营业员应该紧密以顾客为中心，时刻围绕着顾客。

1. 主动接近顾客

导购营业员接近顾客，要以亲切的笑容，清晰的声音，适宜的语言主动打招呼欢迎。导购营业员要做好接待工作的思想准备，在顾客明确表示以前，一般不要问"您要买点什么"，而应该给顾客随意挑选的机会，也不可对站在面前的顾客不理，或者旁若无人地说笑，置顾客不顾。

2. 多用赞美之词

被赞美是顾客的共同心理，一句赞美之词可使交易成功。虽然有时顾客所提出的问题不准确，但是导购营业员要利用一些赞美的语言，而不是马上提出反驳的言辞。例如"您讲的也有道理"、"您懂得好多"或"应该向您多多学习"，但是不要露骨地拍马屁。

3. 微笑面对顾客

导购营业员在接待顾客的过程中，始终保持微笑，会令顾客感到十分亲切。板着面容对顾客会让顾客望而生畏，是不礼貌的行为，顾客也不会愿意在这种面孔下选购任何商品。

4. 营造和谐的商谈气氛

优秀的导购营业员应该为顾客营造一个和谐舒适的氛围，但要注意以下几点：
① 设法让顾客保持好感；
② 应表现出锲而不舍的精神；
③ 介绍商品条理要清晰，尽量让顾客相信；
④ 禁止让顾客久等，避免破坏洽谈气氛；
⑤ 一定要保持诚恳的态度；
⑥ 商谈要面带微笑，表情要显得温柔；
⑦ 要从顾客的角度、立场考虑问题。

5. 及时接待每位顾客

在销售高峰期，要加快接待的速度，做到准、快、美地进行服务操作，以缩短接待的时间。顾客多时要聚精会神地接待，适当地利用一些时间差，对缓冲顾客的等候时间很有作用。还要做到接待第一个，同时向第二个答话，使在场的顾客感受到亲切和被尊重。

6. 对产品要有信心

与顾客交谈时，顾客会提出许多的问题，如果导购营业员的回答不能让顾客满足，顾客将会对产品会没有信心，也就不会产生热忱。只有对公司商品相当了解，才可以累积丰富的经验，进而对商品有信心，对自己有信心。

7. 为犹豫性顾客做好导购

对犹豫不决的顾客，要保持理解的态度。顾客在购物时，经常由于缺少经验犹豫不决，应帮助顾客挑选商品，向顾客详细介绍商品的特点，使顾客解除疑虑，做出购买的决定。不要因为顾客挑选时间长而讲不礼貌的语言，这会造成顾客手忙脚乱。

8. 热情回答顾客的咨询

顾客在购买商品时会提出许多的问题，尤其是买手机、家电这样的高档商品，因其价格较高，希望多了解一些使用和保养的知识。导购营业员要热情解答，声音要轻柔，答复要具体，不可以害怕麻烦。

1) 观察顾客类型，确定讲解方案

通常顾客很难判定是属于哪一种类型，但可判定接近的是哪一种类型，试探性地用相应方法接近他、说服他。导购员一定要注意认真倾听顾客的感受，观察顾客行为，并做出相应服务措施。推销中尽量做到"一对一"，不要"多对一"（即几个人围着一个顾客讲解），以免给顾客造成围攻感觉。并且导购员之间口径要一致，相互配合。

2) 针对不同经济情况的顾客如何进行讲解

① 经济条件好的顾客。针对经济情况好的顾客可以立即推荐他使用。

② 一般工薪阶层。对于经济能力不是很宽裕的，应该站在他的角度，替他考虑。

③ 经济情况较差的顾客。对于经济条件较差的顾客就要先了解一下，循序渐进。

3）顾客购买心理的综合研究方法

① 注视。当顾客注意观看某种商品或伫立观看某广告牌的时候，导购员应注意观察顾客在留意什么商品，以此来判断顾客想购买什么。

② 兴趣。当顾客走近某种商品同时又用手触摸某类商品时，反映顾客对某种商品产生购买兴趣。这时要向顾客打招呼说"您来了"，并且说"请您随便挑选"，随后观察顾客的购买意图。

③ 联想。要使顾客联想到购买了某种商品后使用时的方便和愉快的心情等，导购员应主动介绍使用某种商品如何方便以及使用这种商品时心情愉快等。

④ 欲望。进一步促进顾客购买的欲望，举出某顾客买了某种商品后的实例，以促进顾客购买的欲望。

⑤ 比较。在顾客挑选商品时，应主动介绍某种商品的质量和功能等，以便于顾客比较。

⑥ 决定。顾客通过比较，决定购买某一种品牌。

通过以上对顾客不同购买心理的综合研究，导购员应采取各种介绍商品的方法，促使顾客决定购买某种商品。

4）对不同类型顾客的接待方法

① 慎重型。这类顾客在选购商品时，都是挑这个选那个，拿不定主意。对于这类顾客，导购员不能急急忙忙地说"您想用点什么啊？"而应该拿出两种以上的商品来，以温和的态度对比介绍。

② 反感型。尽管介绍的都是真实情况，顾客也认为是说谎骗人，这属于对导购员介绍商品抱不信任态度的顾客。对于这类顾客，导购员不应抱着反感，更不能带有怨气来对待顾客。

③ 挑剔型。对于介绍的商品"这个不行那个也不是"的比较挑剔的顾客，导购员对待这种顾客不要加以反驳，而要耐心地先听顾客讲，再有针对性地介绍，这是最好的办法。

④ 傲慢型。顾客在商内经常晃来晃去，意思好像在说："我是顾客啊！"导购员如果稍稍表现不耐烦或者没有面对着顾客，他就会提出抱怨和指责。对于这类顾客，最好采取镇静沉着的态度。

⑤ 谦逊型。当你介绍商品时，顾客总是听你作介绍，并且说："真是这样，对，对。"对待这样的顾客，不仅要诚恳有礼貌地介绍商品的优点，而且连缺点也要介绍。这样就更能取得顾客的信任。

5）了解顾客意图后接待顾客的方法

① 希望很快买到商品的顾客。指名要购买某种商品，这类顾客是为了买某种商品有目的而来的。导购员应迅速地接待他们，并应尽快地把商品包装好送给顾客。

② 观望的顾客。顾客对门店抱怀疑态度，不知这个店铺究竟如何，他一边观看橱窗一边犹豫地走进店内。对于这类顾客，导购员不必急于打招呼，应等待适当时机。

③ 无意购买的顾客。进店没有购买的意思，看看有什么合适的再说。这类顾客看到中意的商品后眼神就变了。这时候导购员要注意，主动打招呼。

④ 连带购买的顾客。顾客急于想连带购买其他商品，因此导购员应注视着顾客或跟随顾

客以促使其连带购买。

⑤ 希望和导购员商量后购买的顾客。顾客进门店后各处看，好像要找导购员打听什么似的。这时导购员要主动打招呼，并说"您来了，您想买点什么？"或"您好，需要帮忙吗？"

⑥ 想自己挑选的顾客。有的顾客愿意自己挑选商品，不愿让别人左右。对于这样的顾客，导购员只要注视着顾客就行了。

⑦ 下不了决心的顾客。有的顾客踌躇不决，下不了购买的决心。他们感到"买吧，也可以"，但心里又想"也许以后会赶上更好一些的商品"。对这样的顾客，导购员应该积极地从旁建议，推荐商品。

6) 接待顾客的方法

① 跟来的顾客。是跟着想买商品的顾客同来的，本人并无购买商品的愿望，但导购员如果亲切地接待他，他也可能要买点什么，或者会成为下次购买的顾客。"您看这个怎么样呢？"……导购员可以面向跟来的顾客这样征求意见。

② 年轻的伴侣顾客。往往是女性顾客的发言作用较大。导购员应展示商品给女顾客，请其挑选商品。

7) 接待顾客的时机

顾客进店后，如遇下列情况时，导购员应主动接待。当顾客注视某一种商品或注视某商品标价签的时候；当顾客较长时间在手里拿着某种商品的时候；当顾客的视线离开商品，向导购员的方向看的时候；当顾客对各种商品进行比较考虑的时候；当顾客拿出剪下的商品广告（DM快讯）或拿出笔记本对照看着商品的时候。

8) 了解顾客的爱好

顾客是抱着想买到自己需要商品的目的走进门店里来的，他一进门就走近自己关心的商品货位。导购员可以从以下几种情况了解顾客的爱好：

① 顾客走进门店后，最先拿到的商品；
② 指着在玻璃柜里放着的商品；
③ 顾客经过种种选择，拿过去放在一边（特殊放置）的商品；
④ 顾客多次注视和抚摸的商品；
⑤ 多次向导购员询问的商品。

9) 让顾客挑选什么商品好

各个门店经营的重点不同，让顾客先看什么、先挑选什么也不一样。

① 经营高档商品为主的门店。售货员应请顾客先看高档商品，看顾客的反应如何；然后再让顾客看中档商品。这样做，顾客很可能购买高档商品。

② 以经营中档商品为主的门店。应该先请顾客从中档商品开始看，根据顾客的反应再去看高档商品或低档商品，顾客多半可能购买中档商品。

③ 以经营低档商品为主的门店。售货员应该从低档商品介绍起；便于顾客比较，也要让顾客看看中档商品，这样顾客经过比较很可能购买低档商品。

售货员应该按以上的程序，主动地介绍本门店侧重经营的商品，辅以比较性地介绍，很可能达到预期的目的。

10）推荐商品的方法

售货员向顾客推荐商品，大体有以下几种要领：

① 售货员要拿好商品，尽量把商品交到顾客手里，便于顾客观看挑选；

② 食品一类的东西，能够品尝的，应尽量让顾客尝一尝；

③ 如鞋和服装一类能够试穿的商品，应尽量让顾客试穿一下；

④ 能够动的商品（如儿童电动玩具等），应让顾客看到动态；

⑤ 要选出某种商品本身的两个特点向顾客推荐介绍；

⑥ 一边向顾客拿递商品，一边向顾客介绍商品的用途、性能等。

按照上述要领向顾客主动地推荐、介绍商品，能够促进顾客购买。即使经推荐顾客仍不买时，售货员也不应表现出失望或不耐烦的表情。

按顺序推荐商品，售货员一般应做到会说会听。就是说，既能较详细地介绍商品，又能争取听到顾客的各种反映，要有次序地介绍商品。

（1）介绍商品是什么

有的售货员一看到顾客在看某种商品，马上就跑去介绍商品说"这个商品好"之类的话。这样并不好，正确的做法应该是在说这个商品好处前，要把这个商品是什么商品说明白。

（2）介绍商品的特点和用途

介绍这种商品和其他商品不同的地方；介绍该商品所具有的特征；还要介绍该商品的使用方法和最适宜的用途。介绍商品用途，也是出售商品的要点。

（3）介绍为什么具有这些特点

售货员虽然向顾客介绍了商品的特征、用途，适合在哪些方面使用等，但也有的顾客仍不理解，又提出"为什么是那样的呢？"之类的问题。这时，售货员必须用实际例子来证明。譬如说"很多顾客都愿意先购这个商品"，或介绍有多少顾客买去了这种商品。

（4）推荐其他商品

售货员介绍商品、说明商品的特征和用途后，要进一步说明"商品是按照顾客的需要购进的"，同时还可向顾客推荐说："请您顺便看看这个商品。"

为使推荐的商品能够符合顾客的愿望，以促使顾客购买，售货员必须注意琢磨顾客还可能需要什么，以便有的放矢地介绍其他商品。

11）商品脱销时接待顾客的方法

如顾客向售货员询问某种商品，门店已经卖完了，或者进货还没有运到时，售货员不能说"没有了"或"没货了"。这样答复顾客是不妥的，不及格的，应该说："不好意思，现在没货了。如您急用，来货马上给您送去好吗？"或者说："对不起，您要买的商品现在虽然没货，但是您看这个怎么样。这个商品不次于某某商品。"门店里如果有和顾客要买的商品相似的商品，可以按照以上说法试试看。

12）顾客对购买的商品不中意的时候

门店出售的某种商品，如果不符合顾客的心意，这时顾客会说："这个图案不好啊！"或者说："这个式样不好啊！"，这时售货员应回答："这个图案还算不错吧！还有再好点的，请您到这边来看看……"

13.3 顾客投诉管理

消费者与连锁企业接触的唯一场所就是"门店"。门店的销售现场就等于连锁企业的全部，门店服务不好将使整个连锁企业的形象受损，所以门店对于顾客投诉意见的处理是非常重要的。

连锁企业自我服务的方式比较传统的零售来说，更多地体现了顾客购物的自主性。它可以避免面对面柜台售货中营业员与顾客可能发生的较多冲突，但不能避免由于顾客对商品或服务的不满，而对连锁企业门店提出意见或投诉。因此，如何处理好顾客投诉意见，是连锁企业门店作业管理中的重要一环，处理得好，矛盾得到化解，企业信誉和顾客利益得到维护；反之，往往会成为连锁企业门店经营的危机。

13.3.1 顾客投诉意见的主要类型

顾客抱怨既是门店经营不良的直接反映，同时又是改革门店销售服务十分重要的信息来源之一。事实上，并非所有的顾客有了抱怨都会前往门店进行投诉，而是以"拒绝再次光临"的方式来表达其不满的情绪，甚至会影响所有的亲朋好友来采取一致的对抗行动。反之，如果顾客以投诉来表达其不满的话，至少可以给门店有说明与改进的机会。通常，顾客的投诉意见主要包括对商品、服务、安全与环境等方面。

1. 对商品的投诉

总的来说，各种业态连锁企业的顾客对商品的投诉意见主要集中在以下几个方面。

1) 价格过高

例如连锁超市或连锁便利店中销售的商品大部分为非独家经营的食品和日用品，顾客对各家门店的价格易于作出比较，因此顾客对超市或便利店中销售的商品价格敏感度高，顾客往往会因为商品的定价较圈内其他竞争店的定价高而向门店提出意见，要求改进。

2) 商品质量差

商品质量问题往往成为顾客投诉意见最集中的反映，主要集中在以下几个方面。

① 坏品。如商品买回去之后，发现零配件不齐全或是商品有瑕疵。

② 过保质期。顾客发现所购买的商品，或是货架的待售商品有超过有效日期的情况。

③ 品质差。尤其是连锁超级市场、便利店里出售的商品大都是包装商品，商品品质如何，往往要打开包装使用时才能判别或作出鉴定。例如，包装生鲜品不打开包装纸很难察觉其味道、颜色及质感的不新鲜；或者干货类的商品打开包装袋才能发现内部发生变质、出现异物、长虫，甚至有些在使用后才发现腹泻及食物中毒的现象。因此，打开包装或使用时发现商品品质不好，是顾客意见较集中的方面。

④ 重（数）量不足、包装破损等。

3) 标示不符

在连锁企业开架式销售方式下，商品包装标示不符往往成为顾客购物的障碍，因此也成为顾客意见投诉的对象。通常顾客对商品包装标示的主要意见有以下几个方面：

① 商品上的价格标签模糊不清楚；
② 商品上同时出现几个不同的价格标签；
③ 商品上的价格标示与促销广告上所列示的价格不一致；
④ 商品外包装上的说明不清楚，例如，无厂名、无制造日期、无具体用途说明或其他违反商标法、广告法的情况；
⑤进口商品上无中文说明等；
⑥商品外包装上所标示的制造日期与商品上打印的制造日期不符。

4）商品缺货

顾客对连锁企业门店商品缺货的投诉，一般集中在热销商品和特价商品，或是门店内没有销售而顾客想要购买的商品，这往往导致顾客空手而归。有些门店时常因为热销商品和特价商品卖完而来不及补货，从而造成经常性的商品缺货，致使顾客心怀疑虑，有被欺骗感，造成顾客对该连锁企业失去信心。这样不仅流失了老顾客，还损害了整个连锁企业的形象。

2. 对服务的投诉

开架式售货方式虽以顾客自助服务为主，但顾客还是有要求服务和协助的时候，顾客的投诉意见往往集中在这些方面。

① 门店工作人员态度不佳。门店工作人员不理会顾客的咨询，或对顾客的询问表现出不耐烦、敷衍、出言不逊等。

② 收银作业不当。如收银员的结算错误、多收钱款、少找钱；包装作业失当，导致商品损坏；货袋不完全，遗留顾客的商品；结算速度慢、收银台开机少，造成顾客等候时间过久等。

③ 现有服务作业不当。如顾客寄放物品遗失；寄放物品存取发生错误；自动寄包机收费；抽奖或赠品发放等促销活动的不公平；顾客填写门店发出的"顾客意见表"未得到任何回应；顾客的投诉意见未能得到及时妥善的解决等。

④ 服务项目不足。如门店不提供送货、提货、换零钱的服务；营业时间短；缺少某些便民的免费服务；没有洗手间或洗手间条件太差等。

⑤ 原有服务项目的取消。例如，取消儿童托管站；取消超级市场 DM 广告特价商品的销售等。

3. 对安全和环境的投诉

① 意外事件的发生。顾客在卖场购物时，因为门店在安全管理上的不当，造成顾客受到意外伤害而引起顾客投诉。

② 环境的影响。例如，卖场走道内的包装箱和垃圾没有及时清理，影响商品品质卫生；商品卸货时影响行人的交通；门店内音响声太大；门店外的公共卫生状态不佳；门店建筑及设施影响周围住户的正常生活等。

表 13-1 列示了连锁超市门店顾客不满的主要情况，以供参考。

表 13-1 连锁超市顾客不满的主要情况

1. 等候收银时间过长	4. 缺货
2. 生鲜部门营业人员未穿整洁制服	5. 收银员缺乏训练
3. 店内管理太差	6. 在使用电子扫描的超市内，商品没有标示价格

续表

7. 货架上没有标示价格	12. 对顾客的询问拒而不答
8. 通道上堆了太多的商品	13. 对新引进超市的食品没有提供食用资料
9. 补货的商品在货架顶上堆得太高	14. 购物高峰时间补货
10. 商品品名标示不够	15. 没有附设的卫生设备，例如洗手间等
11. 手推车坏了或者推不动	

13.3.2 顾客意见的投诉方式

为了让连锁企业的工作人员能以公正且一致性的态度对待所有顾客的投诉，也为了提高顾客投诉意见的处理效率，连锁企业经营者必须根据本身的企业规模、营业性质、顾客投诉的方式与类型，归纳出处理投诉时的基本原则与基本方式，并据以编制成手册，还可以作为日后连锁企业教育训练的教材。

通常顾客投诉的方式有电话投诉、信函投诉，直接到门店内或到连锁企业总部进行当面投诉这三种方式。根据顾客投诉方式的不同，可以分别采取相应的行动。

1. 电话投诉的处理方式

① 有效倾听。仔细倾听顾客的抱怨，应站在顾客的立场分析问题，同时可以利用温柔的声音及耐心的话语来表示对顾客不满情绪的支持。

② 掌握情况。尽量从电话中了解顾客所投诉事件的基本信息。其内容应主要包括4W1H原则——Who、When、Where、What、How，即什么人来投诉、该投诉事件发生在什么时候、在什么地方、投诉的主要内容是什么、其结果如何。

③ 存档。如有可能，可把顾客投诉电话的内容予以录音存档，尤其是顾客投诉情况较特殊或涉及纠纷的投诉事件。存档的录音带一方面可以作为日后有必要确认时的证明，另一方面可成为日后连锁企业门店教育训练的生动教材。

2. 书信投诉的处理方式

（1）转送店长

门店收到顾客的投诉信时，应立即转送店长，并由店长决定该投诉今后的处理事宜。

（2）告知顾客

门店应立即联络顾客，通知其已经收到信函，以表示出门店对于所投诉的意见极其诚恳的态度和认真解决该问题的意愿。同时与顾客保持日后的沟通和联系。

3. 当面投诉的处理方式

对于顾客当面投诉的处理，应注意以下几个方面。

① 将投诉的顾客请至会客室或门店卖场的办公室，以免影响其他顾客的购物。

② 不可在处理投诉过程中中途离席，让顾客在会客室等候。

③ 严格按总部规定的"投诉意见处理步骤"妥善处理顾客的各项投诉。

④ 各种投诉都需填写"顾客抱怨记录表"。对于表内的各项记载，尤其是顾客的姓名、住址、联系电话以及投诉的主要内容必须复述一次，并请对方确认。

⑤ 如有必要，应亲赴顾客住处访问、道歉、解决问题，体现出门店解决问题的诚意。

⑥ 所有的抱怨处理都要指定结束的期限，与顾客面对面处理投诉时，必须掌握机会适时结束，以免因拖延过长，既无法得到解决的方案，也浪费了双方的时间。

⑦ 顾客投诉意见一旦处理完毕，必须立即以书面的方式及时通知投诉人，并确定每一个投诉内容均得到解决及答复。

⑧ 由消费者协会移转的投诉事件，在处理结束之后必须与该协会联系，以便让对方知晓整个事件的处理过程。

⑨ 对于有违法行为的投诉事件，如寄放柜台的物品遗失等，应与当地的派出所联系。

⑩ 谨慎使用各项应对措辞，避免导致顾客的再次不满。

注意记住每一位提出投诉意见的顾客，当该顾客再次来店时，应以热诚的态度主动向对方打招呼。

13.3.3 建立顾客投诉意见处理系统

对连锁企业来说，虽然顾客的投诉意见大多发生在下属的各个门店，但为了防止由于一个门店的处理不当而波及连锁企业全系统门店，建立顾客投诉处理系统是十分重要的。连锁企业应当把顾客投诉意见处理系统纳入整个企业的服务系统中，既要有统一的处理规范，又要培育服务人员及有关主管人员的处理技巧。

1. 顾客投诉意见处理系统的规划

顾客投诉意见处理系统具有两大功能：一是投诉意见的执行功能；二是投诉意见的管理功能。其内容如表 13-2 所示。

表 13-2 顾客投诉意见处理系统的两大功能

执 行 功 能	管 理 功 能
*受理顾客的投诉意见	*流程控制
*时间的记录与分类	门店立即处理的事件
*处理	由总部处理的事件追踪
了解事实	*记录存档
解决问题	*资料存档
处理事件的过程	*资料统计与分析
顾客回应	*评估
善后追踪	*建议
*呈报	*责任规划
店长	*奖惩
总部的相关部门	*政策的制定与执行
记录的传送	*公布

连锁企业应该对顾客投诉意见处理系统进行系统的规划，主要应做好以下几个方面的工作。

① 建立受理顾客投诉意见的通道。如投诉电话、投诉柜、意见箱等。

② 制定顾客各类投诉的处理准则。

③ 明确各类人员处理顾客投诉意见的权限及变通范围。

④ 必须将投诉事件进行档案化管理，并由专人负责整理、归纳、分析和评估。
⑤ 经常通过教育与训练，不断提高门店服务人员处理顾客投诉意见的能力。
⑥ 对所有顾客投诉意见要及时通报，并对有关责任人员作出相应的处理。

2. 顾客投诉意见处理系统的权责处理层次划分

连锁企业对顾客投诉意见处理系统进行系统的规划后，就必须根据该系统的每一项功能来划分投诉意见处理的权责层次，以及每一层次所拥有的处理权限。就一般连锁企业的组织形态而言，顾客投诉意见的权责处理一般分为三个层次。

（1）门店服务人员或部门管理人员

在连锁企业门店的每一位服务人员都有可能接触到顾客的投诉，尤其是服务台的工作人员，其本身就肩负着受理顾客投诉意见的功能。因此，连锁企业在事前都会明确基层服务人员或部门管理人员的任务并授予其处理顾客投诉意见的具体权限，让门店现场直接发挥顾客投诉意见处理系统的执行功能。如果所有的小事都要逐一向店长汇报同意后才能够处理，必定会进一步引发顾客的不满情绪，就是从处理事情本身的时间成本来看，也是非常不经济的。

因此，对门店的商品缺货、通道不畅、价格标签错误、单纯的收银错误等可以立即处理的事件，或者是顾客附带的建设性意见，则可由基层服务人员或该层级部门管理人员根据连锁企业总部的既定政策及个人的经验与判断后，当场作出处理，给予消费者比较满意的答复，并做好相应的记录，事后及时向店长汇报。

（2）门店店长（或副店长）

门店店长在顾客投诉意见处理的权责上，除了有执行的功能外，还有管理的功能。

就执行而言，对一些并非只涉及单纯的商品赔偿的事件，基层服务人员与部门管理人员在权限上往往无法处理，必须立即转给店长，由店长亲自来处理，以免因处理不当再次发生顾客投诉。店长不在时，则由副店长代为负责处理顾客诉怨。例如，顾客购买到品质不佳或过期商品、因食用门店内的商品而造成食物中毒，以及各种服务上和安全上的投诉等。

门店店长除了具有一定的处理权限外，对顾客的投诉意见处理还有管理的功能。店长要负责将投诉意见及时汇总上报，并参与投诉事件责任确定、作业与管理具体改进措施的建议等投诉管理处理工作。

（3）连锁企业总部专职部门经理

在顾客意见处理系统中，有关属于决策性质的管理，例如投诉事件的整理分析、评估、建议、重大事件的追踪，处理政策拟定和具体奖惩条例的公布等，都应由连锁企业总部专职部门经理负责处理。对于一些具有较大社会影响的投诉事件，甚至需要由连锁企业总经理亲自来处理。例如门店的重大意外事故、食物中毒及由消费者协会转来的投诉事件等。

连锁企业在规划顾客投诉意见处理系统的权责层次时，应尽量将层级缩减，避免因门店的层层汇报而降低处理的效率，或增加处理成本。各层级在处理顾客投诉意见时，都必须按照总部所制定的投诉处理原则操作。对于无法处理的投诉事件，必须在事态扩大之前，迅速将事件移交至上一层的权责单位处理。

13.3.4 顾客投诉意见的处理程序

顾客投诉意见处理的基本原则是：妥善处理每一位顾客的不满与投诉，并且在情绪上使之觉得受到尊重。因此，在处理顾客投诉意见时应遵循如下程序。

1. 保持心情平静

（1）就事论事，对事不对人

当顾客在门店的购物行为无法得到满足时，自然地就会产生抱怨，甚至前来投诉。当顾客对着门店工作人员发泄其不满时，往往在言语与态度上带有激动的情绪，甚至有非理性的行为发生。面对这种不满的发泄或是毫无尊重的责骂，很容易使接待或处理该顾客投诉意见的工作人员，觉得顾客就是在指责他个人，在顾客情绪的感染之下也很容易被激怒，而产生与其对抗性的态度与行为，甚至不再愿意处理顾客的投诉。事实上这是一种最不好的处理方式，因为这样只会导致彼此更多的情绪反抗与更加紧张的气氛。

其实顾客的投诉意见，只是针对门店本身或所购买的商品，并不一定针对个别的服务员。由于正面的态度，往往可以让顾客产生正面的反应，很多事情并不需要用冲突的方式来解决。因此为了降低顾客气氛的情绪，让彼此可以客观地面对问题，一开始最好的处理方式，是心平气和地保持沉默，用和善的态度请顾客说明事情的原委。

（2）以自信的态度来认知自身的角色

每一位处理顾客投诉意见的工作人员，都身负着连锁企业代表和顾问代表的双重身份。连锁企业要依靠工作人员来处理各种顾客投诉意见，最终满足顾客的需求，为连锁企业带来营业上和形象上的双重利益；同时顾客也必须通过工作人员，来表达自己的意见和消费权益。因此，工作人员必须以自信的态度来认知自己的角色，让连锁企业和顾客都得到最大的利益，而不是以逃避的态度来忽略自己的重要性。

2. 有效倾听

有效倾听就是为了让顾客心平气和。一般顾客对门店有意见前来投诉，其情绪都是比较激动，甚至是非常激动的，接待人员应保持平静的心情，善意接待。

所谓**有效倾听**，是指诚恳地倾听顾客的诉说，并表示完全相信顾客所说的一切，要让顾客先发泄完不满的情绪，使顾客心情得到平静，然后倾听顾客不满发生的细节，确认问题的所在。

不论是什么样的诉怨，都不要试图马上为自己辩解，应让顾客尽情地说完，顾客会因满足感而感到安慰，坦白说出。最不好的情况就是试图辩解，做一些言语上的辩解，只会刺激顾客的情绪，这最容易引起顾客的反感。同时，在倾听过程中，也千万不能让顾客有被质问的感觉，遇到不明白的地方，应以婉转的方式请顾客说明情况，例如："很抱歉，刚才有一个地方我还不是很明白，是不是再向您请问有关……的问题。"并且在顾客说明时投以专注的眼神，随时以间歇的点头或"我懂了"来表示对问题的了解情况。

如果无处理权限的员工遇到顾客诉怨时，也必须在不打断顾客说话的前提下，可以委婉地向顾客解释说："很抱歉我们给您带来了麻烦，但是我无权给您一个满意的答复，万一答错的话反而再给您添麻烦，所以还是让我马上去请我们的负责人来，请您稍等。"然后立即去找相应的负责人。

3. 运用同情心

在有效倾听顾客投诉的事情原委后，应以同情心来回应顾客的投诉意见，要不带任何偏见地站在顾客的立场来回应顾客的问题，即扮演顾客的支持者角色，让顾客知道接待人员对问题的了解和态度。例如当顾客投诉买的裤子在穿到单位才发现两个裤脚有长短，此时可以回应顾客:"我知道那种感觉一定非常尴尬。"而对于顾客不合理的诉怨,切不可擅发议论与对方发生争辩。即使顾客的诉怨的确不合理,也不可以说:"你是错的!"有时可以温柔地赞许顾客的说法且富有感情,可能就因为这样而意外解决了顾客的投诉。

4. 表示道歉

不论顾客提出的意见,其责任是否属于本连锁企业门店,但如果店方能够诚心地向顾客表示道歉,并感谢顾客提出的问题,这就是顾客衡量该连锁企业对自己是否尊重的重要因素。

就连锁企业而言,如果没有顾客提出投诉或意见,就往往不知道自己连锁系统门店中尚存在的不足和需要改进的地方,应把顾客的投诉意见视作对本门店的关心和爱护。顾客是好意才会说出诉怨,如果觉得很烦,自然会认为顾客是在找麻烦,所以切不可忘记顾客的好意。因为对绝大多数顾客而言,他们对门店的投诉意见,是希望所提出问题能得到改善和解决,使他们能继续光临门店,并得到良好的服务。

因此,顾客投诉从表面上看似乎是门店经营上的危机,但若能将其处理得当,使这些投诉化为顾客对门店忠诚度与关系的建立,将使顾客再度光临,同时也促进门店因顾客的投诉而更加进步,给连锁企业带来更多有形和无形上的利益。所以,应向任何一个投诉的顾客道歉并表示感谢。

5. 分析顾客投诉的原因

(1) 抓住顾客的投诉重点

掌握顾客投诉问题的重心,仔细分析该投诉事件的严重性,要判断问题严重到何种程度。同时要有意识地充分试探和了解顾客的期望,这些都是处理人员在提出解决方案前必须先评估的部分,这一点对于门店也是至关重要的。因为多数消费者的要求往往低于门店的预期。例如某位顾客在超市买了一块并未过保质期的蛋糕,回家后未食用就发现蛋糕上有霉点,经门店处理负责人了解该顾客前来投诉只是希望退款,因此在店方诚恳地道歉并附上全额退款后,顾客满意而归。而如果严格按照《消费者权益保护法》,超市方应作出退一赔一的补偿。可见,店方在了解事实的基础上,注意了解顾客对门店有何预期,若希望店方赔偿,其希望的方式是什么,赔偿的金额是多少等。

(2) 确定责任归属

顾客投诉意见的责任不一定是店方,可能是供应商或是顾客本人所造成的,因而门店应确认责任归属。如责任在于门店,门店应负责解决(例如,销售了已过保质期的商品);如责任在于商品生产厂商,门店应负责联络厂商共同协助解决(例如,奶粉内发现了异物);如责任在于顾客,店方则要心平气和地作出令顾客信服的解释,并尽可能提供顾客其他建议等补救措施(例如,顾客投诉特价商品缺货,而此项缺货是在 DM 广告上明确注明售完为止的商品,但顾客并未注意)。随着责任归属的不同,门店提出的解决方案就会不同。

6. 提出解决方案

对所有的顾客投诉意见,都应有处理意见,都必须向对方提出解决问题的方案。在提出解决方案时,以下几点必须加以考虑。

(1) 连锁企业既定的顾客投诉意见处理规定

一般连锁企业对于顾客的投诉意见都有一定的处理规定。门店在提出解决顾客投诉的方案时,应事先考虑到连锁企业的方针以及顾客投诉意见的有关处理规定,既要迅速,又不能轻率地承担责任。考虑到连锁企业的既定方针,主要是为了研究能否立刻回复顾客,有些问题只要援引既定的办法，即可立即解决。例如门店商品的退换货的处理等。至于无法援引的问题，就必须考虑到连锁企业的原则作出弹性的处理，以便提出双方都满意的解决办法。

（2）利用先例

处理顾客投诉最重要的事情之一，就是要让每一个投诉事件的处理质量具有一致性。如果同一类型的顾客投诉意见，因为处理人员的不同而有不同的态度和做法，势必让顾客丧失对这家连锁企业的信赖与信心。因此，处理负责人在处理顾客投诉时要注意适当地利用先例，和以前类似顾客投诉事件相比，了解是否有共通点，参照该投诉事件的解决方案，即处理同类抱怨问题的方式基本保持一致。如果同一类型的顾客投诉意见，因为处理责任人员的不同而有不同的态度和处理方案，势必让顾客丧失对这家门店的信心。而对于门店来说，能坚持以公平一致性的态度对待所有顾客的投诉，也能提高门店对顾客投诉意见处理的效率。

（3）让顾客同意提出的解决方案

处理人员所提出的任何解决方案，都必须亲切诚恳地与顾客沟通，以期望获得顾客的同意，否则顾客的情绪还是无法回复。若是顾客对解决的方案仍然不满意，必须进一步了解对方的需求，以便做新的修正。有一点是相当重要的，即对顾客提出解决方案的同时，接待和处理人员必须尽力让顾客了解，他们对解决这个问题所付出的诚心与努力。

7. 执行解决方案

（1）亲切地让顾客接受

如果是权限内可处理的，应迅速利落、圆满地解决。此时应向顾客陈述解决的具体方法并详细说明，以促使顾客愉快地接受。当双方都同意解决的方案之后，门店就应立即执行该解决方案。

（2）不能当场解决的投诉

若因为种种原因（如不在负责人的权限范围内，必须与厂商联系后方能答复等），门店不能当场处理该顾客的投诉，应告诉顾客原因，特别要详细说明处理的过程和手续，双方约定其他时间再做出处理。此时应将经办人的姓名、电话等告知顾客，并留下顾客的姓名与地址等联系方式，以便事后追踪处理，这样可消除顾客有被店方打发或推卸责任的想法。在顾客等候期间，处理人员应随时了解该投诉意见的处理过程，有变动必须立即通知对方，直到事情全部处理结束为止。

至于移转总部或其他单位处理的投诉意见，也必须了解事情的发展情况，进行定时的追踪。如果顾客有所询问时，应迅速且清楚地回应对方。

8. 检讨

（1）检讨处理得失

在解决顾客投诉的整个过程中，投诉负责人必须在总部设计的统一的顾客投诉意见处理记录表上进行书面记录，深入了解顾客的想法，这样顾客也会回以慎重的态度。

每一次顾客投诉意见记录，门店都将存档，以便日后查询，并应定期检讨产生投诉意见的原因，从而加以修正。在检讨时有两点是需要管理者注意的：一是许多投诉都是可以事先预防的，门店若一旦发现某些投诉意见是经常发生的，具有普遍意义的，就必须组织力量进行调查，追查问题的根源，明确此类事件的处理方法，并及时作出改进管理和作业的规定，以尽量杜绝今后此类事情再次发生；二是若属偶然发生或特殊情况的顾客投诉意见，门店也应订出明确的规定，作为再遇到此类事件的处理依据。

(2) 通报

对所有顾客的投诉意见,其产生原因、处理结果、处理后顾客的满意情况及门店今后的改进方法,应及时用各种固定的方法,如例会、动员会、晨会或者是连锁企业的内部刊物等,告知门店的所有员工,使全体员工能迅速改进造成顾客投诉意见的种种因素,并充分了解未及时处理投诉事件而造成的不良影响,以防止今后类似事件再次发生。

表13-3是某超市的顾客投诉意见处理记录表,以供参考。

表13-3 某超市顾客投诉意见处理记录表

编号:

顾客姓名		受理日期	
地　　址		发生日期	
联系电话		最后联系日期	
投诉项目		结束日期	
发生地点		投诉方式	
投诉内容:			
处理原则:			
处理经过:			
处理结果:			
处理接待人员:			
意见备注:			

13.3.5 建立顾客关系管理制度

顾客关系是连锁企业与顾客之间的外部公共关系,是连锁企业赖以生存和发展的土壤。顾客关系处理的好坏,直接关系到连锁企业的命运。建立顾客关系管理制度,门店通常可从以下几个方面开展工作。

1. 消费者意见访问

① 操作方法。连锁企业可以设置网址、意见箱,或进行人员访问和电话访问。

② 顾客对象。本连锁门店的消费者以及商圈内潜在消费者。

③ 时间安排。网址与意见箱可以长期实施,人员及电话访问则可以根据需要而不定期实施。

④ 执行要点。要重视消费者提出的意见和建议,及时改正和采纳;网址和意见箱要定期察看,长期实施,否则就不要轻易设置;向消费者征求意见的访问要有明确的主题,以便于消费者有针对性地回答;对提供意见者要给予奖励,每月抽奖并公布姓名,以鼓励这些参与者。

2. 适时的祝贺

① 操作方法。根据门店消费者资料卡上的信息,适时地向消费者寄发生日卡、节庆贺卡等,代表门店向其表示祝贺。

② 顾客对象。本门店消费者。

③ 时间安排。在特定日期前一日或当天寄到,例如生日、父亲节、母亲节、"六一"儿

童节、圣诞节等。

④ 执行要点。卡片一定要由店长亲笔具名，不可采用印刷方式；贺卡应在特定日期前一日或当天寄到，绝对不要逾期；卡片形式要每年更换；贺卡寄出后，最好在特定日期当天再由店长以电话方式恭贺，更显诚意。

3. 提供日常生活信息

① 操作方法。在卖场内特定商品的前方制作POP，说明商品的特色用途或食用（使用）方法；在服务台免费派送消费信息印刷品；也可利用门店设置的固定公布栏来提供日常生活信息。

② 顾客对象。本店消费者。

③ 时间安排。以定期的方式，如每周或每月更新一次为宜。

④ 执行要点。门店所提供的信息要有知识性、科学性和趣味性；要注意控制好成本；门店还应有计划地长期实施，并不断更新。

4. 成立商圈顾问团，聘请消费者服务员

① 操作方法。可由门店店长出面，邀请商圈内经常购物的消费者，或公开召集热心提供意见的顾客，来担任连锁企业门店商圈顾问团的团员/消费者服务员，并由店长担任召集人，定期举行咨询会议。

② 顾客对象。热心且长来门店购物的消费者，一般以6~16人为宜。

③ 时间安排。每月举办一次，每次最好不要超过2小时。

④ 执行要点。每次会议前要将主要议题事先告知参与者，以便其准备，以提高会议的效率。主持人要引导讨论，并记录各成员的意见，不要轻易地下结论。每次会议前，应该公布上一次会议采纳意见的情况及实施成效，并向所有参与者赠送纪念品。

5. 举办公益活动

① 操作方法。发起慈善公益活动，如献血、救济（商圈内的特困学生、老人）；关心社区环保公益活动，如认养动物、树木等；关心社会公益活动，如赞助当地消防队救火器材、赞助当地学校等。

② 顾客对象。商圈内待帮助的人、事或物。

③ 时间安排。随时把握社会动态，不定期实施或长期实施。

④ 执行要点。应选择与本连锁企业经营理念相符合的项目来实施；可鼓励附近门店或其他公益团体共同举办；以新闻的方式加以宣传；掌握社会热门话题。

小资料13-2

商品缺货致使顾客投诉

一位顾客到超市购买某项特价商品，发现货架上空无一物，于是前往服务台抱怨。其处理程序如下：

顾客：小姐，你们这是什么超市嘛！

服务人员：有什么问题，我可以为您服务吗（保持平静，将顾客引至一旁）？

顾客：为什么我每次到你们店里面来买特价商品总是买不到？像这次3千克的"××

色拉油",宣传单上明明写的特价持续时间为一个星期,而我第三天来买就没有了,把我们当傻瓜呵,这不是欺骗顾客吗?

服务人员:(仔细聆听,并且随时点头,眼神接触顾客,同时面露关心)我很理解您大老远来一趟,买不到自己想要的东西时,心里一定很不舒服。实在抱歉又让您白跑了一趟,我们已经跟厂商联络了,但货还没有送到,是不是可以请您填一张取货单,留下您的姓名与地址,等货送到后,我们马上通知您。

服务人员(在顾客同意之后)拿出取货单请对方填写,同意填写"顾客投诉意见记录表"。货品送到之后,立即通知顾客前来取货。

服务人员在处理完以上问题后,通知店长及采购人员立即联络厂商,并重新估计正确的订货量,避免再度发生因店内订货不足而导致顾客投诉,影响连锁超市的形象。

13.4 服务中心管理

服务中心即服务台是连锁企业门店专门为顾客提供各种服务的设施。其通常设置在门店的入口附近(也有些设置在收银台里面),服务范围相当广泛,如提供寄包、导购、开发票、修配、包装和解决顾客与门店的纠纷等各种服务措施。一个经过良好规划的服务台,不仅可以为顾客提供许多额外的服务,增加顾客购物的便利性,而且还是塑造连锁企业亲和力的奇兵。服务台的作业管理项目大致有下列几项。

1. 接听电话

① 接听电话时,应亲切礼貌地先告诉顾客"××超市,你好"或者"服务台,你好"。经常将"请"、"谢谢"、"对不起"、"请稍等"、"让您久等了"挂在嘴边,给顾客带去亲切感。

② 随时准备便条纸,将对方的留言确实记录下来,以便事后处理。

③ 如接听到的是顾客投诉意见的电话,应严格按照连锁企业总部的规定来处理。

④ 通话完毕,应将听筒轻声放下。

2. 提供咨询、导购

对于顾客的任何询问,应报以礼貌的态度,并且在耐心地聆听之后,给予具体的回答,绝对不可以漫不经心地回答,或者随手一指。如果必须以手势说明方向时,应将手心朝上。对于顾客的询问,如果无法或没有把握给予满意的答复时,必须立即请店长出面处理。

3. 广播服务

服务台的广播工作,除了有对内的业务联系之外,还有对外的促销广播、音乐广播,以及服务广播等。各连锁门店应事前准备好日常的广播目录,以及广播的内容。

(1) 促销广播

频繁的促销广播,可以使店内的气氛更加活跃,让顾客对店内的促销活动有深刻的印象,进而带动店内业绩的成长。促销广播必须每隔一段固定时间就广播一次。广播时,应先拟好广播词并先行默念几次,以力求词语的通畅。念广播词时,音量要适中,音质要明亮柔美,并且不急不缓,切不可夹带嬉笑声播放出来。

(2) 音乐广播

根据连锁店特有的性质，其服务人员相对较少，消费者实行自助服务，这样可能使得连锁店的人员服务不如其他门店做得细致而广泛。因此，更应表现出区别于其他门店的服务特色。而门店适宜的背景音乐就是顾客购物时所愿意接收的附加产品价值。

4. 顾客寄包服务

服务台提供顾客寄放随身包袋或大件商品，除了可以让顾客方便购物之外，也可有效预防顾客将商品暗藏包装袋内而不予结账的行为发生。顾客寄包时应注意下列事项：

① 每一个寄包柜均应配备两块号码牌，两块号码牌的号码必须一致，并且在顾客寄包核对后，一起交由顾客保管，作为领取时的证明；
② 对敞开的包袋，应要求顾客闭合，或当着顾客的面将包袋扎口闭合；
③ 应用双手接过顾客的包袋，防止由于断带、破裂或脱底等而与顾客发生纠纷；
④ 轻拿轻放，防止顾客包袋内物品损坏；
⑤ 必须将顾客寄存的包袋放在规定的位置，不得放在柜面上；
⑥ 不得擅自查看顾客寄存包袋内的财物或摆弄顾客的包袋；
⑦ 提高警惕，防止顾客寄存的包袋被偷被抢；
⑧ 上岗时，不得擅自离岗，如必须离开时，一定要有人顶岗才能离开；否则，发生事故，由寄包人员全部负责；
⑨ 顾客领取包袋时，一定要看清楚号码牌上的号码，拿出正确的寄物后，再仔细核对一遍包袋上号码牌上的号码，切不可混淆。如发生错领事件时，应立即报告店长。

5. 顾客投诉意见处理

顾客前来投诉时，应严格按照连锁企业总部制定的作业规范来处理，绝不可与顾客发生任何争执。

6. 顾客遗忘物品的处理

当顾客有未带走的物品、未领回的寄存物品，或者是有顾客前来寻找（询问）遗失的物品时，必须在顾客丢失物品记录表上登记，以备顾客前来拿取，或者是有人拾到遗失物品时得以迅速归还失主。

为了确保管理并有效控制顾客遗忘或拾到的物品、现金，以及任何有价证券，店长必须确认每一笔遗失物品均如实填写在记录表内，具体处理通常要注意下列事项。

① 请拾到物品的顾客或员工将拾到商品的名称，清楚确切地填入顾客丢失物品记录表内。
② 若有顾客前来寻找丢失的物品时，应先请顾客详细地描述所丢失物品的内容。如果没有找到，应先登记在顾客物品记录表内，并留下失主的联系电话和地址，待有人拾到时，再立即通知失主前来认领。如数天后仍无人送回，也应告知失主。
③ 如果拾到的是现金、有价证券，以及贵重的物品时，应在登记后立即存放到特定的地方保管（如门店的保险箱），并及时向上级主管汇报，若24小时内仍无人认领则须转报公安机关。
④ 所有丢失物品的处理应统一在服务台作业，应请领取者签名以示负责。
⑤ 店长应注意避免门店员工私自收藏顾客丢失的物品、现金等，或者串通熟人假冒失主前来领取。

表 13-4 为某超市顾客丢失物品记录表，以供参考。

表 13-4　某超市顾客丢失物品记录表

日期	拾到物品（丢失）地点	拾到（丢失）物品内容	报失者姓名、地址和电话	承办人	领取者签名	备注

本 章 小 结

顾客服务管理是一个企业在经营中的重要环节。本章重点讲述了顾客服务的分类及常见的服务项目，接待顾客的技巧，顾客投诉管理，服务中心管理等内容。

基 本 训 练

一、知识题

（一）选择题

1. 按售货过程的阶段分类，顾客服务可分为（　　）。
　　A. 售前服务　　　B. 售中服务　　　C. 售后服务　　　D. 一体化服务
2. 很多大商场都有托管儿童的区域，作为家长来说，他们把孩子托给商场专门管理小孩的地方后就可以自由地去选购商品了，而商场在托管儿童区域设置了一些玩具，儿童们可以在里面尽情地玩。他们是满足（　　）。
　　A. 信息需求　　　B. 环境需求　　　C. 顾客的情感需求　D. 顾客的生理需求
3. 商场兼卖戏票和月票属于（　　）服务。
　　A. 租赁服务　　　B. 提供连带销售　C. 形象设计服务　　D. 金融方面的服务
4. 针对顾客在获得商品过程中的要求而提供的服务属于（　　）。
　　A. 方便性服务　　　　　　　　　　B. 商品购买的伴随性服务
　　C. 补充性服务　　　　　　　　　　D. 人员性服务

5. 当你介绍商品时，顾客总是听你作介绍，并且说："真是这样，对，对"。对待这样的顾客，不仅要诚恳有礼貌地介绍商品的优点，而且连缺点也要介绍。这样就更能取得顾客的信任。这种顾客属于（ ）的顾客。

  A. 谦逊型   B. 挑剔型   C. 慎重型   D. 傲慢型

（二）判断题

1. 休息室、餐饮室、自动取款机、寄存物品、电话咨询、订货、照看婴儿、停车等，这类服务能有效地吸引顾客、留住顾客，提高了顾客在停留时间的购买机会，同时也有助于体现门店的服务特色，树立门店的良好形象。（   ）

2. 以经营低档商品为主的门店，售货员应该从低档商品介绍起，便于顾客比较；也要让顾客看看中档商品，这样顾客经过比较很可能购买低档商品。饱和指数越大，表明目前商圈内饱和度相对越高，新开店的市场占有率就越低。（   ）

3. 顾客对专卖店抱怀疑态度，不知这个专卖店究竟如何，他一边观看橱窗一边犹豫地走进店内。对于这类顾客，导购员不必急于打招呼，应等待适当时机。（   ）

4. 在服务人员无法为顾客解决问题时，就必须尽快找到具有处理决定权的人员来解决，如果让顾客久等之后还得不到回应，将会使顾客又回到气愤的情绪上，前面为平息顾客情绪所做的各项努力都会前功尽弃。（   ）

5. 当顾客有未带走的物品、未领回的寄存物品，或者是有顾客前来寻找（询问）遗失的物品时，必须在顾客丢失物品记录表上登记，以备顾客前来拿取，或者是有人拾到遗失物品时得以迅速归还失主。（   ）

二、思考题

1. 可以从不同的角度看，顾客服务可划分为哪几种类型？
2. 接待顾客的准备工作主要有哪些方面？
3. 怎样理解正在康复的老人案例中的各项需求？
4. 简述顾客投诉意见的各种类型。

观 念 应 用

一、案例题

正确对待顾客投诉

在美国有一家地方性超级市场，这家超级市场的规模不大，它是由父子俩联手经营的。但由于其建立特殊的关系制度，以至于许多顾客不远千里开车来买商品，它的成功秘诀是什么呢？根据其经营者的介绍，他们的做法如下：

① 每天在店内与顾客寒暄打招呼，并寻找机会询问顾客的意见；

② 设置顾客意见箱，每天早上将前一日顾客投入的意见书逐一地进行审阅，并寻求门店的改善之道；

③ 每周一次邀请热心的消费者，以座谈会的方式与消费者进行双向沟通意见，了解门店的需改进之处。

正是因为经营者非常重视如何正确处理顾客关系，因而门店的许多建设性的改善做法大都来自于顾客的意见。这样做也让提案的顾客，感觉真正受到重视，而且这是他们参与规划的卖场或商品，自然要常来捧自己的场了。

例如，该超市原先所销售的鱼产品，一直是加工处理好作成包装后再销售的。但常常接到顾客的抱怨，认为鱼产品被包装在宝丽龙盒中，其中的产品可能不新鲜（但顾客并无确实的证据）。鱼产品部门听到此类抱怨，心里十分反感，因为事实上这些鱼产品都是每天早上直接从渔港运来的，非常新鲜，而且到目前为止，还没有发生顾客买到不新鲜的鱼产品的事件。尽管如此，该超市还是很慎重地进行了多方面的讨论，最后鱼产品部门的主管提出一个方案，即增加一处鲜鱼面对面的销售场所，这些鲜鱼与其他已包装好的鱼，唯一不同的就是它以未包装形态放在碎冰上，让顾客可以触摸。结果，原来已包装好的鱼产品销售量非但没减少，却增加了一倍的鲜鱼销售量。

由于这种良性循环，顾客觉得每天来超市逛一逛、看一看、买点东西，心情很愉快，同时顺便来监督一下，看看这家店还有哪些地方不符合自己的理想，来帮助它改善一下。如果连锁企业都能做到这样的程度，那么还用担心没有市场吗？

问题：

1. 如何正确对待顾客投诉？
2. 如何更好地服务顾客？

二、单元实训

模拟填写表 13-4 某超市顾客丢失物品记录表中的各项内容。

第 14 章 门店其他管理

【学习目标】

通过本章学习，了解门店安全与卫生管理的重要性，熟悉门店安全、食品安全与卫生管理的内容，掌握连锁门店安全与卫生问题的系统解决方案，并培养具备一定门店安全、食品安全与卫生管理能力。

【案例导入】

麦当劳公开餐单营养成分

被"薯条"缠绕的麦当劳正在积极地摆脱食品安全的疑云。麦当劳中国宣布于2005年9月28日在全国推行"公开餐单营养成分"，这是继其宣布在中国实行"厨房公开日"后，自表"清白"的第二步举措。

"如果你的孩子不喜欢薯条，还可以选择酸奶。"麦当劳所有的餐厅不但公开了所有餐单的营养成分，而且也设立了相应的营养信息资讯站，以供顾客查询。

在此次公布的餐单中，涉及了其在中国地区出售的所有61种食品，其中包括极具"争议"的薯条、麦辣鸡翅等一系列油炸食品。同时，为了赢得更多的家长顾客群，麦当劳此次还扩展了其开心乐园餐单，在从前的固定配餐中把薯条这一项新添加进了果味酸奶。对于这个新举措的实施，标志着麦当劳在中国走出了长期"透明"计划的重要一步。

在此之前，薯条致癌"食品安全"就像梦魇一样一直缠绕着麦当劳。世界卫生组织及联合国粮农组织专家警告公众关注食品中的丙烯酰胺，呼吁应采取措施来减少食品中的丙烯酰胺含量。对此，国家卫生部也发布公告，建议公众尽可能杜绝连续长时间或高温烹饪淀粉类食品，改变油炸和高脂肪食品为主的饮食习惯，减少因丙烯酰胺可能导致的健康危害。卫生部的监测结果显示，高温加工的淀粉类食品（如油炸薯片和油炸薯条等）中丙烯酰胺含量较高，薯类油炸食品中丙烯酰胺的平均含量高出谷类油炸食品4倍。同时，美国一项最新研究显示，女性在儿童时期常吃炸薯条，可能会增加其成年后患乳腺癌的风险，这一发现为吃薯条有害健康的观点提供了最新的证据。

对于麦当劳此次首次公开餐单营养成分的举动，有关人士表示，麦当劳作为全球知名的快餐连锁企业之首，能够公开菜单营养成分，提供 DRIS（营养素参考摄入量）标准是极有魄力的行为。此举对企业长期发展来讲，具有重要的战略意义。

资料来源：北京现代商报，2005-9-27.

案例分析： 食品安全问题是门店安全的问题的重要方面，直接关系到门店形象的建立，也影响着企业市场的开发，是连锁门店所有工作顺利开展的前提保证。企业务必要重视将其放到战略的角度，加强门店管理。

14.1 门店安全管理

安全的经营环境是连锁门店所有工作顺利开展的前提保证，没有一个安全的购物环境就没有消费者。因此，连锁门店的安全管理绝对不能放松，而门店的防火工作是首当其冲要注意的问题。与此同时，由于门店需长时间营业和现金交易，而且多用开架陈列，所以防盗工作就成了保证商品安全工作的重点。

14.1.1 门店安全的含义及其重要性

1. 门店安全

所谓**安全**，是指没有危险、不受威胁、不出事故。所谓**门店安全**，是指门店及顾客、员工的人身和财物在门店所控制的范围内没有危险，也没有其他因素导致危险的发生。

门店安全包含三层含义。

① 门店及顾客、员工的人身和财物，在门店所控制的范围内不受侵害。门店内部的生活秩序、工作秩序、公共场所秩序等内部秩序保持良好的状态。

② 门店安全不仅指门店及其人员的人身和财产不受侵害，而且指不存在其他因素导致这种侵害的发生，即门店安全状态是一种既没有现实危险，也没有潜在危险的发生。连锁门店如果存在危险因素，又没有相应的防范措施，就很难保证门店安全。例如，门店中混进了盗贼、骗子、精神病人和其他违法犯罪分子；连锁门店通道地面湿滑、地毯破损或铺垫不平；营业厅的电源插头损坏、电线裸露、吊灯安装不牢固，安全通道和安全门失灵或无明显的指示标志；门店的食品管理混乱或经常出现不洁食品等。因为所有这些因素都会在一定条件下、一定场合、一定时间内突然发生危险，从而造成人身伤亡和财产损失。所以，连锁门店安全就是在门店内不发生危险及对潜在危险因素的排除。

③ 连锁门店安全就是把门店各方面的安全因素作为一个整体加以反映，而不是单指门店的某一个方面的安全。因此，门店安全是指无危险存在，或无其他因素可能导致发生危险。

2. 安全管理的重要性

服务企业的安全管理一直有令人遗憾的事件发生。在美国，据有关统计资料，服务行业有记录的工伤事故平均每年大约有59万例，其中包括每年平均550例死亡事故，其直接损失约为22万个工作日。特别是连锁门店、餐饮企业，事故发生的频率几乎是全国所有行业平均水平的3倍。这些事故不仅给当事人带来了痛苦和灾难，而且其影响导致员工士气低落，企业形象受损，损失是难以估量的。尽管如赔偿金、医药费等直接成本可以用货币计算出来，但员工受伤所造成的工时损失、与之有关的员工被迫停工造成的损失，以及文书工作费用、设备损害和原料浪费等损失远比直接损失多得多。据估计，这些间接损失几乎等于直接损失的 4 倍。而有的研究表明，间接损失可达直接损失的 20 倍之多。

直接损失和间接损失这两个术语近年来已被保险成本和非保险成本所代替，因为这样表述更为确切，以便引起企业管理者对这些成本更加关注。但无论怎样定义，事故所带来的成本损失，其结果都对经营利润产生严重的影响。例如，在连锁门店的营业中，一次损失为 100 美元的事故，将使 5 500 美元销售收入的利润丧失殆尽。

连锁门店安全工作的意义如下。

(1) 关系到顾客的满意程度

连锁门店要满足顾客的需要，固然需要完善的设施、齐全的项目、优良的服务，但还需要令人放心的安全措施和制度。因为安全是顾客的基本需求。如果一味追求热情、礼貌、高效的服务，而忽视必要的安全工作规范，那么就可能给犯罪分子以可乘之机。所以，连锁门店的安全措施和制度残缺不全或形同虚设、监督不力，将致使门店的治安秩序混乱、偷窃案件屡屡发生，火灾及食物中毒事件连续不断，顾客的生命和财产将没有保障。

(2) 关系到门店的经济效益

连锁门店安全工作不力所造成的损失，不仅表现为直接的经济损失（如发生火灾、食物中毒的财产损失、赔偿费的支出等），而且更主要地表现为一种无形资产的损失，一种声誉的损失，即形象的破坏。这种损失具有一种辐射作用，往往难以用直接的数量指标来计算。因此具有安全"金字招牌"的商场，其牌子就是一种吸引力，所以使顾客纷至沓来；反之，则会使顾客望而却步。

(3) 关系到员工的积极性

如前所述，门店的安全管理也包括员工的安全。所以，如果一家门店各种防范和保护措施不力、工伤事故不断、健康状况不佳，就很难使员工能够积极而有效地工作。

门店安全，是连锁门店一切工作的保障。连锁门店工作的正常运行，一要靠连锁门店总经理有力的领导；二要靠科学的、严密的行政管理；三要有安全保障，三者缺一不可。如果连锁门店缺乏严格的食品安全管理制度，大批顾客由于吃了不洁食物而引起中毒，其他顾客很可能就不敢再次购买，甚至会投诉索赔。如果门店经常失火，造成顾客重大的生命财产损失，不但会引起某些不必要的诉讼，而且会使门店长期不景气。因此，做好门店的安全保卫工作是保证门店其他部门正常运转的基本条件。

【案例分析】

山西美特好超市促销惨剧

2003 年 10 月 22 日上午，山西省太原市美特好超市迎宾店发生一起促销伤人事故：数千名希望购买该店特低价花生油的消费者在超市门前互相拥挤，混乱中导致多人被挤倒在地，20 多人被踩伤。其中一位妇女伤势严重，后经抢救无效死亡。

美特好超市是山西省太原市一家规模较大的综合性超市，在其日前发布的一期商品快讯中，承诺以特低价销售一款 5 公斤装的"金龙鱼花生油"，这款商品在超市一般原价为 60 元左右，而美特好超市的特低价仅为每桶 29.9 元。

如此大的优惠幅度，吸引了众多的消费者前来光顾。据了解，当日有消费者在清晨6时就赶到了超市门前排队守候。到了8时左右，美特好超市迎宾店门前已聚集了数千名消费者，一位"加盟"其中的消费者回忆说："当时人太多了，我被挤在中间甚至无法扭过头去。"另一位消费者说，当时她看到人越来越多，就不再想买油了，她希望能从人群中退出去，但拥挤的人群没有留下一条缝隙，她根本就无法动弹。

到8时20分，人群越聚越多，美特好超市迎宾店提前10分钟打开了超市的入口，希望借此缓解店外人群的拥挤压力。于是人们一拥而入，悲剧就在这时发生了……

类似美特好超市这样规模的促销活动并不鲜见，但由于有关方面重视不够、组织不当，已多次在消费者心中造成不良影响。这恐怕与当事人的初衷背道而驰了，而有关人士则表示，超市不应只盯着眼前利益，在促销活动中除了要考虑人气、经济效益外，还应该在安全保卫等方面多加重视，以避免类似惨剧再度发生。

资料来源：http://sx.people.com.cn，2004-12-5.

14.1.2 消防管理

连锁门店大多为封闭型建筑，经营的商品多达万余种，其中相当一部分商品是易燃品，门店的装修使用了大量的木质原料，同时又是人员集中的公共性场所，所以，如果因为门店消防工作的疏漏而引起火灾，则后果不堪设想。因此，严格的消防管理制度和健全的消防组织是门店消防安全的重要保障。

1. 消防管理内容

连锁门店设立消防中心，负责对门店实施严格的消防监督。其主要任务如下。

① 负责对门店员工进行消防业务知识培训。

② 开展防火宣传教育。

③ 制定各种防火安全制度，督促各部门贯彻落实防火安全措施，负责调查了解违反消防规定的原因，并提出解决处理的意见，向总经理报告。

④ 负责检查门店各部位的防火情况及各种消防设备、灭火器材，发现隐患，及时督促有关部门进行整改。

⑤ 负责将每天门店消防情况和每周附近消防情况书面报告总经理。

⑥ 负责调配补充消防灭火器材，并与有关部门定期进行消防设备检测、保养、维修，及时排除消防设备故障。

⑦ 负责24小时监视消防主机、闭路电视、防火报警信号，发现火警、火灾及其他问题时，要及时向总经理报告，并提出处理方法。

⑧ 负责制定重点部位的灭火作战方案，并负责组织演练。

⑨ 负责门店动火部位的安全监督。

⑩ 负责协助门店新建、改造工程消防设施的呈报审批手续。

⑪ 负责办理门店施工单位人员出入登记手续，并监督施工期间的消防安全。

⑫ 协助做好重要接待任务时有关消防方面的安全和保卫工作。

2. 对消防员的工作要求

① 做好班前班后的防火安全检查。

② 熟悉自己岗位的环境、操作的设备及物品情况，了解安全出口的位置和消防器材摆放位置，懂得消防器材的使用方法，做好消防器材的保管工作。

③ 牢记火警电话 119 和门店消防中心火警电话。救火时，听从消防中心人员和现场指挥员的指挥。

④ 存放易燃易爆物品的地方或物资仓库严禁吸烟。物品、碎纸、垃圾要及时清理，经常保持安全通道的畅通。

⑤ 如发现有异声、异味、异色时要及时报告，并积极采取措施处理。

⑥ 当发生火警火灾时，首先保持镇静，不可惊慌失措，应迅速查明情况并向消防中心报告。报告时要讲明地点、燃烧物质、火势情况、本人姓名或工号，并积极采取措施，取附近的灭火器材进行扑灭。电器着火先关电源，气体火灾记住关气阀。有人受伤时，先救人后救火。

⑦ 如火势扩大到三级（猛烈阶段），必须紧急报警。在场的工作人员应引导顾客进行安全疏散，积极抢救贵重物品，禁止乘客坐客用电梯，前往现场的人员应走楼梯，救护疏散人员应乘消防电梯。

⑧ 发现火场有毒气、有爆炸危险情况时，在采取防毒防爆的措施后，才能进行救火。

⑨ 积极协助做好火灾现场的保护警戒。

3. 制定消防灭火预案

要从实战出发，设想门店可能发生的火灾，设计应采取的对策。预案设计首先应以店面失火为重点，其次是餐厅、酒吧等公共场所，再次是后勤服务辅助部门。不同类型的火灾要有不同的预案。每一预案，分初起阶段、成灾阶段和蔓延发展阶段的不同灭火对策。预案要以报警、扑救、疏散及各种灭火、排烟设施的启动、灭火力量的投入时机等为重点内容，并与专业消防力量做好配合工作。预案要逐个制定，急用先订，逐步完整，并通过实践检验不断修订，使之完善、规范。

4. 灭火训练和消防演习

① 灭火训练。在手提式灭火器换液和固定消防设备维修检查时，有计划地分批轮训义务消防队员，提高操作的熟练程度。

② 消防演习。模拟门店发生火灾，并按预案进行扑救。

总之，门店的消防安全管理方针应是"预防为主，防消结合"、"以防为主，以消为辅"，重点抓好防火工作。要定期保养及检查各项消防设备，如火灾警报器、烟感系统、喷淋系统、消防栓、灭火器、紧急照明、监控中心等，以确保各项设备能正常使用，提高防火意识。平时打扫卫生时，应注意有无火种，电器、插座附近应经常清扫，不留杂物。门店卖场内不要放易燃物，内部装饰应尽可能选用耐火材料。另外，门店必须设置紧急出口，保证当门店发生火灾或意外事故时，能够紧急疏散人员使其尽快离开。紧急出口同样必须保持通畅，不能锁死，平时也不能用来堆放杂物等。

14.1.3 治安管理

治安管理工作主要是针对商品、现金及人员的安全。下面主要从商品、现金安全两个角度分别进行阐述。

1. 商品防盗

为了做好商品防盗工作，门店一般采用保安人员、电子防盗系统及录像监视系统相结合的方法。

电子防盗系统主要由检测器、解码器（或消磁器）、标签等部分组成。标签附着或附加在商品上，解码器（或消磁器）使标签失效，检测器用来检测出未经解码或消磁的标签并引发警报。电子防盗系统从样式上看有立式、隐蔽式、通道式三种类型。

录像监测系统由镜头、导线、视频切割转换器、监控器、控制器等设备组成。录像通过镜头，系统将不同区域传递在相应镜头号监控器上，如1，2，3，…，9号区域，镜头号可自行编制，这种监控方式可直接保证门店卖场安全，而且效果不错，但费用较高。

当然，也不能过分依赖电子设备，因为电子设备也有出错或停机的时候。因此，保安人员必不可少。在门店中，可以设置身穿制服的警卫，特别是在出入口处安排警卫，效果较好。还可设立便衣警卫，他们比制服警卫更有效，因为他们在门店巡逻中，和消费者混在一起，消费者很难辨别其身份，这样既不会让消费者产生被监视的感觉，同时商品又有安全保证。

另外，防内盗管理也应该加大力度。门店内商品的防盗管理既要注意消费者，也要防范员工。

2. 现金安全

由于门店的现金流量相当大，收银柜台又邻近出入口位置，在现金一进一出的同时，很容易发生抢劫，所以现金安全同样是门店安全管理的一个很重要的方面。防止现金被抢，可以在收银机下设置保险柜，将大钞直接投入保险柜，但保险柜的钥匙与密码不可告诉员工。同时，建立投库制度，规定收银机内的现金不得超过一定金额。若是24小时营业的门店可在门口张贴告示，如"本店自深夜起现金不超过200元，请自备零钱"等，以降低被抢劫的可能性。还有在交接班点钱时，收银员动作要快，尽量避免钱财外露。

总之，门店安全工作事关重大，不可忽视。门店安全的管理工作，直接关系着门店的生存与发展。

14.2 门店商品质量和食品安全管理

14.2.1 门店商品质量和食品安全管理概述

1. 门店商品质量和食品安全管理含义

食品安全：确保食品按照其用途进行加工或者食用时不会对消费者产生危害。

食品卫生：在食物链的整个环节上保证食品安全和食品适宜性所采取的所有必需的条件和措施。

门店商品质量和食品安全管理是指国家或连锁门店为了维护消费者利益、社会公共利益及国家利益而对涉及质量、安全、卫生、环境保护、劳动保护和检疫的商品实施的一项监督管理活动。这项监督管理活动通常由质量监督、工商管理、卫生等相关权力部门协调消费者与相关组织共同管理监督。

2. 门店商品质量和食品安全管理的意义

长期恶劣的购物环境使得大多数消费者有了丰富的食品安全知识、较强的食品安全意识。有关调查结果显示，食品保质期是最受重视的安全因素，有85%的受调查者在选购加工食品时，会特别注意食品保质期；其次是蔬菜和水果的农药残留量，有72%受调查者特别提到了这个项目；对食品的细菌超标、营养成分、包装材料卫生要求、食品添加剂含量超标等因素的平均提及率超过了55%；另外还有46%的受调查者提及了蜜饯、酱菜等传统食品的加工工艺先进与否的选购因素。

因此，加强门店商品质量和食品安全管理能够减少商品损耗，降低客服赔偿损失，提高产品销售额，促进市场占有率提升，增强门店竞争力，提高客户满意度，关注顾客终生价值，培养客户忠诚度，以便获得更好的经济效益和社会效益。

3. 门店商品质量和食品安全管理的原则

加强门店商品和食品安全管理，必须遵循以下原则：
① 关注消费者商品食用安全原则；
② 全员参与原则；
③ 建立食品卫生管理制度原则；
④ 针对特定产品和特定危害的重点管理原则；
⑤ 注重科学证据与强化过程管理原则；
⑥ 实施系统化和可追溯性管理原则；
⑦ 在食品链中保持组织内外的必要沟通原则；
⑧ 在信息分析的基础上实现体系的更新和持续改进原则。

14.2.2 门店商品质量和食品安全管理法律法规及责任

门店商品质量和食品安全管理与监督是公共管理的重要组成部分，既是政府的职责，又是连锁门店的神圣使命。商品质量和食品安全管理与监督要靠国家立法予以规范，门店运作予以实施，职能机构予以监督。

1. 门店商品质量和食品安全法律法规

我国已经颁布实施了多部商品质量和食品安全管理方面的法律法规，主要有《中华人民共和国产品质量法》、《中华人民共和国食品卫生法》、《国务院关于加强食品等产品安全监督管理的特别规定》、《全国生产加工食品质量安全专项整治实施细则》、《食品召回管理规定》、《食品标识管理规定》等法律法规。这些法律法规的制定与实行为连锁门店商品质量和食品安全管理指明了方向，规范了要求，是连锁门店进行商品质量和食品安全管理的法律依据。

同时，我国逐步健全了门店商品质量和食品安全管理认证体系，主要有有机产品认证、无公害农产品认证、HACCP认证、良好农业规范（GAP）认证、饲料产品认证、绿色食品认证、绿色市场认证、食品质量与安全SQF 2000认证等多种认证体系。从2007年3月又开始实施食品安全管理体系认证实施规则，进一步为门店商品质量和食品安全管理提供了保障。

2. 实施食品安全管理是连锁门店的重要责任

连锁门店要严格按照商品质量和食品安全管理系统（如 GHP、GMP、SSOP、ISO、HACCP 等）的有关规定执行，确保所经营的商品质量和食品安全。

（1）建立食品溯源系统

随着国际食品贸易的快速发展及工业化和集约式食品生产经营的不断扩大，现代商品质量和食品安全管理又呈现出两个新的特点：实行从农田到餐桌的全程食品安全管理；建立食品溯源系统，强制推行食品召回制度。

食品溯源是指在食物链的各个环节（包括生产、加工、分送及销售等）中，食品及其相关信息能够被追踪和回溯，使食品的整个生产经营活动处于有效的监控之中。

（2）建立完善的食品召回系统

食品召回是一种改正或矫正行为（Corrective Action），包括食品企业或公司为了保护消费者免遭污染食品、伪劣食品及某些食品的潜在不利影响而采取的各种措施。其主要有两种方式：自愿性食品召回和强制性食品召回。自愿性食品召回——美国农业部食品安全监督局规定"食品召回是指当食品企业或公司有理由认为其肉、禽制品违反了《联邦肉品监督法》或《联邦禽产品监督法》时从商业活动中消除/清除所销售的肉或禽制品的自愿行为"；澳大利亚和新西兰规定"食品召回是指在官方召回（Official Recall）之前，食品企业或公司为了保护公众健康和安全而采取收回食品或其他预防措施的行为"；强制性食品召回——《加拿大食品监督局法》规定"任何人若不执行食品召回命令（Recall Order），则视为犯罪，并处以 50 000 加元以下的罚金或 6 个月以内的关押"。

（3）接受监督和消费者的投诉

商品质量和食品安全管理监督是政府的重要职责。健全的商品质量和食品安全监管体系是实施食品安全监督的重要基础设施和能力基础。我国采用"分段管理"的体制。我国食品安全监督有食品卫生许可、食品卫生监督检查、食品卫生行政控制、食品卫生行政处罚、食品卫生行政指导等多种方法。然而仅仅依靠权力部门的监督仍然不足，必须诚恳倾听消费者的建议和要求，满足消费者对食品安全和质量知晓愿望的增长及对良好信息需求的增大，建立以保护消费者为核心的、以科学为基础的质量和食品控制体系。同时跟踪消费者生活方式的改变和快速城市化的发展，逐步实现与国际食品贸易及食品安全质量标准相一致，以适应食品生产、加工、行销技术的快速变化。

（4）不断努力提高员工的素质

连锁门店首先要建立全心全意为顾客服务的企业文化氛围。要经常加强员工教育，帮助员工树立顾客是衣食父母的理念，引导员工关注个人收入、企业财务及顾客消费三者之间的关系，重视顾客终生价值开发，提高顾客的满意度和忠诚度。

【补充阅读材料】

陕西：豆制品和面筋食品类儿童食品合格率不足两成

陕西省发出食品安全风险预警，2006 年上半年豆制品和面筋食品类儿童食品抽查合格率不足两成。

7月20日,陕西省食品安全委员会召开食品安全监管信息综合发布会,对上半年陕西省食品安全状况进行了通报。

通报显示,省内豆制品和面筋食品类儿童食品抽查合格率不足两成。该省食品安全虽然总体可控,但问题依然严峻,陕西省食品安全委员会为此发出了食品安全风险预警。

2006年上半年,陕西省水利厅委托国家农业部渔业环境及水产品质量监督检验测试中心对西安市12个主要批发零售市场的水产品质量进行了抽查,结果发现水发鱿鱼、海参的pH值和甲醛严重超标,合格率仅为20%和40%,其中甲醛超标最高达62倍,海带丝中的大肠菌群和细菌总数最高超标为800倍和733倍。

陕西省质量技监局2006年上半年对全省儿童食品、含乳饮品、茶叶等三大类食品的116家生产或经销企业的149批次产品进行了监督抽查,总体合格率为66.2%。尤其是豆制品及面筋食品类儿童食品,抽查合格率仅为16%。

目前,陕西省在食品安全上存在的问题,主要表现在一些食品企业缺乏诚信和地方保护主义造成现有法律、法规、标准难以全面有效地执行,一些区域不按标准组织生产经营的现象比较严重,制假售假、伪劣食品在农村和城乡接合部表现尤为突出。

据此,陕西省食品安全委员会发布2006年夏季食品安全预警信息,指出目前食品安全风险的四种主要因素:第一是夏季来临,农作物病虫害相应增多,农用化学品使用几率加大,初级农产品污染风险增加;因高温或湿热天气,养殖用饲料易发生霉变,受到黄曲霉毒素等污染;同时,动物感染疾病的几率增加,防治用药不当引起的肉、禽、水产品、原料乳等安全风险;第二是部分散装食品存在一定的安全风险;第三是冷冻饮品、饮料、桶装饮用水、乳品等进入消费旺季,生产、储运、销售管理不当容易造成食品微生物污染和腐败变质;第四是微生物引起的食源性中毒时有发生;饮食不洁引起的肠道传染病和食物中毒在食品安全事故中仍占有较大比重。同时,提示各级食品安全监管部门加强监管、排查隐患,有效地控制食品安全风险的发生。

资料来源:www.foodmate.net,2006-12-22.

14.3 门店卫生管理

卫生工作的好坏直接影响着连锁门店的形象问题,干净整洁的购物环境是保证消费者购物的基本条件。很多门店经理只盯住门店的营业状况,而忽略了门店卫生环境,从而给门店带来了无形的损失。因此,卫生管理工作不能被忽视。

14.3.1 个人卫生

门店的一切工作都需要员工来配合完成,同时员工也是门店与消费者互动交流的窗口,因此员工的个人卫生尤其重要。如生鲜食品无论是搬运还是处理、装盒、标价等步骤的实施,都需要工作人员动手完成。因此,工作人员接触生鲜食品的机会最多,更需要保持良好的个人卫生，这样既可减少生鲜食品受到污染的可能性，又可确保生鲜食品的鲜度及品质。

连锁门店对员工的个人卫生应做到以下要求。

① 工作人员在作业时应穿戴清洁的工作衣、帽及口罩。

② 凡进入食品作业场的人员，无论是员工、主管或参观人员，都必须穿工作衣，戴工作帽及口罩。

③ 作业前，洗净或消毒手部，并保持手的干净。指甲要剪短，不涂指甲油也不戴饰物。

④ 对患有皮肤病，手部有创伤、脓肿的员工，以及患有传染疾病的员工要严令禁止接触食品。

⑤ 在作业时要有良好的卫生习惯，不随地吐痰，在工作场所禁止吸烟、饮食或嚼口香糖。

14.3.2 场地卫生

作业场地是各项工作进行的地点，因此应十分重视卫生工作，要做到以下要求。

① 以石子或金刚砂等不透水材料铺设地面，并要有适当的斜度，以利于排水。

② 墙面应用高度的白瓷砖或用白色漆粉刷，不要有太多的装饰，而且尽量不要出现乱涂乱画的情形。

③ 天花板应完整无破损，无尘土，无蜘蛛网。

④ 排水管道要畅通。

⑤ 门店内应有良好的照明及空气调节设施，还要有防蚊、防蝇、防蟑螂、防鼠的相关设施。

⑥ 设置冷冻、冷藏库分别储存原料、半成品及成品。不同种类的食品应作区隔处理，以防相互混杂、污染。

此外，对于连锁门店中的各类设备及卖场内洗手间、专柜柜台和卖场外的卫生工作都不应忽视，任何一点小问题都将影响门店的整体服务形象。

本 章 小 结

安全与卫生是连锁企业经营的保证，连锁门店管理中的安全与卫生问题是本章的重要内容。本章主要讲述了连锁门店安全工作的重要意义，消防安全、商品安全及现金安全工作如何进行，门店食品安全与卫生管理等内容。

基 本 训 练

一、知识题

(一) 选择题

1. 门店安全的含义包含（　　）。

A. 门店及顾客、员工的人身和财物，在门店所控制的范围内不受侵害，门店的生活秩序、工作秩序、公共场所秩序等内部秩序保持良好状态
B. 不仅指门店及其人员的人身和财物不受侵害，而且指不存在其他因素导致这种侵害的发生，即门店安全状态是一种既没有现实危险，也没潜在危险性
C. 是把门店的各方面安全因素作为一个整体加以反映，而不是单指门店的某一个方面的安全
D. 其他因素可能导致发生危险

2. 以下包含（　　）情形，连锁门店是不安全的。
A. 门店中混进了盗贼、骗子、精神病人和其他违法犯罪分子
B. 连锁门店通道地面湿滑，地毯破损或铺垫不平
C. 营业厅的电源插头损坏，电线裸露，吊灯安装不牢固，安全通道和安全门失灵或无明显的指示标志
D. 门店的食品管理混乱或经常出现不洁食品

3. 连锁门店安全工作的意义包括（　　）。
A. 安全工作的好坏，直接关系到顾客的满意程度
B. 安全工作的好坏，直接关系到门店的经济效益
C. 安全工作的好坏，直接关系到员工的积极性
D. 门店安全，直接关系到员工的个人利益

4. 连锁门店工作的正常运行，离不开（　　）。
A. 连锁门店总经理有力的领导　　　B. 科学的、严密的行政管理
C. 安全保障　　　　　　　　　　　D. 食品安全管理制度

5. 连锁门店对员工的个人卫生应作以下要求（　　）。
A. 工作人员在作业时应穿戴清洁的工作衣、帽及口罩
B. 凡进入食品作业场的人员，无论是员工、主管或参观人员，都必须穿工作衣，戴工作帽与口罩
C. 作业前，洗净或消毒手部，并保持手的干净，指甲要剪短，不涂指甲油也不戴饰物
D. 在作业时要有良好的卫生习惯，不随地吐痰，在工作场所禁止吸烟、饮食或嚼口香糖

（二）判断题
1. 门店安全是指无危险存在或无其他因素可能导致发生危险。（　　）
2. 要做好连锁门店内商品的防盗管理，只要注意消费者，无需防范员工。（　　）
3. 连锁门店的工作场所，允许员工嚼口香糖。（　　）
4. 连锁门店中手部有创伤的员工可以接触食品。（　　）
5. 对于连锁门店中的各类设备及卖场内洗手间、专柜柜台和卖场外的卫生工作都不应忽视，任何一点小问题都将影响门店的整体服务形象。（　　）

二、思考题
1. 什么是连锁门店的安全？
2. 连锁门店安全工作的重要意义是什么？

3. 如何保证商品安全和现金安全?
4. 连锁门店对个人卫生、场地卫生分别有何要求?

观念应用

一、案例题

家乐福严控供应商品安全与卫生管理

对于家乐福而言,中国市场的意义举足轻重。2006年3月份,家乐福全球总部做出决定,将实现20%以上销售增长的中国区交由集团总部直接管理。

竞争格局驱使扩张提速,2006年正值家乐福的"扩张年"。5月15日,家乐福宣称,未来3年内,家乐福将在中国大举招聘3 000名高管、40 000名员工,而其在华员工总数目前仅有32 000人,雄心宏图由此可见一斑。业内人士根据其招聘规模分析,家乐福可能会在3年内增设约80家大卖场,较其现有的75家大卖场翻一倍。还有消息称,家乐福可能在中国至少收购10家零售商,虽然事后家乐福方面曾经对此做出否认,然而,收购零售商、抢占有利地形的战略仍然令业内人士充满想像。

正在家乐福紧锣密鼓、排兵布阵之际,却未料及"后院失火"。不仅在世界杯风潮席卷中国之时突然爆出出售假冒世界杯用球的风波,更被国际环保组织绿色和平检测出蔬菜和水果农药残留超标。这已经不是家乐福第一次因自有品牌的问题被曝光。同时,2006年也是家乐福事故频发的一年。例如,水晶肴肉菌落总数超标、面包生产日期晚于销售日期等食品质量问题。一面是踌躇满志地大举扩张,另一面则是挑战频频。

事实上,在产品质量方面每每令人大跌眼镜,也并非家乐福独有,好又多、易初莲花等超市同样曾因产品质量问题而陷入泥潭。

某些专家表示,家乐福的问题频出可能源于其过快的扩张速度,从而导致其对管理的疏忽,引发假货及食品问题接连出现。对于大卖场来说,最关键的在于供应链管理。目前出现的一系列问题也暴露了家乐福在供应链方面的漏洞,包括对供应商的监管体系、商品进场检查等。

"大卖场的门店资源永远是其竞争的第一要素,其次才是品牌资源。"专业人士分析称,所有大卖场的竞争核心资源都集中在布局和扩张上,有好的门店资源才会有稳定的销量,也才会有品牌影响力。中国市场目前的大卖场布局几乎相当于美国西部大开发时期,开发才是第一位的。

业内人士建议,家乐福必须加强对采购人员的职业化管理,规范采购流程,严控商品的入品与出品质量管理,加强总部管理职能,在保障各门店相对灵活的自主管理前提下,收回一些需要总部统一行使的职能,比如大宗商品的采购。而对区域性的门店采购,总部也应予以相应的管理,才能规避目前出现的尴尬局面。

家乐福对商品的监控是非常严格的,中国和法国都是注重饮食的国家,可以说,在中国,家乐福的监控体系比在其他国家更加严格。令人遗憾的事情出现为家乐福时时敲响警钟,同时也督促我们做得更好。目前家乐福正在加强对食品安全人员的培训,并把供应商监控体系推向更广的范围。

另外，有些问题的出现不单单是家乐福的失误，可能是上游供应商出了问题，也可能是食品在种植地的时候就已经有问题了。现在家乐福正在加强对食品安全人员的培训。

目前家乐福在全国设有两名专业人员，不断地在全国各个店进行巡查，检测产品质量。中国4个大区也分别设有一名这样的人员作为补充。同时，家乐福每5~8家店都有1人专门负责食品安全，包括对供应商的监督及对店内员工进行相关培训，每家店也会有专人负责，他们几乎在所有层面上都有保障。从人数和店数的比例上来看，家乐福在中国的规模甚至比法国还要大。

家乐福将最先进的供应商监控体系引入进来，加大了对员工的培训力度，并邀请第三方加入到食品监控中来。事实上，家乐福已经这样做了4年，并聘请了专业的监控公司"SGS"进行监控。现在公司要把监控的范围推得更广。

家乐福还设有食品安全基金，这项基金最重要的课题就是研究如何提供更高的食品安全保障。

资料来源：中国物流设备网，2006-08-08.

问题：

1. 分析家乐福的安全与卫生管理工作做得到位吗？
2. 你认为家乐福的计划会成功吗？

二、单元实训

根据你所熟悉企业的安全与卫生管理情况，简述他们是如何进行安全与卫生管理工作的。如果你是一家连锁门店的店长，将怎样进行安全与卫生方面的管理工作？

参 考 文 献

[1] 张晔清. 连锁企业门店营运与管理. 2版. 上海：立信会计出版社，2006.
[2] 曹静. 连锁店开发与设计. 上海：立信会计出版社，2002.
[3] 尚丰，张秀云. 金牌店长提升教程. 北京：京华出版社，2006.
[4] 赵涛. 商场经营管理. 北京：北京工业大学出版社，2005.
[5] 侯章良. 超市管理实物手册. 北京：人民邮电出版社，2005.
[6] 唐树伶，曹泽洲. 连锁商业营销与管理. 北京：北京交通大学出版社，2006.
[7] 文大强. 零售经营实务. 上海：复旦大学出版社，2004.
[8] 冯金祥. 超级市场营销知识. 北京：中国劳动社会保障出版社，2003.
[9] 朱春瑞. 杰出仓库管理员工作手册. 北京：中华工商联合出版社，2007.
[10] 刘鹏生，向壮丽. 优秀仓库管理员手册. 广州：广东经济出版社，2006.
[11] 王文信. 仓库管理. 厦门：厦门大学出版社，2006.
[12] 赵涛. 连锁店经营管理. 北京：北京工业大学出版社，2002.
[13] 王吉方. 连锁经营管理教程. 北京：中国经济出版社，2005.
[14] 程莉，郑越. 品类管理实战. 北京：电子工业出版社，2006.
[15] 周文. 连锁超市经营管理师操作实务手册：店铺营运篇. 长沙：湖南科技出版社，2003.
[16] 余文声. 卖场管理. 广州：广东经济出版社，2006.
[17] 金娟. 连锁超市经营管理实务. 深圳：海天出版社，2003.
[18] 霍红，华蕊. 采购与供应链管理. 北京：中国物资出版社，2005.
[19] 窦志铭. 连锁超市经营与管理. 2版. 北京：中国财政经济出版社，2003.
[20] 李践. 定价策略. 昆明：云南民族文化音像出版社，2005.
[21] 付遥. 成功销售的八种武器. 北京：时代光华出版社，2005.
[22] 韩庆祥. 产品策略与推销研究. 北京：北京北影录像公司，2003.
[23] 付艳. 收银员从业规范. 北京：中国经济出版社，2005.
[24] 佟天佑. 卖场管理与服务. 广州：广东科技出版社，2003.
[25] 张晔清. 连锁经营原理与实务. 2版. 上海：立信会计出版社，2006.
[26] 周勇. 连锁店经营管理实务. 上海：立信会计出版社，2004.
[27] 顾国建. 超级市场营销管理. 上海：立信会计出版社，2002.